여러분의 합격을 응원하는
해커스공무원의 특별 혜택

FREE 공무원 행정학 **특강**

해커스공무원(gosi.Hackers.com) 접속 후 로그인 ▶ 상단의 [무료강좌] 클릭 ▶
[교재 무료특강] 클릭하여 이용

📄 **OMR 답안지[PDF]**

해커스공무원(gosi.Hackers.com) 접속 후 로그인 ▶
상단의 [교재·서점 → 무료 학습 자료] 클릭 ▶ 본 교재의 [자료받기] 클릭

▲ 바로가기

🎟️ 해커스공무원 온라인 단과강의 **20% 할인쿠폰**

7DD2399A3669CA95

해커스공무원(gosi.Hackers.com) 접속 후 로그인 ▶ 상단의 [나의 강의실] 클릭 ▶
좌측의 [쿠폰등록] 클릭 ▶ 위 쿠폰번호 입력 후 이용

* 등록 후 7일간 사용 가능(ID당 1회에 한해 등록 가능)

🎫 합격예측 **온라인 모의고사 응시권 + 해설강의 수강권**

F85EE4C5AE4D786K

해커스공무원(gosi.Hackers.com) 접속 후 로그인 ▶ 상단의 [나의 강의실] 클릭 ▶
좌측의 [쿠폰등록] 클릭 ▶ 위 쿠폰번호 입력 후 이용

* ID당 1회에 한해 등록 가능

쿠폰 이용 관련 문의 **1588-4055**

단기 합격을 위한
해커스공무원 커리큘럼

입문

탄탄한 기본기와 핵심 개념 완성!

누구나 이해하기 쉬운 개념 설명과 풍부한 예시로 부담없이 쌩기초 다지기

TIP 베이스가 있다면 **기본 단계**부터!

▼

기본+심화

필수 개념 학습으로 이론 완성!

반드시 알아야 할 기본 개념과 문제풀이 전략을 학습하고
심화 개념 학습으로 고득점을 위한 응용력 다지기

▼

**기출+예상
문제풀이**

문제풀이로 집중 학습하고 실력 업그레이드!

기출문제의 유형과 출제 의도를 이해하고 최신 출제 경향을 반영한
예상문제를 풀어보며 본인의 취약영역을 파악 및 보완하기

▼

동형문제풀이

동형모의고사로 실전력 강화!

실제 시험과 같은 형태의 실전모의고사를 풀어보며 실전감각 극대화

▼

최종 마무리

시험 직전 실전 시뮬레이션!

각 과목별 시험에 출제되는 내용들을 최종 점검하며 실전 완성

PASS

**단계별 교재 확인 및
수강신청은 여기서!**

gosi.Hackers.com

* 커리큘럼 및 세부 일정은 상이할 수 있으며,
자세한 사항은 해커스공무원 사이트에서 확인하세요.

해커스공무원

명품 행정학

실전동형모의고사 1

공무원 난이도에 딱 맞는 모의고사

해커스가 공무원 행정학의 난이도·경향을
완벽 반영하여 만들었습니다.

얼마 남지 않은 시험까지 모의고사를 풀며 실전 감각을 유지하고 싶은 수험생 여러분을 위해, 공무원 행정학 시험의 최신 출제 경향을 완벽 반영한 교재를 만들었습니다.

『해커스공무원 명품 행정학 실전동형모의고사 1』을 통해
10회분 모의고사로 행정학 실력을 완성할 수 있습니다.

실전 감각은 하루아침에 완성할 수 있는 것이 아닙니다. 실제 시험과 동일한 형태의 모의고사를 여러 번 풀어봄으로써 정해진 시간 안에 문제가 요구하는 바를 정확하게 파악하는 연습을 해야 합니다. 『해커스공무원 명품 행정학 실전동형모의고사 1』은 주요 공무원 시험의 출제 경향을 반영하여, 회차별 20문항으로 구성된 실전동형모의고사 10회를 수록하였습니다. 이를 통해 실제 시험과 가장 유사한 형태로 실전에 철저히 대비할 수 있습니다. 또한 상세한 해설을 통해 공무원 행정학의 핵심 출제포인트를 확인할 수 있습니다.

『해커스공무원 명품 행정학 실전동형모의고사 1』은
공무원 행정학 시험에 최적화된 교재입니다.

제한된 시간 안에 문제 풀이는 물론 답안지까지 작성하는 훈련을 할 수 있도록 OMR 답안지를 수록하였습니다. 또한 공무원 행정학 기출문제 중 중요도가 높은 것만을 선별하여 '최종점검 기출모의고사' 3회분으로 재구성하였습니다. 시험 직전, 실전과 같은 훈련 및 최신 출제 경향의 파악을 통해 효율적인 시간 안배를 연습하고 효과적으로 학습을 마무리할 수 있습니다.

공무원 합격을 위한 여정,
해커스공무원이 여러분과 함께 합니다.

실전 감각을 키우는 모의고사

약점 보완 해설집 [책 속의 책]

OMR 답안지 추가 제공

해커스공무원(gosi.Hackers.com) ▶
사이트 상단의 '교재·서점' ▶ 무료 학습 자료

**모바일 자동 채점 +
성적 분석 서비스**

해커스공무원(gosi.Hackers.com) ▶
모바일 자동 채점 + 성적 분석 서비스 바로가기

문제집 구성

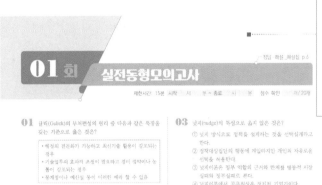

실전동형모의고사

· 공무원 행정학 시험과 동일한 유형의
  실전동형모의고사 10회분 수록

· 15분의 제한된 문제 풀이 시간을 통하여
  효율적인 시간 안배 연습 가능

최종점검 기출모의고사

· 최근 출제된 기출문제 중 출제 가능성
  이 높은 문제만을 선별하여 재구성한
  최종점검 기출모의고사 3회분 수록

· 시험 직전 기출모의고사 풀이를 통해
  최신 출제 경향을 파악하여 효과적인
  학습 마무리 가능

상세한 해설

빠른 정답 확인
모든 문제의 정답과 출제
단원을 표로 빠르게
확인 가능

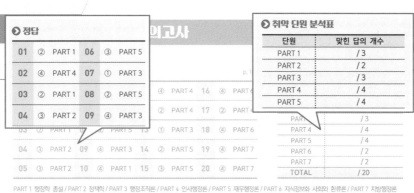

❹ 정답

01	②	PART 1	06	③	PART 5
02	④	PART 4	07	①	PART 3
03	②	PART 1	08	②	PART 5
04	③	PART 2	09	④	PART 3

| 04 | ③ | PART 2 | 09 | ③ | PART 3 | 14 | ② | PART 5 | 19 | ④ | PART 7 |
| 05 | ③ | PART 2 | 10 | ③ | PART 1 | 15 | ③ | PART 5 | 20 | ④ | PART 7 |

PART 1 행정학 총설 / PART 2 정책학 / PART 3 행정조직론 / PART 4 인사행정론 / PART 5 재무행정론 / PART 6 지식정보화 사회와 환류론 / PART 7 지방행정론

❹ 취약 단원 분석표

단원	맞힌 답의 개수
PART 1	/ 3
PART 2	/ 2
PART 3	/ 3
PART 4	/ 4
PART 5	/ 4
PART	/ 3
PART 4	/ 4
PART 5	/ 4
PART 6	/ 2
PART 7	/ 2
TOTAL	/ 20

취약 단원 분석표
스스로 취약한 단원을
분석하여 시험 직전에
더 학습이 필요한 단원
확인

---

01 민간위탁(contracting out) 정답 ②

비영리단체도 민간위탁(contracting out)의 대상이 된다.

(선지분석)
① 민간위탁이란 외부계약 방식을 통해 정부가 자신들의 사무를 민간부문에서 대신 수행하도록 위탁하는 것을 의미한다.
③ 정부는 공급에 대한 최종적 책임을 지고 생산을 민영화하는 것이 최근의 추세이다.
④ 민간위탁에 대한 예시로서 옳은 지문이다.

02 공직자윤리법 정답 ④

공직자 또는 가족이 외국정부 또는 외국인으로부터 10만 원 이상(미화 100불 이상)의 선물을 받을 경우에는 이를 정부에 신고·인도하여야 한다.

(선지분석)
① 주식백지신탁 업무를 담당하기 위해 인사혁신처 소속으로 주식백지신탁심사위원회를 두고 있다.
② 「공직자윤리법」 제3조의2에 의해 옳은 지문이다.
④ (중략) ... 되어 있다.

「공직자윤리법」 제14조의4 【주식의 매각 또는 신탁】 ① (중략) ... 매각 또는 신탁】 ① 등록의무
자 중 제10조 제1항에 따른 공개대상자와 기획재정부 대상자와 기획재정부 및 금융위
원회 소속 공무원 중 대통령령으로 정하는 사람은 본인 정하는 사람은 본인 및 그 이
해관계자 모두가 보유한 주식의 총 가액이 1천만 원 이 총 가액이 1천만 원 이상 5천만
원 이하의 범위에서 대통령령으로 정하는 금액을 초과할 정하는 금액을 초과할 때에는

(후략)
「공직자윤리법 시행령」 제27조의4 【주식백지신탁대상 주식의 하
한가액】 "대통령령으로 정하는 금액"과 법률 제7493호 「공직자
윤리법」 중 개정법률 부칙 제2항에서 "대통령령이 정하는 금액"
이란 각각 3천만 원을 말한다.

관련법령
문제 풀이에 참고하면
더 좋을 관련법령 수록

---

03 정부혁신의 5가지 전략 정답 ②

통제 전략이란 관리자에 대한 ... 에 대해 책임을 지도록 ...

📋 오스본(Osborne)과 프 ...

전략	
핵심 전략 (Core Strategy)	목 ... 명확히 ...
결과 전략 (Consequence Strategy)	유인 ... 직무 성과의 ... 확립 ...
고객 전략 (Customer Strategy)	책임성(accountability): 고객을 최우선하라
통제 전략 (Control Strategy)	권한(power): 권한을 이양하라
문화 전략 (Culture Strategy)	문화(culture): 기업가적 조직문화를 창출하라

📋 오스본(Osborne)과 프래스트릭(Plastrick)의 5C 전략

전략	정부개혁수단	접근방법
핵심 전략 (Core Strategy)	목적(purpose): 명확한 목표를 설정하라	목적·역할·방향의 명확성
결과 전략 (Consequence Strategy)	유인체계(incentive): 직무 성과의 결과를 확립하라	경쟁관리, 기업관리, 성과관리

(표 계속)
공동관리, 기업관리, 성과관리
고객의 신뢰, 경쟁적 신뢰, 고객품질 확보
하위조직·조직구성원 지역사회에의 권한 이양
관습타파, 감동정신, 승리정신

핵심이론
자주 출제되는 문제를
해결하기 위해 필요한
핵심 이론을 요약하여 제시

04 조직의 성과관리

성과관리제는 행정조직에 있어서는 성과의 평가고
이 어렵고 즉각적인 환류(시정과 개선 등)가 용이

(선지분석)
① 목표관리제(MBO)는 달성이 용이하거나 중:
는 목표의 전환현상이 발생할 수 있다.
② 목표관리제는 안정적이고 예측 가능한 환경
이다.
③ 목표관리제와 성과관리제는 모두 성과지표!

---

04 조직의 성과관리

성과관리제는 행정조직에 있어서는 성과의 ...
이 어렵고 즉각적인 환류(시정과 개선 등) ...

(선지분석)
① 목표관리제(MBO)는 달성이 용이하거나 중:
는 목표의 전환현상이 발생할 수 있다.
② 목표관리제는 안정적이고 예측 가능한 환:
이다.
③ 목표관리제와 성과관리제는 모두 성과지표별로 목표달성수준을 설정
하고, 사후의 목표달성도에 따라 보상과 재정지원의 차등을 약속하는
계약을 체결한다는 점에서 공통점을 갖는다.

상세한 해설
· 모든 문제의 핵심 출제
  키워드 제시
· 해설 학습을 통해 이론
  복습의 효과를 기대할
  수 있도록 싱세한 해설 수록

실전동형
모의고사

잠깐! 실전동형모의고사 전 확인사항

실전동형모의고사도 실전처럼 문제를 푸는 연습이 필요합니다.

✔ 휴대전화는 전원을 꺼주세요.

✔ 연필과 지우개를 준비하세요.

✔ 제한시간 15분 내 최대한 많은 문제를 정확하게 풀어보세요.

매 회 실전동형모의고사 전, 위 사항을 점검하고 시험에 임하세요.

01회 실전동형모의고사

제한시간: 15분 **시작** 시 분 ~ **종료** 시 분 **점수 확인** 개/ 20개

01 행정의 특징을 뜻하는 '마일(Mile)의 법칙'에 대한 설명으로 옳은 것은?

① 공무원의 수는 업무량의 증가와 관계없이 증가한다.
② 공무원의 입장 및 태도는 그의 직위에 의존한다.
③ 전위효과는 위기 시에는 공적 지출이 사적 지출을 대신하게 된다는 논리이다.
④ 행정의 노동집약적 성격으로 인하여 공무원의 수는 증가하기 마련이다.

02 동기부여이론에 관한 설명으로 옳은 것은?

① 머슬로(A. Maslow)의 욕구계층이론은 과정이론에 해당한다.
② 매클리랜드(D. McClelland)의 성취동기이론은 모든 사람이 비슷한 욕구의 계층을 갖고 있다고 보는 점에서 머슬로(A. Maslow)의 이론을 계승하고 있다.
③ 동기부여이론은 일반적으로 내용이론과 형식이론으로 분류된다.
④ 앨더퍼(C. Alderfer)의 ERG이론은 인간의 욕구를 계층화한 점에서는 머슬로(A. Maslow)와 공통된 견해를 지니고 있다.

03 넛지(Nudge) 이론에 대한 설명으로 옳은 것은?

① 자유주의적 개입주의 원리에 따라 시장기반의 경제적 인센티브 수단을 선호한다.
② 행동경제학에 기반하여 실험을 통한 귀납적 분석보다는 가정에 기초한 연역적 분석을 지향한다.
③ 넛지 방식으로 정책을 설계하는 것을 선택설계라고 한다.
④ 행동경제학에서는 휴리스틱과 행동 편향에 따른 영향이 개인의 의사결정과 선택에 영향을 미쳐 자신의 후생 손실을 초래하는 외부효과가 행동적 시장실패의 핵심요소라고 본다.

04 합리적 선택 신제도주의에 대한 설명으로 옳지 않은 것은?

① 인간을 자신의 후생이나 이익을 극대화시키는 합리적·경제적 행위자로 가정하여 완전한 합리성을 추구한다고 본다.
② 합리적 선택 신제도주의는 제도가 합리적 행위자의 이기적 행태를 제약한다고 본다.
③ 합리적 선택 신제도주의는 경제학에 이론적 배경을 두고 있다.
④ 집단행동의 딜레마를 해결하기 위한 방편으로 의도적인 제도 설계를 강조한다.

05 「전자정부법」상 (ㄱ)과 (ㄴ)에 들어갈 용어로 옳은 것은?

> • (ㄱ)(이)란 행정기관 등이 보유하고 있는 행정정보, 전자적 수단에 의하여 행정정보의 수집·가공·검색을 하기 쉽게 구축한 정보시스템, 정보시스템의 구축에 적용되는 정보기술, 정보화예산 및 정보화인력 등을 말한다.
> • (ㄴ)(이)란 「전기통신기본법」 제2조 제2호에 따른 전기통신설비를 활용하거나 전기통신설비와 컴퓨터 및 컴퓨터 이용기술을 활용하여 정보를 수집·가공·저장·검색·송신 또는 수신하는 정보통신체제를 말한다.
> ※「전기통신기본법」 제2조 제2호에 따른 전기통신설비라 함은 전기통신을 하기 위한 기계·기구·선로 기타 전기통신에 필요한 설비를 말한다.

① ㄱ: 정보자원, ㄴ: 정보통신망
② ㄱ: 정보자원, ㄴ: 정보기술아키텍처
③ ㄱ: 정보시스템감리, ㄴ: 정보통신망
④ ㄱ: 정보시스템감리, ㄴ: 정보기술아키텍처

06 거래비용이론에 대한 설명으로 가장 옳지 않은 것은?

① 거대한 위계적 조직이 발생하는 이유를 설명하는 데 유용하다.
② 거래에 수반되는 불확실성이 낮고, 거래 대상의 자산전속성(asset specificity)이 낮을수록 거래비용이 커진다.
③ 시장에서의 거래비용이 내부조직화비용보다 작으면 거래를 외부화시키는 것이 효율적이다.
④ 기회주의는 거래비용을 발생시키는 요인 중 인간적 요인에 해당한다.

07 균형성과관리(BSC)에 대한 설명으로 옳지 않은 것은?

① 균형성과관리(BSC)는 재무적 관점과 비재무적 관점의 균형을 강조한다.
② 공공부문에서 재무적 관점은 목표가 아니라 제약조건으로 작용한다.
③ 균형성과관리(BSC)는 과정과 결과의 균형을 강조한다.
④ 균형성과관리(BSC)의 지표 중 학습과 성장 관점은 다른 지표들을 통해 달성하고자 하는 최종적인 목표로서 가장 상부구조에 해당한다.

08 직위분류제에 대한 설명으로 옳지 않은 것은?

① 개방형 직위제도는 직위분류제적 요소를 담고 있다.
② 「국가공무원법」은 직위분류제의 여러 개념을 규정하고 있다.
③ 과학적 관리론은 미국의 직위분류제 발달에 영향을 미쳤다.
④ 직군, 직렬과 등급이 결정되면 직무기술서를 작성하는 단계로 넘어간다.

09 리더십이론 중 경로 – 목표모형(path – goal theory)에 대한 설명으로 옳지 않은 것은?

① 구성원의 직무만족도와 근무성과를 상황변수로 본다.
② 참여적 리더십은 비구조화된 과업수행 시 부하가 과업목표 계획, 절차, 방법 등에 관한 의사결정에 참여함으로써 기대 및 직무수행동기를 높이는 유형이다.
③ 조직 구성원들의 기대(expectancy)와 유인가(valence)를 매개변수로 설정하는 등 기대이론을 적용한다.
④ 경로(path)란 부하가 바라는 보상을 받을 수 있게 하는 일련의 행동으로, 리더의 효과성은 이러한 경로를 상황에 맞게 제시하는 데 달려있다.

10 공무원 징계 및 소청제도에 대한 설명으로 옳은 것은?

① 재직기간 5년 미만인 공무원이 파면된 경우 퇴직 급여액의 1/4이 감액된다.
② 공무원 징계의 소멸시효는 모두 3년으로 통합되었다.
③ 징계에 대한 불복 시 소청심사위원회에 소청 제기가 가능하며, 근무성적평정 결과나 승진탈락 등은 소청 대상이다.
④ 지방자치단체 소속 공무원이 지방소청심사위원회의 결정에 불복하는 경우 인사혁신처 소청심사위원회에 재심사청구를 할 수 있다.

11 행정 PR(public relations)에 대한 설명으로 옳지 않은 것은?

① 행정 PR(public relations)은 민의를 듣고 이를 정책에 반영시키는 공청기능과 정책홍보 등을 통해 국민에게 알리는 공보기능이 상호적으로 이루어져야 한다.
② 정부가 왜곡된 정보를 국민에게 제공하는 것은 행정 PR의 객관성에 반하는 것이다.
③ 개발도상국가에서는 국민들에 대한 계몽적 · 교육적 성격을 갖는다.
④ 행정 PR에 있어 국민은 정부에 제공할 의무가 있으며, 정부는 이를 알 권리가 있다.

12 다음 중 공공선택론적 접근방법에 대한 설명으로 옳지 않은 것만을 묶은 것은?

> ㄱ. 분석의 기본단위를 개인에게 두는 방법론적 개체주의를 취한다.
> ㄴ. 공공선택론은 공공재의 공급에서 경제학적인 분석도구를 적용한다.
> ㄷ. 개인은 합리적 · 이기적인 존재이다.
> ㄹ. 공공문제 해결을 위한 정부의 역할을 중시한다.
> ㅁ. 연역이론이다.
> ㅂ. 집권적 · 계층제적 구조를 강조하는 정부관료제가 시민의 요구에 민감하게 반응한다고 주장한다.

① ㄱ, ㄹ
② ㄴ, ㅁ
③ ㄷ, ㄹ
④ ㄹ, ㅂ

13 예산결정이론의 합리모형(총체주의)에 대한 설명으로 옳지 않은 것은?

① 루이스(Lewis)는 예산배분결정에 경제학적 접근법을 적용하여, '상대적 가치', '증분분석', '상대적 효과성'이라는 세 가지 분석명제를 제시한다.

② 합리주의모형에서는 계량분석을 통한 최적의 자원배분을 강조한다.

③ 계획예산제도(PPBS)와 영기준예산제도(ZBB)는 합리주의예산제도이다.

④ 총체주의(합리모형)는 형평성에 의한 재정배분을 중시한다.

14 현행 「국가재정법」상 예비타당성조사에 관한 규정으로 가장 적절하지 않은 것은?

① 기획재정부장관은 총사업비가 500억 원 이상이고 국가의 재정지원 규모가 300억 원 이상인 신규사업으로서 일정한 경우에 해당하는 대규모 사업에 대한 예산을 편성하기 위하여 미리 예비타당성조사를 실시해야 한다. 다만, 특정한 분야의 사업은 중기사업계획서에 의한 재정지출이 500억 원 이상 수반되는 신규 사업으로 한다.

② 소관 중앙관서의 장은 예비타당성조사 면제요구서를 제출받은 경우 관계 전문가의 자문을 거쳐 예비타당성조사 면제 여부를 결정하고 기획재정부장관에게 그 결과를 통보하여야 한다. 다만, 국가기밀과 관계된 사업의 경우에는 관계 전문가의 자문을 거치지 아니할 수 있다.

③ 기획재정부장관은 국회가 그 의결로 요구하는 사업에 대하여는 예비타당성조사를 실시하여야 한다.

④ 기획재정부장관은 일정한 국가연구개발사업에 대한 예비타당성조사에 관해서는 대통령령으로 정하는 바에 따라 과학기술정보통신부장관에게 위탁할 수 있다.

15 예산집행의 신축성을 보장하기 위한 제도에 대한 설명으로 가장 옳지 않은 것은?

① 예측할 수 없는 예산 외 지출 또는 예산초과지출에 충당하기 위해 예비비를 둔다.

② 사고이월은 불가피한 사유로 이월한 것이므로 국회 승인이 불필요하지만, 사고이월한 경비는 다시 다음 연도에 재차 사고이월할 수 없다.

③ 예산의 전용(轉用)은 행정 과목 간의 융통을 뜻하며, 이용(移用)은 입법 과목 간의 융통을 뜻한다.

④ 예산의 이체는 정부조직 등에 관한 법령의 제정·개정·폐지로 인하여 중앙관서의 직무와 권한에 변동이 있을 때 이루어지는 것으로, 국회의 승인을 얻은 후 기획재정부장관이 한다.

16 조직발전(organization development)에 대한 설명으로 가장 옳은 것은?

① 조직 전체의 변화를 추구하는 계획적·의도적인 개입방법이다.

② 과정지향적이며 아래로부터의 자율적·자발적인 접근방법이다.

③ 조직 내·외부의 컨설턴트가 참여할 여지가 적다.

④ 조직발전은 조직의 구조나 형태를 바꾸는 것을 최우선 목표로 한다.

17 정부에서 운영 중인 적극행정에 대한 설명으로 가장 옳지 않은 것은?

① 「적극행정 운영규정」은 적극행정을 '공무원이 불합리한 규제를 개선하는 등 공공의 이익을 위해 창의성과 전문성을 바탕으로 적극적으로 업무를 처리하는 행위'로 정의하고 있다.

② 공무원이 적극행정을 추진한 결과에 대해서는 고의 또는 중대한 과실이 없는 경우에 징계면제를 받을 수 있다.

③ 적극행정위원회의 위원장은 중앙행정기관장이다.

④ 적극행정 추진체계상 적극행정 총괄 및 제도운영은 행정안전부와 인사혁신처가 담당하고 있다.

18 보편적 서비스 정책의 지향에 대한 설명으로 옳지 않은 것은?

① 접근성(access): 살고 있거나 일하고 있는 장소에 관계없이 접속하기를 원하는 모든 사람들을 위한 접속을 제공한다.

② 활용가능성(usability): 정보시스템이 다른 대안들에 비해 상대적으로 비용효과적이고, 보편적으로 사용 가능하여야 하며 빈부격차 등 경제적인 이유 때문에 배제되지 않아야 한다.

③ 훈련과 지원(training & support): 사람들의 일상적인 삶의 제도적 맥락 속에서 통합된 방식으로 적절한 훈련과 지원을 제공하여 사람들이 기술의 부족 때문에 접근가능성에서 배제되지 않아야 한다.

④ 유의미한 목적성(meaningful purpose): 정보시스템이 대부분의 사람들을 위해 개인적으로나 사회적으로 의미 있는 일(개인적 만족과 시민권 보장, 경제적 성취)을 위한 하부구조로서의 역할을 할 수 있도록 제공되어야 한다.

19 「지방자치법」상 지방자치단체 상호 간 분쟁 발생 시 조정에 대한 설명으로 옳지 않은 것은?

① A광역시와 D광역시간의 분쟁은 중앙분쟁조정위원회가 담당한다.

② 행정안전부장관이나 시·도지사는 조정 결정사항이 성실히 이행되지 아니할 경우 그 지방자치단체에 대하여 직무이행명령을 통해 이행하게 할 수 있다.

③ A광역시 b자치구와 D광역시 c군의 분쟁은 지방분쟁조정위원회가 담당한다.

④ 지방자치단체 상호 간 사무를 처리할 때 의견이 달라 생긴 분쟁이 공익을 현저히 해쳐 조속한 조정이 필요하다고 인정되면 당사자의 신청이 없어도 행정안전부장관이나 시·도지사가 직권으로 조정할 수 있다.

20 조례와 규칙에 대한 설명으로 옳지 않은 것은?

① 조례안이 지방의회에서 의결되면 의장은 의결된 날부터 5일 이내에 그 지방자치단체의 장에게 이를 이송하여야 한다.

② 조례를 정할 때, 주민의 권리제한에 관한 사항은 법률의 위임이 있어야 한다.

③ 지방자치단체는 법령이나 상급 지방자치단체의 조례를 위반하여 그 사무를 처리할 수 없다.

④ 지방자치단체 조례로 기관위임사무를 규정할 수 있다.

02회 실전동형모의고사

제한시간: 15분 **시작** 시 분 ~ **종료** 시 분 점수 확인 개/ 20개

01 다음 중 신공공서비스(New Public Service)에 대한 설명으로 옳은 것을 <보기>에서 모두 고른 것은?

<보기>
ㄱ. 기업주의 가치를 추구한다.
ㄴ. 재량이 필요하지만 제약과 책임을 수반한다.
ㄷ. 리더십을 공유하는 협동적 조직구조이다.
ㄹ. 민간기관 및 비영리기구를 활용해 정책 목표를 달성할 유인 체계를 창출한다.
ㅁ. 조직 내 주요 통제권이 유보된 분권화된 조직이다.
ㅂ. 정부는 시장의 힘을 활용하는 데 있어 방향잡기의 역할을 해야 한다고 본다.

① ㄱ, ㄷ
② ㄴ, ㄷ
③ ㄱ, ㄴ, ㄷ
④ ㄹ, ㅁ, ㅂ

02 공공가치관리론적 시각에 대한 설명으로 옳지 않은 것은?

① 신공공관리론이 야기한 행정의 공공성 약화를 극복하기 위한 대안적인 패러다임으로 등장한 것이 공공가치관리론이다.
② 공공관리자의 거시적인 전략적 사고를 강조한 무어의 공공가치창출론과 공공가치의 실재론에 기초하여 공공가치실패를 강조하는 보우즈만의 접근법이 있다.
③ 공공가치관리론에서 관리자의 역할은 동의하는 성과목표를 정의하고 달성하는 데 있다.
④ 공공가치관리론은 숙의를 거친 공공의 선호를 공익으로 본다.

03 사회자본(social capital)에 대한 설명으로 옳은 것은 모두 몇 개인가?

<보기>
ㄱ. 신뢰, 공동체 의식, 호혜성, 사회적 연계망 등을 주요 구성요소로 한다.
ㄴ. 구성원 사이의 신뢰를 바탕으로 거래비용을 감소시킬 수 있으며, 공동이익을 위한 상호 조정과 협력을 촉진할 수 있다.
ㄷ. 상호 호혜적 행동을 통해 집단 내 사회자본 수준을 단기간에 증대시킬 수 있다.
ㄹ. 집단결속으로 인해 다른 집단과의 관계에 있어서 부정적 효과를 나타낼 수도 있다.

① 1개
② 2개
③ 3개
④ 4개

04 무의사결정론에 대한 설명으로 옳지 않은 것은?

① 엘리트들에게 안전한 이슈만을 논의하고 불리한 문제는 거론조차 못하게 봉쇄하는 것을 의미한다.
② 정책문제의 채택과정에서 엘리트가 비밀리에 권력을 행사하는 것을 의미한다.
③ 무의사결정론은 정치권력이 두 얼굴을 가지고 있다고 주장한다.
④ 무의사결정은 정책과정 중 정책의제설정과정에서만 나타난다고 바흐라흐(Bachrach)와 바라츠(Baratz)는 주장하였다.

05 살라몬(L. M. Salamon)의 정책수단유형에 대한 설명으로 가장 옳지 않은 것은?

① 공공정보는 정부가 민간에게 공적 정보를 제공하는 직접수단이다.
② 사회적 규제는 직접적 수단에 해당한다.
③ 공기업은 정부의 소유 또는 통제하에 재화와 서비스를 제공하는 직접수단이다.
④ 경제적 규제는 가격, 산출, 기업의 진입·퇴출 등 민간의 경제활동을 통제하는 직접수단이다.

06 의사결정모형에 대한 설명으로 가장 옳은 것은?

① 만족모형은 타협과 조정을 중시하는 정치적 합리성을 추구한다.
② 린드블롬(Lindblom)은 점증모형이 현실을 잘 설명할 뿐만 아니라 규범적으로도 바람직하다고 주장한다.
③ 만족모형은 몇 개의 대안을 병렬적으로 검토한다는 특징이 있다.
④ 점증모형은 제한된 합리성을 가정한다는 점에서 합리모형의 일종이라고 볼 수 있다.

07 킹던(Kingdon)의 '정책의 창'모형에 대한 설명으로 가장 옳지 않은 것은?

① 문제가 제기되고 그 해결책을 찾는 모델과 달리 정책대안이 문제를 찾아다니기도 한다.
② 정책기업가(policy entrepreneurs)는 문제의 흐름, 정책의 흐름, 정치의 흐름의 세 가지 흐름을 합류시키는 역할을 한다.
③ 관료, 학자, 언론인 등 정책공동체 내 누구라도 정책기업가가 될 수 있다.
④ '정책의 창'은 정책의 흐름의 변화에 의해 열리는 경우가 가장 많다.

08 조직구조의 상황변수 중 조직기술에 대한 설명으로 옳지 않은 것은?

① 조직기술이란 조직 내 직무가 표준화되어 있는 정도를 의미한다.
② 조직기술은 분석 수준에 따라서 달라지며, 개인수준, 부서수준, 조직수준 등으로 분류할 수 있다.
③ 우드워드(Woodward)에 따르면 대량생산기술의 경우 공식적인 절차나 규칙에 따라 관리한다.
④ 톰슨(Thompson)에 따르면 중개형 기술을 가진 조직에서 부서 간 상호의존성이 가장 낮다.

09 신행정학에 대한 설명으로 가장 옳지 않은 것은?

① 신행정학은 추구하는 이념으로서 사회적 형평성을 중시한다.

② 신행정학이라는 움직임의 대두는 당시 미국 사회와 학계의 형편을 반영한 것으로, 인종갈등의 심화, 월남전을 둘러싼 정치적·사회적 뒤틀림 등으로 표출된 미국 사회의 소용돌이가 조성한 일종의 위기감에서 비롯되었다.

③ 인간주의 심리학, 현상학 등에 대한 강한 비판과 엄격한 실증주의의 적용을 통해 현실문제를 해결하려고 한다.

④ 고객인 국민의 요구를 중시하는 행정을 강조하고 시민참여의 확대를 주장하였다.

11 총액인건비제에 대한 설명으로 옳은 것만을 모두 고르면?

> ㄱ. 총액인건비제의 시행으로 보수관리에 대한 각 부처의 자율성이 확대되었다.
> ㄴ. 총액인건비제는 민주적 통제의 강화에 기여한다.
> ㄷ. 총액인건비제를 시행하는 기관은 의도적 절감노력으로 확보한 재원을 성과상여금 및 성과연봉 등에 활용할 수 있다.

① ㄱ

② ㄱ, ㄷ

③ ㄴ, ㄷ

④ ㄱ, ㄴ, ㄷ

10 특정직공무원과 별정직공무원을 바르게 연결한 것은?

	특정직	별정직
①	경찰청 차장	대통령 경호처장
②	검사	국가정보원 직원
③	국립대 교수	국회 수석전문위원
④	헌법재판소 헌법연구관	감사원 사무총장

12 직위분류제에 대한 설명으로 가장 옳지 않은 것은?

① 직위분류제는 직무의 종류·책임도·곤란도를 고려한 인사행정을 수행한다.

② 직위분류제는 조직계획의 단기적 합리성을 확보할 수 있다.

③ 특정 직위에 맞는 사람을 배치하는 제도이기 때문에 직위나 직무의 변화상황에 신속히 대처할 수 있는 상황적응적인 인사제도라고 할 수 있다.

④ 동일 직무에 대한 동일 보수 제공을 원칙으로 한다.

13 프로그램예산제도에 대한 설명으로 옳지 않은 것은?

① 동일한 정책목표를 가진 단위사업들을 하나의 프로그램으로 묶어 예산 및 성과 관리의 기본 단위로 삼는다.

② 우리나라에서는 지방자치단체가 2008년부터, 중앙정부는 2007년부터 공식적으로 채택하였다.

③ 자원배분의 효율성을 높일 수 있지만 일반 국민이 예산 사업을 쉽게 이해할 수 없다는 단점이 있다.

④ 우리나라가 도입한 배경에는 투입 중심 예산 운용의 한계를 극복하고자 하는 측면이 있었다.

14 정부기업에 대한 설명으로 옳지 않은 것은?

① 예산은 매년 국회의 의결을 얻어야 한다.

② 「정부기업예산법」이 적용되고, 특별회계로 운영된다.

③ 독립적인 법인의 형태로 설치 및 운영된다.

④ 직원은 공무원이며, 그들의 임용방법과 근무조건 등은 일반공무원과 동일하다.

15 예산제도에 대한 설명으로 옳지 않은 것은?

① 계획예산제도(PPBS)는 계획(plan) - 사업(program) - 예산(budget)의 체계적 연계를 강조한다.

② 영기준예산제도(ZBB)는 원칙적으로 정부사업과 예산항목을 원점(zero base)에서 재검토하는 예산제도이다.

③ 목표관리예산제도(MBO)는 참여를 통해 설정한 세부사업의 목표를 예산 편성과 연계하는 제도이다.

④ 품목별예산제도(line - item budgeting)는 주어진 재원 수준에서 달성한 산출물 수준을 성과지표에 표시한다.

16 셍게(Senge)가 제시한 학습조직의 구성요소가 아닌 것은?

① 집단적 사고(collective thinking)

② 개인적 숙련(personal mastery)

③ 공유비전(shared vision)

④ 사고모형(mental model)

17 숙의민주주의에 대한 설명으로 옳지 않은 것은?

① 숙의(deliberation)가 의사결정의 중심이 되는 민주주의의 형식이다.

② 숙의민주주의는 실현가능한 방법론의 명확성이 장점이다.

③ 합의회의는 시민들이 전문가에게 질의하고 의견청취하고 의견교환과 심의를 통해 일치된 의견을 도출하는 방식이다.

④ 주민배심은 대표 시민들이 정책 질의 및 심의 과정에 참여하여 정책 권고안을 제시하는 방식이다.

18 관료제 병리현상에 대한 설명으로 옳은 것은?

① 파킨슨 법칙은 번문욕례(red tape) 현상을 설명하는 것이다.

② 형식주의는 훈련된 무능(trained incapacity)을 발생시킨다.

③ 권력구조의 이원화는 관리자의 전문성과 부하의 계서적 권한에 기인한다.

④ 목표대치는 목표가 아닌 수단으로서의 규칙과 절차에 지나치게 집착하는 것이다.

19 다음 중 신중앙집권화와 신지방분권화에 대한 설명으로 가장 적절하지 않은 것은?

① 신중앙집권화는 분권의 비능률성과 중앙집권의 비민주성 문제를 해결하기 위한 새로운 형태의 집권이다.

② 국민적 최저수준 유지에 대한 요청이 확대되면서 경제 및 사회적 불평등 해소를 위해 신지방분권화가 촉진되었다.

③ 세계화와 신자유주의가 신지방분권화를 촉진하였다.

④ 신중앙집권은 중앙 - 지방 간의 관계는 기능적·협력적 관계이다.

20 지방자치단체의 경계 및 명칭 변경 또는 폐치·분합에 대한 설명으로 옳지 않은 것은?

① 지방자치단체의 구역 변경, 통·폐합은 법률에 의한다.

② 시·군 및 자치구의 관할구역 경계변경은 대통령령으로 정한다.

③ 읍·면·동의 명칭과 구역을 변경하거나 폐치·분합할 때는 법률에 의한다.

④ 지방자치단체 사무소의 소재를 변경할 때는 해당 지방의회 재적의원 과반수 이상이 찬성하는 조례로 정한다.

03회 실전동형모의고사

제한시간: 15분 시작 시 분 ~ 종료 시 분 점수 확인 개/ 20개

01 다음 중 역량기반 교육훈련 방식에 대한 설명으로 옳은 것만을 모두 고르면?

> ㄱ. 멘토링은 조직 내 핵심 인재의 육성과 지식 이전, 구성원들 간의 학습활동을 촉진할 수 있는 방법으로, 조직 내 업무 역량을 조기에 배양할 수 있다.
> ㄴ. 직무분석으로 도출된 직무명세서를 바탕으로 교육과정을 설계하는 직무지향적 교육방법이다.
> ㄷ. 액션러닝은 참여와 성과 중심의 교육훈련을 지향하는 방법으로, 현장에서 발생하는 현안 문제를 가지고 자율적 학습 또는 전문가의 지원을 받아 구체적인 문제 해결 방안을 모색한다.
> ㄹ. 역량모델은 전체 구성원에게 적용되는 공통역량, 원활한 조직운영을 위한 직무역량, 전문적 직무수행을 위한 관리역량으로 구성된다.

① ㄱ, ㄴ
② ㄱ, ㄷ
③ ㄱ, ㄹ
④ ㄴ, ㄷ

02 애로우(Arrow)의 불가능성 정리에 대한 설명으로 옳지 않은 것은?

① 바람직한 사회적 선택이 이루어지기 위해 집단적 선호체계가 갖추어야 할 조건에 관한 이론이다.
② 그 조건으로는 완비성 요건과 파레토(Pareto) 원칙, 제3의 선택가능성으로부터의 독립이라는 합리성 요건, 그리고 비독재성이라는 민주성 요건이 있다.
③ 합리성 요건을 충족하는 사회적 선호는 민주성 요건에 위배될 수밖에 없다는 것이다.
④ 시장실패에 대한 정부개입의 근거를 제시하고 있다.

03 공통적인 평가요소 및 요소별 배점과 등급을 정한 기준표를 만들어 직무의 가치를 평가하는 계량적 직무평가 방법은?

① 점수법
② 분류법
③ 서열법
④ 요소비교법

04 정책분석 및 평가방법에 대한 설명으로 가장 옳은 것은?

① 비용효과분석에서는 모든 비용과 편익을 화폐가치로 환산하지만, 비용편익분석은 화폐가치로 측정이 어려운 경우에도 활용된다.
② 총괄평가는 정책집행 과정에서 발생하는 문제점의 발견 및 수정·개선을 도모하기 위한 것으로 바람직한 정책집행 전략과 방법을 모색하는 것이 목적이다.
③ 정량적 또는 양적 방법은 전문가의 전문적 판단에 의존하는 것으로 브레인스토밍, 정책델파이가 이에 해당한다.
④ 준실험은 무작위 배정을 통해 실험집단과 통제집단의 동질성을 확보하기 어려울 때 사용하는 설계방법이다.

05 리더십 행동이론에 관한 설명으로 옳은 것은?

① 상황에 따라 리더십의 효과성이 달라진다는 시각에서 리더의 행동을 파악한다.

② 업무 특성과 리더십 스타일 사이의 관계에 초점을 둔다.

③ 리더가 만들어지기보다는 특별한 역량을 타고나는 것임을 강조한다.

④ 훈련에 의해 효과적인 리더를 양성할 수 있다고 주장한다.

06 국회의 예산결산에 관한 설명으로 옳지 않은 것은?

① 결산 심의를 한 결과 문제가 있는 특정사안에 대하여 감사원에 감사를 요구할 수 있다.

② 결산은 회계연도에서 국가의 수입과 지출 실적을 확정적 계수로 표시하는 행위이다.

③ 예산의 범위 내에서 재정활동을 했는지 확인하고 그 결과를 재정운용에 반영하는 과정이다.

④ 부당한 지출이 발견된 경우 그 책임을 요구하고 무효화할 수 있다.

07 루빈(Rubin)의 '실시간 예산운영(Real Time Budgeting)' 모형에 대한 설명으로 옳지 않은 것은?

① 세입 흐름에서 의사결정 – '누가, 얼마만큼 부담할 것인가'에 관한 의사결정으로, 의사결정의 흐름 속에는 설득의 정치가 내재해 있다.

② 세출 흐름에서 의사결정 – '누구에게 배분할 것인가'에 관한 의사결정으로, 선택의 정치로 특징지어지며, 참여자들은 지출의 우선순위가 재조정되기를 바라거나 현재의 우선순위를 고수하려고 노력한다.

③ 예산 균형 흐름에서 의사결정 – '예산 균형을 어떻게 정의할 것인가'에 관한 의사결정으로, '누가 예산을 결정하는가'의 정치 성격을 지니며, 예산 균형의 결정은 근본적으로 정부의 범위 및 역할에 대한 결정과 연계되어 있다.

④ 예산 집행 흐름에서 의사결정 – '계획된 대로 수행할 수 있는가'에 대한 의사결정으로, 기술적 성격이 강하고 책임성의 정치라는 특성을 지니며, 예산 계획에 따른 집행과 수정 및 일탈의 허용 범위에 대한 문제가 중요하다.

08 거시조직이론에 대한 설명으로 옳지 않은 것은?

① 조직군생태학이론은 환경조직이 환경에 의하여 수동적인 영향을 받는 것으로 인식하며, 분석 수준으로 조직군 수준을 연구하였다.

② 자원의존이론은 조직이 환경에 대하여 적극적인 행동을 취하고, 조직군 수준의 분석을 하고 있다.

③ 조직경제학은 조직의 행동이 환경의 구조적 제약에 의해 결정되고, 조직군 수준의 연구를 한다.

④ 공동체생태학이론은 조직이 환경을 적극적으로 형성한다고 보며, 조직군 수준의 연구를 한다.

09 현행 법령상 공공기관에 대한 규정으로 옳지 않은 것은?

① 공기업과 준정부기관의 지정기준은 직원 정원 300명 이상, 총수입액 200억 원 이상, 자산규모 30억 원 이상이다.

② 기획재정부장관은 총수입액 중 자체수입액이 차지하는 비중이 대통령령으로 정하는 기준 이상인 기관은 공기업으로 지정하고, 공기업이 아닌 공공기관은 준정부기관으로 지정한다.

③ 기획재정부장관은 구성원 상호 간의 상호부조·복리증진·권익향상 또는 영업질서 유지 등을 목적으로 설립된 기관은 공공기관으로 지정할 수 없다.

④ 기획재정부장관은 기타공공기관의 일부를 세분하여 지정하여서는 아니 된다.

10 공무원 평정제도에 관한 설명으로 옳지 않은 것은?

① 다면평가제도는 다수의 평정자로 인해 평가의 객관성과 공정성을 향상시킬 수 있다.

② 도표식 평정법은 상벌의 목적에 이용하기 편리하다.

③ 행태기준 평정척도법은 행태에 관한 구체적인 사건을 기준으로 평정하며, 사건의 빈도수를 표시하는 척도를 이용한다.

④ 우리나라는 평정결과에 대해 소청할 수 없다.

11 다음 중 「국가공무원법」 및 「지방공무원법」상 특수경력직공무원에 해당하는 사람을 <보기>에서 모두 고르면?

───── <보기> ─────
ㄱ. A 경찰청장인 甲
ㄴ. B 국회의원 의원실에 근무 중인 비서관 乙
ㄷ. 인사혁신처장으로 근무 중인 丙
ㄹ. C 병무청에서 근무 중인 군무원 丁
ㅁ. 청와대에서 대통령비서실 민정수석비서관으로 근무하는 戊

① ㄱ, ㄴ, ㄷ
② ㄱ, ㄷ, ㄹ
③ ㄱ, ㄹ, ㅁ
④ ㄴ, ㄷ, ㅁ

12 우리나라 공무원제도에 대한 설명으로 옳은 것만을 모두 고르면?

ㄱ. 중앙정부·지방자치단체 및 그 하부기관에 근무하는 공무원은 직장협의회를 설립할 수 있으며, 하나의 기관에 하나의 협의회 설립이 가능하다.
ㄴ. 임용권자는 본인의 의사에 반하여 휴직을 명하여야 하는 경우는 없다.
ㄷ. 공무원은 소청심사위원회를 통해 부당하다고 여겨지는 징계에 대한 구제를 신청할 수 있으며, 소청심사위원회의 결정은 처분청과 소청인 모두를 기속한다.
ㄹ. 시보 임용기간 중에 있는 공무원이 근무성적·교육훈련성적이 나빠서 공무원으로서의 자질이 부족하다고 판단되는 경우에는 면직시킬 수 있다.

① ㄱ, ㄴ
② ㄱ, ㄹ
③ ㄱ, ㄹ
④ ㄷ, ㄹ

13 예산제도의 특징에 대한 설명으로 옳지 않은 것은?

① 성과주의예산은 활동·기능·사업계획에 초점을 둔다.
② 품목별예산은 정책수립에 도움이 되는 자료를 제공한다.
③ 계획예산은 장기적인 사업계획에 대한 신뢰성을 높인다.
④ 성과주의예산은 예산집행에 있어서 신축성을 확보할 수 있다.

14 변혁적 리더십에 대한 설명으로 가장 옳지 않은 것은?

① 변혁적 리더십은 구성원의 결핍욕구(deficiency needs)를 자극하고, 이를 충족시켜주는 것은 반대급부로 조직에 필요한 임무를 수행하도록 동기화시키는 지도자의 특성을 의미한다.
② 변혁적 리더십은 자유, 정의, 평등, 인도주의와 같은 보다 높은 이상과 도덕적 가치를 강조함으로써 부하들의 의식을 일깨운다.
③ 레이니와 왓슨(Rainey & Watson)은 변혁적 리더십이 고위관리자나 정치가뿐만 아니라 중간관리자에게도 나타날 수 있다고 주장한다.
④ 변혁적 리더는 조직 구성원들에게 자신의 조직생활을 반성·개선하고, 혁신과 변화를 추구하도록 지속적으로 독려해야 한다.

15 예산과정에서 점증주의모형에 대한 설명으로 가장 옳지 않은 것은?

① 결정자의 인식능력의 한계를 전제로 하며, 결정과 관련된 모든 요소를 검토할 수 없다고 보고, 좋은 결정이란 관련자들의 포괄적 참여와 합의에 기초한 결정이라고 한다.
② 분석적·합리적 결정에 대한 노력을 약화시켜, 지속적인 예산 증가의 문제를 발생시킬 수 있다.
③ 예산 담당관이 보수적 성향을 가질 경우 점증주의모형에 따른 예산 결정은 현실적으로 힘들어지고, 정치적 합리성의 가치를 간과하기 쉽다.
④ 체계적인 대안개발 및 대안검토가 없기 때문에 관료들의 무사안일·타성을 조장할 가능성이 있다.

16 쉬크(A. Schick)의 자원의 희소성과 예산제도에 대한 설명으로 가장 옳지 않은 것은?

① 완화된 희소성에서는 사업개발에 역점을 둔다.
② 만성적 희소성에서 예산은 주로 관리의 개선보다 지출통제에 역점을 둔다.
③ 총체적 희소성에서는 회피형 예산을 편성한다.
④ 총체적 희소성은 가용자원이 정부의 계속사업을 지속할 만큼 충분하지 못한 경우에 발생한다.

17 조직시민행동에 대한 설명으로 옳지 않은 것은?

① 공식적으로 요구되지 않아도 자발적으로 하는 업무 관련 행동이다.

② 구성원들의 절차공정성 지각은 조직시민행동에 긍정적 영향을 미친다.

③ 양심성(conscientiousness)은 타인과의 관계에서 문제나 갈등을 사전에 예방하는 행동이다.

④ 스포츠맨십(sportsmanship)은 조직에 불평불만을 하거나 타인에 대해 험담하지 않는 행동이다.

18 다음 내용 중 가장 옳지 않은 것은?

① 과학기술정보통신부장관은 지능정보사회 종합계획을 3년마다 수립하여야 한다.

② 행정기관 등의 장은 5년마다 해당 기관의 전자정부의 구현·운영 및 발전을 위한 기본계획을 수립하여 중앙사무관장기관의 장에게 제출하여야 한다.

③ 스마트 정부는 사후복구가 아닌 사전예방을 강조한다.

④ 행정안전부장관은 정보기술아키텍쳐를 체계적으로 도입하고 확산시키기 위한 기본계획을 5년 단위로 수립하여야 한다.

19 우리나라 주민참여예산제도에 대한 설명으로 옳지 않은 것은?

① 주민참여예산제도의 운영을 위하여 지방자치단체장의 소속으로 주민참여예산기구를 둘 수 있다.

② 「지방재정법」은 예산과정의 주민 참여 범위를 예산편성으로 제한하고 있지 않다.

③ 주민참여예산제도의 구체적인 내용은 각 지방자치단체의 조례로 정하도록 하고 있다.

④ 지방의회의 의결사항은 주민참여예산의 관여 범위에 포함된다.

20 지방의회에 대한 설명으로 가장 옳은 것은?

① 지방의회는 「지방자치법」에만 규정되어 있으므로 헌법기관이 아니다.

② 지방의회 소속 사무직원의 임용권은 지방자치단체장에게 있다.

③ 지방의회는 교섭단체를 둘 수 있다.

④ 지방의회 의원은 농협 직원을 겸직할 수 있다.

04회 실전동형모의고사

제한시간: 15분 **시작** 시 분 ~ **종료** 시 분 점수 확인 개/ 20개

01 다음 중 사회적 자본에 대한 설명으로 가장 적절하지 않은 것은?

① 사회적 자본은 경제적 자본에 비하여 형성과정이 불투명하지만 보다 확실하다.
② 사회적 자본의 형성은 단기간에 이루어지기 힘들다.
③ 사회적 자본은 지속적인 교환과정을 거쳐서 유지되고 재생산된다.
④ 신뢰를 통해 거래비용을 감소시키는 기능이 있다.

02 던리비(Dunleavy)의 관청형성모형에 대한 설명으로 옳지 않은 것은?

① 중·하위직 관료와 고위직 관료는 서로 상이한 효용함수를 지닌다.
② 예산증가에 대하여 고위직 관료는 핵심예산에, 중·하위직 관료는 관청예산에 관심을 지닌다.
③ 합리적인 고위직 관료는 예산과 같은 금전적 효용보다 업무와 관련된 효용을 더 추구한다.
④ 합리적인 고위직 관료는 계선업무보다 참모업무를 선호한다.

03 다음 중 신행정론의 내용에 해당하는 것으로 옳게 짝지어진 것은?

```
ㄱ. 고객지향적 행정
ㄴ. 계층적 조직의 강조
ㄷ. 사회적 형평성의 구현
ㄹ. 신공공관리론에 대한 비판
ㅁ. 격동적 변화에의 대응
ㅂ. 실증주의에의 관심
ㅅ. 정책지향적 행정론
```

① ㄱ, ㄴ, ㄷ, ㅁ
② ㄱ, ㄷ, ㅁ, ㅅ
③ ㄴ, ㄷ, ㅁ, ㅂ
④ ㄷ, ㄹ, ㅁ, ㅅ

04 이스턴(Easton)의 투입 – 산출모형에서 정치체제에 대한 투입에는 요구와 지지가 있다. 정치체제의 산출물로서 정책도 이에 따라 '요구대응정책'과 '지지획득정책'으로 나눌 수 있는데, 다음 정책유형 중 지지획득정책과 관련이 없는 것은?

① 배분정책
② 상징정책
③ 추출정책
④ 징병정책

05 립스키(Lipsky)의 일선관료에 대한 설명으로 가장 옳지 않은 것은?

① 교사, 일선경찰관 등 일반 국민과 직접 접촉하는 공무원들이다.

② 재량권을 많이 행사하기 때문에 실질적인 정책결정자로 이해된다.

③ 업무환경은 불충분한 자원과 명확하고 일관된 역할 기대를 특징으로 한다.

④ 단순화와 정형화라는 적응 메커니즘을 개발하여 업무를 처리한다.

06 정책분석에 대한 설명으로 가장 옳지 않은 것은?

① 정책분석은 비용과 효과의 사회적 배분을 중시하지만 체제분석은 자원배분의 효율성을 중시한다.

② 정책델파이분석은 주요 정책이슈의 잠정적인 해결책에 대하여 있을 수 있는 강력한 반대의견을 창출한 후 토론을 거쳐 최종보고서를 작성하는 기법이다.

③ 던(W. N. Dunn)은 정책대안의 결과를 예측하는 양적 방법으로 연장적 예측과 이론적 예측방법을 제시하였다.

④ 정책분석은 합리적인 대안의 도출을 위한 활동으로, 정치적 요인을 고려하지 않는다.

07 민츠버그(H. Mintzberg)의 조직유형론에는 단순구조(simple structure), 기계적 관료제(machine bureaucracy), 전문적 관료제(professional bureaucracy), 사업부제구조(divisionalized form), 애드호크라시(adhocracy)가 있다. 이에 대한 설명으로 가장 옳지 않은 것은?

① 단순구조는 신생조직이나 소규모 조직에서 주로 나타나는데, 주된 조정방법은 직접통제이다.

② 기계적 관료제는 단순하고 안정적인 환경에 적절한 조직형태로서, 주된 조정방법은 작업과정의 표준화이다.

③ 전문적 관료제는 수평·수직적으로 분권화된 조직형태로서, 주된 조정방법은 기술의 표준화이다.

④ 애드호크라시는 중간관리층을 핵심부문으로 하는 대규모 조직에서 나타나는데, 주된 조정방법은 산출의 표준화이다.

08 서번트 리더십(servant leadership)에 대한 설명으로 옳은 것은?

① 카리스마, 개별적 배려, 지적 자극, 영감 등을 강조한다.

② 조직에서 변화를 주도하고 관리하는 리더십이다.

③ 리더와 구성원 간의 개별적인 교환관계에 관심을 기울인다.

④ 업무를 자율적으로 수행할 수 있도록 권한과 책임을 위임하고 지원한다.

09 애자일(agile) 조직에 대한 설명으로 가장 옳지 않은 것은?

① 피라미드형 위계 조직으로는 급변하는 환경에 효과적으로 대응하기 어렵다는 인식이 바탕에 자리하고 있다.

② 우리나라 민간기업 중에서는 애자일 조직을 도입한 사례들이 있다.

③ 불필요한 관리자 계층으로 인한 생산성 저하 문제를 해결하는 데 효과적이다.

④ 조직의 계층을 줄여 최고 의사결정자가 민첩하게 의사결정 및 조치를 내릴 수 있도록 하는 시스템이다.

10 공무원의 신분보장에 대한 설명으로 가장 옳지 않은 것은?

① 전직시험에서 3회 이상 불합격한 자로서 직무수행능력이 부족한 자로 인정된 때에는 「국가공무원법」상 징계의 한 종류로서 직권면직 사유에 해당한다.

② 소청심사위원회는 징계처분, 그 밖에 그 의사에 반하는 불리한 처분이나 부작위에 대한 소청을 심사·결정하고, 소청심사위원회의 결정은 처분청의 행위를 기속하는 효력이 있다.

③ 정직은 1개월 이상 3개월 이하의 기간 동안 공무원의 신분은 보유하나 직무수행이 정지되고 보수의 전액을 감한다.

④ 해임과 파면은 강제퇴직 처분으로서, 해임은 3년간, 파면은 5년간 공무원으로 재임용될 수 없다.

11 근무성적평정의 오류에 대한 설명으로 옳지 않은 것은?

① 피평가자의 업무량이 많으면 업무숙련도가 높을 것으로 평가하는 경향을 후광효과(halo effect)라고 한다.

② 집중화 경향(central tendency)의 오류를 피하기 위한 방법으로 강제배분법이 활용된다.

③ 실적이 낮은 사람 다음에 평가받는 평균 수준의 사람이 실제보다 고평가되는 경향을 대비오류(contrast error)라고 한다.

④ 고정관념에 의한 오류도 일종의 선입견(personal bias)에 의한 오류로 볼 수 있다.

12 다음 중 대표관료제의 한계 요인을 모두 고른 것은?

> ㄱ. 국민 주권의 원리 위반
> ㄴ. 구성론적 대표성 확보의 어려움
> ㄷ. 역할론적 대표성 확보의 어려움
> ㄹ. 채용 전과 후의 이해관계 변화

① ㄱ, ㄴ

② ㄴ, ㄹ

③ ㄴ, ㄷ, ㄹ

④ ㄱ, ㄴ, ㄷ, ㄹ

13 국가채무에 대한 설명으로 옳지 않은 것은?

① 「국가재정법」에 따른 국가채무는 국가의 회계가 발행한 채권과 기금이 발행한 채권도 포함된다.

② 우리나라 중앙정부가 발행하는 국채 중 재정증권은 일시 부족 자금 조달하기 위한 경우가 많다.

③ 국가채무는 크게 금융성 채무와 적자성 채무로 하는데, 적자성 채무는 융자금·외화자산 등 대응 금융자산이 있어 별도의 재원 조성 없이 자체 상환이 가능한 채무이다.

④ 채권의 발행 주체가 중앙정부일 때는 국채, 지방자치단체일때는 지방채라고 할 수 있다.

14 조세지출예산제도(tax expenditure budget)에 대한 설명으로 옳지 않은 것은?

① 조세지출은 법률에 따라 집행되기 때문에 경직성이 강하다.

② 우리나라의 경우 지방세에 대해서도 조세지출예산제도를 적용하고 있다.

③ 조세지출은 세출예산상의 보조금과 같은 경제적 효과를 초래한다.

④ 조세지출예산제도는 미국에서 최초로 도입되었다.

15 윌슨(J. Wilson)의 규제정치이론에 대한 설명으로 가장 옳지 않은 것은?

① 고객 정치 상황에서는 불특정 다수의 논리가 투영될 가능성이 높다.

② 식품에 대한 위생규제, 산업안전규제, 환경오염규제는 기업가적 정치 상황에 해당한다.

③ 비용과 편익이 분산되는 경우보다 집중되는 경우에 정치 활동이 활발해진다.

④ 환경규제 완화 상황인 경우에는 비용이 넓게 분산되고 감지된 편익이 좁게 집중되는 고객정치의 상황이 된다.

16 예산결정이론과 제도에 대한 설명으로 가장 옳지 않은 것은?

① 계획예산(PPBS)과 영기준예산(ZBB)은 자원의 합리적 배분을 중시하는 대표적인 예산결정제도이다.

② 점증주의예산은 다수의 참여자들이 복잡하게 연결되어 있는 예산배분 상황에서 상호작용을 통한 합의를 바탕으로 예산을 결정하게 될 때 나타난다.

③ 점증주의예산은 발전도상국의 사회에 적용하기 어렵다.

④ 점증주의에 기반한 단절균형예산이론(punctuated equilibrium theory)은 급격한 단절적인 예산변화를 예측할 수 있다.

17 상황론적 조직이론에 대한 설명으로 가장 적절하지 않은 것은?

① 체제이론에서와 같이 조직은 일정한 경계를 가지고 환경과 구분되는 체제의 하나로 본다.
② 기존의 조직이론에서 제기된 보편·일반 원리적인 이론을 긍정하면서 조직설계와 관리 방식의 융통성을 꾀한다.
③ 상황이론에서는 불안정한 환경 속에 있는 조직은 유기적인 조직구조를 선택하는 것이 효과적이다.
④ 독립변수를 한정하고 상황적 조건들을 유형화하여 중범위라는 제한된 수준 내의 일반성과 규칙성을 발견하고 문제에 대한 처방을 추구한다.

18 프리드리히(C. J. Friedrich)의 행정책임에 대한 설명으로 옳지 않은 것은?

① 전문가 집단이나 시민과의 대응관계 속에서 행정인의 도덕(moral)에 역점을 둔다.
② 행정인의 책임의식과 집단규범·전문직업적 기준을 강조한다.
③ 의회를 통한 전통적 행정책임 확보방안을 비판한다.
④ 제도적 통제가 확립되지 않는 한 새로운 전체주의를 초래한다고 보았다.

19 우리나라의 지방교부세에 대한 설명으로 옳지 않은 것은?

① 국고보조금제도와 함께 지방재정조정제도 중 하나로 운영되고 있다.
② 지방교부세는 대표적인 지방세로서, 내국세의 일정 비율의 금액으로 법정되어 있다.
③ 보통교부세는 그 용도를 특정하지 아니한 일반재원이다.
④ 특별교부세는 중앙정부가 지방정부를 통제하기 위한 수단으로 사용된다는 비판도 있다.

20 우리나라 지방자치단체의 유형과 특징에 관한 설명으로 옳지 않은 것은?

① 지방자치단체에는 특별시, 광역시, 도, 특별자치도, 특별자치시와 시·군·구(자치구)가 포함된다.
② 두 개 이상의 지방자치단체가 특정한 목적을 위하여 법인으로서의 특별지방자치단체를 설치할 수 있다.
③ 특별시, 광역시 및 특별자치시가 아닌 인구 100만 이상의 시는 특례시 명칭을 부여받고 자치구를 둔다.
④ 모든 지방자치단체는 법령의 범위를 벗어나 조례제정을 할 수 없다.

05회 실전동형모의고사

제한시간: 15분 시작 시 분 ~ 종료 시 분 점수 확인 개/ 20개

01 행정인의 윤리 중 보편적인 법칙으로서 윤리적 원리가 존재하지 않는다고 보고, 일정한 사회 또는 문화 속에서 다수가 옳다고 생각하거나 믿는 윤리적 행동이나 가치를 받아들여야 한다고 주장하는 것과 관련이 깊은 것은?

① 절대주의(칸트주의)
② 상대주의
③ 근원주의(기초주의)
④ 이기주의

02 민영화를 통해 효과적으로 해결하기 어려운 정부실패 유형으로 옳은 것은?

① 사적 목표의 설정
② X - 비효율성
③ 파생적 외부효과
④ 권력의 편재

03 사회적 형평에 대한 설명으로 옳지 않은 것은?

① 사회정의나 공정성과 관련된 것으로, 정당한 불평등이 내포된 개념으로 수평적 형평에 초점을 둔다.
② 실적이론은 기회균등을 전제로 능력과 실적에 따른 차별적 대우를 공평하다고 보는 자유주의적 관점에 입각하고 있다.
③ 욕구이론은 인간의 기본적 욕구충족과 최저한도의 인간다운 생활이 보장될 때 형평이 실현된다는 것으로, 사회주의적 관점에 입각하고 있다.
④ 사회적 형평실현을 위해 롤스(Rawls)는 제2원리보다 제1원리가 우선한다고 보며, 원초적 상태와 무지의 베일에 의해 사회정의의 두 원칙은 정당화된다고 본다.

04 정책결정의 권력모형에 대한 설명으로 옳지 않은 것은?

① 신베버주의에 속하는 크래스너(Krasner)에 의하면, 국가가 다른 나라와의 경제 관계에 관한 정책결정을 할 때 기업의 이익이 아니라 국가이익을 옹호하는 결정을 내렸다고 한다.
② 벤틀리(Bently)와 트루먼(Truman)으로 대표되는 이익집단론에 따르면, 정치과정의 핵심은 이익집단활동이며, 정책과정에서 관료들의 소극적인 역할을 상정하고 있다.
③ 정책네트워크모형에 의하면, 국가는 자신의 정책이해를 가지고, 이를 정책과정에서 관철시키고자 하는 하나의 행위자이다.
④ 이슈네트워크모형에 따르면, 국가와 이익집단을 포함한 다양한 행위자 간에는 빈번한 상호작용이 발생하고, 이러한 상호작용은 안정적·협력적이라고 본다.

05 정책대안의 미래예측 방법인 추세연장(extrapolation) 예측기법에 대한 설명으로 옳지 않은 것은?

① 과거부터 현재까지의 자료를 토대로 미래 사회의 상태를 예상하는 방법이다.

② 추세연장의 주요 방법에는 최소자승경향추정, 지수가중법, 회귀분석이 있다.

③ 지속성(persistence), 규칙성(regularity), 자료의 신뢰성(reliability) 및 타당성(validity)의 가정이 충족되는 것을 전제로 한다.

④ 추세연장 예측 분석을 위해서는 시계열 자료가 주로 사용되며, 인구 감소, 경제 성장, 기관의 업무량 등을 예측하는 데 이용된다.

06 의사결정모형에 대한 설명으로 가장 옳지 않은 것은?

① 합리모형은 대안을 포괄적으로 탐색하고, 대안의 결과도 포괄적으로 고려한다.

② 합리모형은 국가권력이 사회 각 계층에 분산된 사회에서 주로 활용된다.

③ 점증모형은 다원화된 민주사회에 적합하다.

④ 혼합주사모형은 범사회적 지도체제(societal guidance system)로서의 틀을 갖춘 능동적 사회에 적용하는 것이 바람직하다.

07 예산결정이론에 대한 설명으로 옳지 않은 것은?

① 단절적 균형이론(punctuated equilibrium theory)은 예산의 배분 형태가 항상 일정한 것은 아니라고 보기 때문에 점진적 변동에 따른 안정을 다루지 않는다.

② 점증주의 예산결정은 정책과정상의 갈등을 완화하고 해결하는 데 필요한 정치적 합리성을 갖는다.

③ 다중합리성이론(multiple rationalities budget theory)은 예산과정의 단계별로 경제적·정치적·사회적·법적 기준 등 다양한 측면이 영향을 미친다고 본다.

④ 공공선택론(public choice theory)은 관료를 자신의 효용을 극대화하는 이기적인 주체로 가정하며, 니스카넨(Niskanen)의 예산극대화모형이 여기에 속한다.

08 조직문화의 특징으로 옳지 않은 것은?

① 조직문화는 구성원을 스스로 통합하는 기능을 한다.

② 조직문화는 비교적 안정적이다.

③ 조직문화는 사회화 기능을 수행한다.

④ 조직문화는 경계를 타파한다.

09 목표관리제(MBO)에 대한 설명으로 옳지 않은 것은?

① 목표관리제와 성과관리제 모두 성과지표별로 목표달성수준을 설정하고 사후의 목표달성도에 따라 보상과 재정지원의 차등을 약속하는 계약을 체결한다.

② 조직 구성원의 참여를 통한 직무목표 설정이 강조된다.

③ 부하가 자기통제를 통해 목표를 달성하고자 하므로 업무에 대한 적극적 태도가 조성된다.

④ 불확실성이 높거나 유동적인 조직에 효과적이다.

10 다양성 관리(diversity management)에 대한 설명으로 옳지 않은 것은?

① 다양성의 유형 중 성별, 가족배경은 변화가능성(variability)이 낮다.

② 다양성 관리란 내적·외적 차이를 가진 다양한 조직 구성원을 공평하고 효율적으로 활용하기 위한 체계적인 인적자원관리 과정이다.

③ 균형인사정책, 일과 삶 균형정책은 다양성 관리의 방안으로 볼 수 있다.

④ 멜팅팟의 접근방법은 다양성을 통한 조직의 탄력성을 극대화하기 위한 적극적인 접근방법으로 이해된다.

11 대리정부(proxy government)의 특징에 대한 설명으로 옳지 않은 것은?

① 대리정부는 분권화 전략이라 할 수 있다.

② 분권화 전략에 의해서 자원의 낭비와 남용을 줄일 수 있다.

③ 대리정부의 형태가 다양하므로 행정관리자의 전문적 리더십이 중요하다.

④ 대리정부의 문제점을 극복하기 위해서는 중앙정부와 대리정부 상호간에 목표의 상호 조정이 필요하다.

12 근무성적평정방법에 대한 설명으로 옳은 것은 모두 몇 개인가?

> ㄱ. 도표식 평정척도법은 평정요소와 등급의 추상성이 높아 평정자의 자의적 해석에 의한 평가가 이루어지기 쉽다.
> ㄴ. 강제배분법은 피평정자들의 성적이 정규분포를 이루도록 하는 데 목적이 있다.
> ㄷ. 행태기준평정척도법은 특정 행태가 관찰되는 행태유형의 빈도수를 중심으로 평가하는 방법이다.
> ㄹ. 중요사건기록법은 피평정자의 태도와 직무수행 개선 등 행태변화를 도모하는 데 유용하다.

① 1개
② 2개
③ 3개
④ 4개

13 「국가회계법」상 결산의 내용으로 옳지 않은 것은?

① 결산보고서는 결산개요, 세입세출결산, 재무제표, 성과보고서로 구성된다.

② 재무제표에는 재정상태표, 재정운영표, 순자산변동표는 포함되지만 현금흐름표는 포함되지 않는다.

③ 기획재정부장관은 국가회계에 관한 사무를 총괄하고, 중앙관서의 장과 기금관리주체는 그 소관의 회계에 관한 사무를 관리한다.

④ 「국가회계법」은 일반회계, 특별회계, 기금에 적용된다.

14 일반회계예산 이외에 특별회계예산이나 정부투자기관예산제도가 활용되는 것과 관련된 현대적 예산원칙으로 옳은 것은?

① 다원적 절차의 원칙

② 행정부 재량의 원칙

③ 행정부 책임의 원칙

④ 행정부 계획의 원칙

15 계획과 예산의 괴리 요인에 대한 설명으로 가장 옳지 않은 것은?

① 일반적으로 계획 담당자는 비판적·보수적·부정적·저축지향적이지만, 예산 담당자는 미래지향적·발전지향적·쇄신적·소비지향적이다.

② 기획은 장기적이지만, 예산은 단기적이다.

③ 기획은 합리적이지만, 예산은 정치적 성격이 강하다.

④ 계획과 예산의 유기적 통합이 결여될 경우 기획과 예산은 괴리된다.

16 (   )에 들어갈 을 주무관의 근무 유형은?

> △△과 갑 주무관: ○○과죠? 업무협의 때문에 전화 드렸습니다.
> 을 주무관님과 통화하고 싶은데요?
> ○○과 병 주무관: 네. 주무관님은 이번 달부터 10시에 출근하고 19시에 퇴근하십니다.
> 10시 이후에 다시 전화바랍니다.
> △△과 갑 주무관: 아, 알겠습니다.
> 을 주무관님께서 (   )를 신청하셨군요.

① 재택근무제

② 집약근무제

③ 시차출퇴근제

④ 재량근무제

17 정부관의 변천에 대한 설명으로 가장 옳지 않은 것은?

① 신자유주의 정부는 민간부문에 대한 간섭과 규제가 최소화 또는 합리적으로 축소·조정되어야 한다는 입장으로 규제 완화, 민영화 등을 강조한다.

② 하이에크(Hayek)는 『노예의 길』에서 정부실패를 비판하고 작은 정부를 강조하였다.

③ 정치행정일원론과 뉴딜정책은 큰 정부와 관련이 있다.

④ 영국의 대처리즘과 미국의 레이거노믹스는 큰 정부를 지향하였다.

18 민원행정에 대한 설명으로 옳지 않은 것은?

① 사전심사청구제도를 도입하고 있다.

② 행정기관의 장은 개인의 사생활에 관한 사항인 경우 그 민원을 처리하지 않을 수 있다.

③ 복합민원 일괄처리를 원칙으로 한다.

④ 행정기관의 장은 민원인이 동일한 내용의 민원(법정민원을 제외)을 정당한 사유 없이 2회 이상 반복하여 제출한 경우에는 1회 이상 그 처리 결과를 통지하고, 그 후에 접수되는 민원에 대하여는 종결처리할 수 있다.

19 「지방자치법」에 규정된 특별지방자치단체에 관한 내용으로 옳지 않은 것은?

① 특별지방자치단체는 법인으로 한다.

② 구성 지방자치단체의 장은 특별지방자치단체의 장을 겸할 수 있다.

③ 특별지방자치단체의 의회는 규약으로 정하는 바에 따라 구성 지방자치단체의 의회 의원으로 구성한다.

④ 2개 이상의 지방자치단체가 특별지방자치단체를 설치하는 경우 구성하는 지방자치단체의 지방의회 의결을 거쳐 국무총리의 승인을 받아야 한다.

20 우리나라 고향사랑 기부금에 대한 설명으로 옳지 않은 것은?

① 고향사랑의 날을 지정·운영한다.

② 개인별 고향사랑 기부금의 연간 상한액은 1,000만 원으로 한다.

③ 지방자치단체는 해당 지방자치단체의 주민이 아닌 사람에 대해서만 고향사랑 기부금을 모금·접수할 수 있다.

④ 「고향사랑 기부금에 관한 법률」에 따른 고향사랑 기부금의 모금·접수 및 사용 등에 관하여는 「기부금품의 모집 및 사용에 관한 법률」을 적용하지 아니한다.

06회 실전동형모의고사

제한시간: 15분 **시작** 시 분 ~ **종료** 시 분 점수 확인 개/ 20개

01 정부실패에 대한 설명으로 가장 옳지 않은 것은?

① 지대추구이론에서는 정부의 시장개입이 클수록 로비와 같은 지대추구행위가 증가하여, 사회적 손실도 증가한다고 주장한다.

② X - 비효율성이란, 관료제 안에서 공익보다는 개인과 조직의 이익을 우선하는 현상을 의미한다.

③ 비용과 수입 간의 단절은 정부실패의 원인에 해당한다.

④ X - 비효율성에 의한 정부실패가 발생한 경우 대응방안으로 민영화, 정부보조 삭감, 규제완화 등이 있다.

02 다음 중 공공행정에서 '가외성'에 대한 설명으로 가장 적절하지 않은 것은?

① 법원의 삼심제는 일종의 가외성 현상의 반영이라고 볼 수 있다.

② 가외성은 행정의 경제성과 능률성의 관점에서 충분한 근거를 찾을 수 있다.

③ 행정의 본질적 가치보다는 수단적 가치로서의 성격이 더 강하다.

④ 가외성은 행정 체제 운영의 안정성을 확보하고 신뢰성을 높여주는 기능을 한다.

03 비정부조직(NGO)에 대한 설명으로 옳지 않은 것은?

① New Governance에서는 정부와 NGO 간의 협력체계를 중시한다.

② NGO는 의회, 정당 또는 행정부의 기능을 일부 보완할 수 있다.

③ 정부실패, 시장실패 등의 경제학 이론은 NGO의 존립근거를 설명하는 이론이 될 수 있다.

④ NGO의 전문성·책임성 부족현상은 살라몬(Salamon)의 NGO 실패 유형 중 박애적 불충분성에 해당한다.

04 정책분석기법 중 유추분석에 대한 설명으로 옳지 않은 것은?

① 개인적 유추: 분석가가 마치 정책결정자처럼 문제를 경험하고 있는 것으로 상상한다.

② 직접적 유추: 분석가가 두 개 이상의 문제 상황 사이의 유사한 관계를 탐색한다.

③ 상징적 유추: 분석가가 약물중독 문제의 구조화를 전염병의 통제경험으로부터 유추한다.

④ 환상적 유추: 분석가가 핵공격에 대한 방어의 문제를 구조화하기 위해 상상적인 상태에서 유추한다.

05 앨리슨(Allison)의 정치모형(Model Ⅲ)에 대한 설명으로 옳은 것은 모두 몇 개인가?

> ㄱ. 정부의 정책목표와 구성원 개인의 목표가 일치하는 것으로 가정한다.
> ㄴ. 느슨하게 연계된 하위 조직체들이 표준운영절차 (SOP)에 따라 의사결정을 한다.
> ㄷ. 각자의 재량권과 이해관계를 가진 독립적인 개인들이 조정과 타협을 통해 정책을 결정한다.
> ㄹ. 정책결정은 준해결의 상태에 그치며 제한된 합리성에 의해 제약을 받는다.
> ㅁ. 정책결정 주체 간 목표의 공유도는 매우 낮고 정책결정의 일관성도 매우 약하다는 특징을 가진다.

① 1개
② 2개
③ 3개
④ 4개

06 정책에 대한 설명으로 옳지 않은 것은?

① 정책설계는 사회문제의 해결을 위해 정책목표를 선정하는 과정이다.
② 정책은 정부의 사업계획, 정부방침, 법령 등으로 표현된다.
③ 정책수단은 정책의 실질적 내용으로서 정책의 중요한 구성요소이다.
④ 일반적으로 정책효과는 정책목표 달성의 결과를 나타내는 상태의 변화를 의미한다.

07 조직에 관한 원리에 대한 설명으로 옳지 않은 것은?

① 계층제의 원리는 직무를 권한과 책임의 정도에 따라 등급화하고 상·하계층 간에 지휘와 명령복종관계를 확립하여 구성원의 귀속감과 참여감을 증진시키는 순기능을 가지고 있다.
② 전문화(분업)의 원리는 업무를 종류와 성질별로 구분하여 구성원에게 가급적 한 가지의 주된 업무를 분담시켜 조직의 능률을 향상시키려는 것이나 업무수행에 대한 흥미 상실과 비인간화라는 역기능을 가지고 있다.
③ 조정의 원리는 공동 목적을 달성하기 위하여 구성원의 행동 통일을 기하도록 집단적 노력을 질서있게 배열하는 과정이며, 전문화에 의한 할거주의, 비협조 등을 해소하는 순기능을 가지고 있다.
④ 통솔범위의 원리는 1인의 상관 또는 감독자가 효과적으로 직접 감독할 수 있는 부하의 수에 관한 원리로서 계층의 수가 많아지면 통솔범위가 축소된다.

08 리더십이론에 대한 설명으로 옳은 것은 모두 몇 개인가?

> ㄱ. 블레이크(Blake)와 머튼(Mouton)의 관리격자모형에 따르면 인간에 대한 관심과 생산(과업)에 대한 관심이 높은 단합형(team management) 리더십이 가장 효과적이다.
> ㄴ. 피들러(Fiedler)의 상황적응적 리더십이론에 따르면 상황적 유리성(favorableness)이 매우 낮은 경우에는 과업지향형 리더십이 인간관계지향형 리더십보다 효과적이다.
> ㄷ. 허시(Hersy)와 블랜차드(Blanchard)의 상황적 리더십이론에 따르면 부하의 성숙도(maturity)가 매우 높은 상황에는 지시형 리더십이 가장 효과적이다.
> ㄹ. 하우스(House)의 경로-목표이론에 따르면 리더는 부하가 원하는 보상을 획득할 수 있는 경로를 명확하게 함으로써 부하의 성과를 향상시킬 수 있다고 전제한다.

① 1개
② 2개
③ 3개
④ 4개

09 조직의 효과성에 대한 설명으로 옳은 것은?

① 체제자원 접근법에 따르면 외부환경과의 상호작용이 아니라 내부 체제의 효율성이 중요하다.

② 퀸과 로보그(Quinn & Rohrbauch)는 어떤 조직이 효과적인가 하는 것은 가치판단적인 것이라고 지적하였다.

③ 경쟁가치 접근법에 따르면 조직 내에는 경쟁적인 여러 목표와 가치가 있기 때문에 단일가치에 한정하여 평가해야 한다.

④ 이해관계자 접근법에 따르면 이해관계자는 조직 내부집단이 아니라 상품과 서비스를 제공받는 조직 외부집단을 말한다.

10 실적주의와 엽관주의에 대한 설명으로 옳지 않은 것은?

① 실적주의는 공직임용의 기회를 균등히 보장함으로써 민주주의적 평등이념의 실현에 기여한다.

② 실적주의는 엽관주의의 폐해를 방지하고 행정의 효율성 제고에 기여하였다.

③ 엽관주의는 각 개인이 가지고 있는 능력에는 차이가 있음을 인정하는 인간의 상대적 평등주의를 신봉한다.

④ 엽관주의는 정당정치 이념의 구현에 기여한다.

11 공직사회에서 일부 시행 중인 원격근무제도에 대한 설명으로 옳지 않은 것은?

① 최신 정보통신기술을 활용할 수 있다.

② 모집지역의 범위를 넓혀 우수한 인재를 충원할 수 있다.

③ 직장과 가정의 요구를 조화시켜 사기를 증진시킬 수 있다.

④ 직접적인 도입 이유는 고용을 확대하는 데 있다.

12 근무성적평정에 대한 설명으로 옳지 않은 것은?

① 평정의 착오에 있어 상동적 오차(stereotyping)는 평정자가 자기 자신과 성향이 유사한 부하에게 후한 점수를 주는 오차이다.

② 우리나라의 공무원 평정에 있어 성과계약평가의 대상은 4급 이상 공무원 및 연구관·지도관이다. 다만, 소속장관이 성과계약평가가 적합하다고 인정하는 경우 5급 이하도 가능하다.

③ 쌍쌍비교법(paired comparison method)은 피평정자를 두 사람씩 짝을 지은 후 비교를 되풀이하여 평정하는 방법이다.

④ 체크리스트(check list)평정법은 공무원을 평가하는 데 적절하다고 판단되는 표준행동목록을 미리 작성해 두고, 이 목록(list)에 가부를 표시하게 하는 방법이다.

13 중앙정부의 지출 성격상 옳지 않은 것은?

① 의무지출은 '법률에 따라 지출 의무가 발생하고 법령에 따라 지출 규모가 결정되는 법정지출 및 이자지출'을 말한다.
② 우리나라는 재정지출 사업을 의무지출과 재량지출로 구분하여 국가재정 운용계획에 포함하여 국회에 제출하고 있다.
③ 「지방교부세법」에 따른 지방교부세는 의무지출에 해당하고, 「지방교육재정교부금법」에 따른 지방교육재정교부금은 재량지출에 해당한다.
④ 국방비는 재량지출에 해당한다.

14 현행 대한민국 법령에서 우리나라 국회에 관해 규정한 내용으로 옳지 않은 것은?

① 지방세의 세목과 세율도 국세처럼 모두 법률로 정하지 않으면 안 된다.
② 국회의장이 확정된 법률을 공포하는 경우도 있다.
③ 국회에서 심의·의결된 예산안은 공포 없이 확정되어 효력을 가진다.
④ 심의·확정된 예산은 법률로 변경할 수 있다.

15 다음 중 예산에 대한 설명으로 옳은 것만 고른 것은?

> ㄱ. 예산은 공무원의 책임성 확보와는 거리가 있다.
> ㄴ. 예산은 희소한 공공재원의 배분에 관한 계획이다.
> ㄷ. 예산은 정부정책 중 가장 급진적인 것으로, 매년 전면 조정되어야 한다.
> ㄹ. 예산은 정치적 과정이다.
> ㅁ. 예산에는 다양한 형태의 정보들이 집적된다.

① ㄱ, ㄴ, ㄷ
② ㄱ, ㄷ, ㄹ
③ ㄴ, ㄷ, ㅁ
④ ㄴ, ㄹ, ㅁ

16 「적극행정 운영규정」상 내용으로 옳지 않은 것은?

① 적극행정이란 공무원이 불합리한 규제를 개선하는 등 공공의 이익을 위해 창의성과 전문성을 바탕으로 적극적으로 업무를 처리하는 행위를 말한다.
② 중앙행정기관의 장은 적극행정 실행계획을 매년 수립·시행해야 한다.
③ 적극행정 추진에 관한 사항을 심의하기 위하여 국무총리 소속으로 적극행정위원회를 둔다.
④ 공무원이 적극행정을 추진한 결과에 대해 그의 행위에 고의 또는 중대한 과실이 없는 경우에는 징계 관련 법령에 따라 징계의결 또는 징계부가금 부과의결을 하지 않는다.

17 우리나라의 참여예산제도에 대한 설명으로 가장 옳지 않은 것은?

① 「지방재정법」에 근거하여 주민이 예산과정에 참여할 수 있도록 시행되는 제도이다.

② 현재 모든 지방자치단체들은 참여예산제도를 운영해야 할 의무를 가진다.

③ 시민들의 참여로 예산과정의 효율성은 높일 수 있지만, 적법성(legitimacy)을 저해할 것으로 우려된다.

④ 주민참여예산을 통해 예산과정의 투명성이 높아질 것으로 기대된다.

18 행정책임의 유형에 대한 설명으로 옳지 않은 것은?

① 외재적(external) 책임은 행정기관 또는 행정인이 행정조직의 외부에 있는 입법부, 사법부 또는 국민에 대하여 지는 책임이다.

② 정치적 책임은 행정인이 전문 직업인으로서 직업윤리와 전문적·기술적 기준에 따라서 직무를 수행해야 할 책임이다.

③ 윤리적 책임은 행정인의 직무행위가 도덕적 규범성을 위반했을 때 묻는 책임으로, 국민의 요구나 희망에 대한 대응성까지 포함하는 책임이다.

④ 법적 책임은 법적으로 부과된 의무를 이행하여야 할 책임으로서 법적 의무를 이행하지 않을 경우 법적인 제재를 수반하는 책임이다.

19 우리나라 지방자치제도에 대한 설명으로 옳지 않은 것은?

① 시·도를 달리하는 시·군·구 간의 자치단체조합의 설치는 지방의회의 의결을 거쳐 시·도지사의 승인을 받아야 한다.

② 지방의회는 지방의회 의장과 부의장에 대한 불신임권을 가지고 있다.

③ 조례발안은 주민이 직접 조례의 제정 및 개폐를 청구할 수 있는 제도로, 주민은 지방의회에 이를 청구하게 되어 있다.

④ 지방자치단체의 예산편성 등 예산과정에서 주민참여가 제도화되어 있다.

20 지방분권추진기구를 설치 시기가 이른 것부터 옳게 나열한 것은?

ㄱ. 지방분권촉진위원회
ㄴ. 지방이양추진위원회
ㄷ. 지방시대위원회
ㄹ. 정부혁신지방분권위원회
ㅁ. 자치분권위원회

① ㄱ → ㄴ → ㄷ → ㄹ → ㅁ

② ㄱ → ㄹ → ㄴ → ㅁ → ㄷ

③ ㄴ → ㄹ → ㄱ → ㅁ → ㄷ

④ ㄴ → ㄹ → ㅁ → ㄱ → ㄷ

07회 실전동형모의고사

제한시간: 15분 시작 시 분 ~ 종료 시 분 점수 확인 개/ 20개

01 조직이론과 인간관에 대한 설명으로 가장 옳지 않은 것은?

① 합리적·경제적 인간관은 주로 경제적 유인에 의해 동기가 부여된다고 본다.

② 사회적 인간관은 경제적 유인보다 개인에 대한 배려와 존중을 강조함으로써 조직보다는 인간중심의 자율적 문제해결을 촉진한다.

③ 자아실현적 인간관을 대표하는 이론에는 맥그리거(McGregor)의 Y이론과 아지리스(Argyris)의 성숙인 등이 있다.

④ 복잡한 인간관은 인간의 동기가 상황에 따라 달라진다고 본다.

02 포스트모더니즘(post - modernism) 행정이론의 특징으로 옳지 않은 것은?

① 타자성이란 다른 사람을 도덕적 타자가 아닌 인식적 타자로 인정하는 것이다.

② 상상이란 부정적으로 볼 때는 규칙에 얽매이지 않는 것이고, 긍정적으로 볼 때에는 문제의 특수성을 인정하는 것이다.

③ 사회적 통제로부터의 해방을 강조하는 인본주의를 지향한다.

④ 포스트모더니즘은 서구의 합리주의를 배격하는 학문적 경향이다.

03 정부와 시장의 상호 대체적 역할분담 관계를 설명하는 시장실패와 정부실패 이론에 대한 설명으로 옳지 않은 것은?

① 시장은 완전경쟁 조건이 충족될 경우 가격이라는 보이지 않는 손에 의한 조정을 통해 효율적인 자원배분을 달성할 수 있다.

② 완전경쟁시장은 그 전제조건의 비현실성과 불완전성으로 인해 실패할 수 있다. 이러한 시장실패의 요인으로는 공공재의 존재, 외부효과의 발생, 정보의 비대칭성 등이 제시되고 있다.

③ 정부는 시장실패를 교정하기 위해 계층제적 관리방법을 통해 자원의 흐름을 통제하게 되는데, 정부의 능력은 인적·물적·제도적 제한으로 실패할 수도 있다. 이러한 정부실패의 요인으로는 내부성의 존재, 편익향유와 비용부담의 분리, 예측하지 못한 파생적 외부효과 등이 제시되고 있다.

④ 정부실패가 발생할 경우 이를 교정하기 위한 정부의 대응방식은 공적 공급, 보조금 등 금전적 수단을 통해 유인 구조를 바꾸는 공적 유도, 그리고 법적 권위에 기초한 정부규제 등이 있다.

04 다음 중 신공공서비스론에 대한 설명으로 가장 적절하지 않은 것은?

① 정책 과정에 있어서 전략적으로 생각하고 민주적으로 행동해야 한다고 강조한다.

② 행정이 가치갈등상황에 직면하게 되면 시민참여와 토론을 통하여 결정할 것을 주장한다.

③ 다양한 단체와 조직의 이익을 조정하는 정부의 역할을 과소평가한다는 비판을 받는다.

④ 민주적 목표의 성취를 위해서 수단적·기술적 전문성을 중시한다.

05 행정학의 발달과정에 대한 설명으로 옳은 것은 모두 몇 개인가?

> ㄱ. 윌슨(Wilson)은 1887년에 발표한 『행정의 연구』라는 논문을 통해 자유로운 행정 영역을 확립하려는 정치·행정이원론을 주창했다.
> ㄴ. 사이먼(Simon)은 행정학 연구에 자연과학의 연구방법을 도입할 것을 강조하면서, 사실과 가치를 구분해 사실만을 다루어야 한다고 주장했다.
> ㄷ. 1960년대 신행정학에서는 행정학의 실천적 성격과 적실성을 회복하기 위해 실증주의에 기반한 관리지향적인 행정학을 요구했다.
> ㄹ. 사회학적 제도주의에서는 제도가 '결과성의 논리'가 아닌 '적절성의 논리'에 따라 변하는 것으로 본다.
> ㅁ. 1980년대 신공공관리론은 '큰 정부'를 강조하는 기조 속에서 규제를 강화하고 복지정책을 확대할 것을 요구했다.

① 1개
② 2개
③ 3개
④ 4개

06 집단의사결정에 대한 설명으로 옳지 않은 것은?

① 집단의사결정은 상호자극을 통해 새로운 아이디어를 개발할 수 있다는 장점이 있다.
② 집단사고 현상은 토론을 바탕으로 한 집단지성이 형성되기 힘들다.
③ 브레인스토밍 기법은 상대방의 의견을 개선하기 위해 비판 및 평가를 지속적으로 제시하는 것이다.
④ 델파이 기법은 전문가 집단의 의견을 반복하여 수렴하는 방식을 사용한다.

07 동기부여이론에 대한 설명으로 옳은 것은?

① 브룸(Vroom)의 기대이론에서 기대치란 자신이 수행한 직무성과에 대해 적정수준의 보상이 이루어질 것이라는 주관적 믿음을 의미한다.
② 스키너(Skinner)의 강화이론은 행동을 결정하는 강화를 긍정적 강화, 부정적 강화, 조작소멸, 보상으로 구별하고 있다.
③ 앨더퍼(Alderfer)의 ERG이론은 상위 욕구가 충족되지 못할 경우 하위 단계의 욕구를 더욱 중요시한다는 점에서 매슬로우(Maslow)의 욕구단계이론과 유사하다.
④ 애덤스(Adams)의 공정성이론에 따르면 개인은 과다보상의 경우에도 불공정성을 느끼며 이를 시정하려고 한다.

08 관료제의 역기능에 대한 설명으로 옳지 않은 것은?

① 관료독선주의 경향으로 변화에 대한 저항의식이 강해진다.
② 공식적 측면의 강조로 인간소외 현상이 발생한다.
③ 계층제적 구조를 강조하여 정책관리자의 권한이 약화된다.
④ 목표의 전환으로 수단과 목표의 대치현상이 발생한다.

09 목표관리(MBO)와 총체적 품질관리(TQM)에 대한 설명으로 가장 옳지 않은 것은?

① MBO는 내부적, 상·하급자 간 합의로 목표를 설정하는 반면에 TQM은 외부적, 고객에 의해 목표를 설정한다.

② MBO의 시간관은 장기적이며, 통제유형은 예방적·사전적 통제이다.

③ TQM은 품질관리가 과정의 매 단계마다 이루어지고, 산출물의 일관성 유지를 위해 과정통제 계획과 같은 계량화된 통제수단을 활용한다.

④ 구성원의 참여를 인정한다는 점에서 MBO와 TQM은 동일하다.

10 정책옹호연합모형(policy advocacy coalition framework)에 대한 설명으로 가장 옳지 않은 것은?

① 단절균형(punctuated equilibrium)모형과 함께 단기간의 급격한 정책변화를 설명하는 대표적 이론이다.

② 정책변화를 이해하기 위해 정책하위시스템에 분석의 초점을 두고 있다.

③ 정책하위시스템 안에는 신념체계를 공유하는 지지연합이 존재한다.

④ 정책하위시스템 구성원들의 신념체계 변화뿐만 아니라 사회경제적 조건과 같은 외생변수의 변화도 정책변동에 영향을 미친다.

11 「공직자윤리법」상 재산등록 및 주식백지신탁제도에 대한 내용으로 옳지 않은 것은?

① 등록하여야 할 재산이 국채, 공채, 회사채인 경우는 액면가로 등록하여야 한다.

② 혼인한 직계비속인 여성이 소유한 재산은 재산등록 의무자가 등록할 재산에 제외된다.

③ 공개대상자 및 그 이해관계인이 보유하고 있는 주식의 직무관련성을 심사·결정하기 위하여 공직자윤리위원회에 주식백지신탁 심사위원회를 둔다.

④ 주식백지신탁의 수탁기관은 신탁재산을 관리·운용·처분한 내용을 관할 공직자윤리위원회에 보고하여야 한다.

12 공무원 임용시험의 효용성을 측정하는 기준에 대한 설명으로 옳지 않은 것은?

① 시험의 타당성은 시험이 측정하고자 하는 것을 실제로 얼마나 정확하게 측정했는가를 의미하며, 그 종류에는 기준타당성, 내용타당성, 구성타당성 등이 있다.

② 내용타당성은 시험 성적이 직무수행실적과 얼마나 부합하는가를 판단하는 타당성으로, 두 요소 간 상관계수로 측정된다.

③ 측정 대상을 일관성 있게 측정하는 정도를 신뢰성이라고 하며, 같은 사람이 여러 번 시험을 반복하여 치르더라도 결과가 크게 변하지 않을 때 신뢰성을 갖게 된다.

④ 신뢰도를 측정하는 방법으로는 재시험법(test-retest)과 동질이형법(equivalent forms) 등이 사용된다.

13 예산제도에 대한 설명으로 가장 옳지 않은 것은?

① 하향식 예산편성제도인 총액배분자율편성예산제도를 도입하였다.
② 새로운 성과주의예산의 도입에 따라 품목별 예산제도는 사용하지 않게 되었다.
③ 「국가재정법」에 성인지 예산서를 작성하도록 규정하고 있다.
④ 예산과정에 주민이 참여할 수 있도록 하는 주민참여예산제도가 시행되고 있다.

14 전통적 예산원칙에 대한 설명으로 가장 옳지 않은 것은?

① 예산 단일성의 원칙은 특정한 세입과 특정한 세출을 직접 연계시켜서는 안 된다는 원칙이다.
② 예산 공개성의 원칙은 예산 운영의 전반적인 내용이 국민에게 공개되어야 한다는 원칙이다.
③ 예산 사전의결의 원칙은 예산이 집행되기 전에 입법부의 의결을 거쳐야 한다는 원칙이다.
④ 예산 완전성의 원칙은 모든 세입과 세출이 예산에 계상되어야 한다는 원칙이다.

15 특별회계와 기금을 비교하여 설명한 것으로 가장 옳지 않은 것은?

① 특정 수입과 지출의 연계가 허용된다는 점에서 특별회계와 기금은 유사한 면이 있다.
② 특별회계와 기금은 개별법에 근거를 두고 있다.
③ 특별회계예산 규모는 일반회계보다는 작지만 기금보다는 크다.
④ 특별회계보다 기금의 수가 더 많다.

16 환경과 조직에 대한 설명으로 옳은 것만을 모두 고르면?

> ㄱ. 전략적 선택이론에 따르면 환경에 의해 선택되지 못한 조직은 자연도태된다.
> ㄴ. 전략적 선택이론에 따르면 환경 자체보다 환경에 대한 조직관리자의 지각이 중요하다.
> ㄷ. 공동체생태학이론은 조직의 내적 논리를 강조한다.
> ㄹ. 자원의존이론에 따르면 조직 핵심자원의 외부 의존도를 최소화하기 위한 능동적인 관리가 강조된다.

① ㄱ, ㄷ
③ ㄴ, ㄷ
② ㄱ, ㄹ
④ ㄴ, ㄹ

17 다음 중 직위분류제의 특성에 해당하는 것은 모두 몇 개인가?

> ㄱ. 인사배치에서 상관의 정실 방지
> ㄴ. 조직에 대한 몰입감
> ㄷ. 보수 결정의 합리적 기준 제시
> ㄹ. 행정의 전문화·분업화 촉진
> ㅁ. 권한과 책임한계 명확
> ㅂ. 비싼 제도유지 비용
> ㅅ. 인적자원의 탄력적 운용
> ㅇ. 조직 및 직무의 변화에 대한 적절한 대응 곤란

① 8개
② 7개
③ 6개
④ 5개

18 조합주의에 대한 설명으로 가장 옳지 않은 것은?

① 우리나라의 경제사회노동위원회(구 노사정위원회)는 조합주의에 따른 정책조정방식이다.
② 정책과정에서 국가의 역할은 소극적이라고 본다.
③ 정부는 사회적 공동선을 달성하기 위해 중요 이익집단과 우호적 협력관계를 유지한다.
④ 국가조합주의는 국가가 민간부문의 집단들에 대하여 강력한 주도권을 행사한다고 보는 모형이다.

19 국세 또는 지방세가 서로 옳지 않게 연결된 것은?

① 국세: 개별소비세, 농어촌특별세
② 서울특별시 강남구세: 등록면허세, 재산세
③ 부산광역시 기장군세: 지역자원시설세, 지방교육세
④ 제주특별자치도세: 취득세, 지역자원시설세

20 「주민투표법」상 주민투표에 관한 규정으로 옳지 않은 것은?

① 주민투표는 현장투표를 채택하고 있으며 전자투표는 도입하고 있지 않다.
② 「공직선거법」상 선거권이 없는 사람은 주민투표권이 없다.
③ 주민투표권자의 연령은 투표일 현재를 기준으로 산정한다.
④ 출입국관리 관계 법령에 따라 대한민국에 계속 거주할 수 있는 자격을 갖춘 외국인으로서 지방자치단체의 조례로 정한 사람은 투표권이 있다.

08회 실전동형모의고사

제한시간: 15분 **시작** 시 분 ~ **종료** 시 분 점수 확인 개/ 20개

01 다음 중 정부규모의 팽창에 대한 설명으로 옳은 것을 모두 고르면?

> ㄱ. 전위효과: 사회혼란기에 공공지출이 상향 조정되며 민간지출이 공공지출을 대체하는 현상
>
> ㄴ. 와그너 법칙(Wagner's law): 1인당 국민소득이 증가할 때, 국민경제에서 차지하는 공공부문의 상대적 크기가 증대되는 현상
>
> ㄷ. 예산극대화 가설: 관료들이 권력의 극대화를 위해 자기부서의 예산극대화를 추구하는 현상
>
> ㄹ. 파킨슨 법칙(Parkinson's law): 해야 할 업무의 경중이나 그 유무에 관계없이 공무원의 수가 일정 비율로 증가하는 현상
>
> ㅁ. 보몰 효과(Baumol's effect): 정부가 생산·공급하는 서비스의 생산비용이 상대적으로 빨리 하락하여 정부지출이 감소하는 현상

① ㄱ, ㄴ, ㄷ
② ㄴ, ㄷ, ㄹ
③ ㄱ, ㄴ, ㄹ, ㅁ
④ ㄱ, ㄷ, ㄹ, ㅁ

02 리그스(F. Riggs)의 프리즘적 모형(prismatic model)에 대한 설명으로 가장 옳지 않은 것은?

① 비생태론적 접근방법에 기반을 둔다.
② 프리즘적 사회의 특성으로서는 고도의 이질성, 형식주의 등이 있다.
③ 프리즘적 사회는 농업사회에서 산업사회로 넘어가는 과도기적 사회를 말한다.
④ 프리즘적 사회에서 지배적인 행정모형은 사랑방모형이다.

03 「행정규제기본법」에서 규제하고 있는 내용으로 가장 옳지 않은 것은?

① 중앙행정기관의 장은 규제를 신설·강화·완화하려면 규제영향분석을 하고 규제영향분석서를 작성하여야 한다.
② 규제는 규제의 목적달성에 필요한 최소한의 범위에 국한되어야 한다.
③ 정부의 규제정책을 심의·조정하고 규제의 심사·정비 등에 관한 사항을 종합적으로 추진하기 위하여 대통령 소속으로 규제개혁위원회를 둔다.
④ 중앙행정기관의 장은 소관 규제의 명칭·내용·근거 등을 규제개혁위원회에 등록하여야 한다.

04 드로(Y. Dror)의 최적모형에 대한 설명으로 옳지 않은 것은?

① 정책결정을 위한 자원, 시간이 부족하고 상황이 불확실한 경우 결정자의 직관이나 통찰력에 따라 결정을 내리는 것이 더 바람직한 경우가 많다.
② 초정책결정단계(meta - policy making stage)는 '정책결정에 대한 정책결정'의 단계로서 정책결정체제를 하나의 전체로서 관리하고 정책결정의 주된 전략을 결정하는 단계이다.
③ 정책결정체제 자체의 개선을 위한 자원의 투입도 정책결정 전체를 위한 지원의 경제적 배분의 입장에서 아주 중요함을 역설하고 있다.
④ 중요한 정책결정구조라도 중첩성(redundancy)을 갖추는 것은 조직의 비능률을 초래하므로 바람직하지 않고, 조직의 단순화가 정책비용의 감소를 가져와 정책결정의 최적화를 기할 수 있다.

05 증거기반 정책결정에 대한 설명으로 옳지 않은 것은?

① 이념, 신념 등에 의한 정책결정을 지양한다는 의미를 담고 있다.

② 증거기반 정책결정은 '정책결정 과정에서 관련 증거에 기반하여 정책대안을 선택하거나 관련 사항을 결정하는 것'으로 정의된다.

③ 증거기반 정책결정의 적용이 상대적으로 용이한 분야는 보건정책 분야, 사회복지정책 분야 등을 들 수 있다.

④ 정책결정자들이 이해관계의 조정이나 정책수용성 등 정치적 결정 과정을 거치는 경우에 적용력이 높다.

06 의사결정의 쓰레기통모형에 대한 설명으로 옳지 않은 것은?

① 불확실성하에서의 비계획적인 의사결정 과정을 다룬다.

② 문제, 해결책, 의사결정의 기회, 참여자가 독자적으로 존재하다 우연히 만났을 때 의사결정이 이루어진다고 본다.

③ 정책결정에 대한 참여는 일시적 혹은 부분적으로 이루어진다.

④ 선호나 기술, 참여자가 존재하지 않는 조직화된 무질서 상황을 전제로 한다.

07 고전적 조직이론(classic organization theory)에 대한 설명으로 가장 옳지 않은 것은?

① 테일러(Taylor)와 귤릭(Gulick) 등은 고전적 조직이론자들이다.

② 공조직과 사조직의 관리는 다르다는 공사행정이원론에 입각하고 있다.

③ 공식적인 조직구조를 강조한다.

④ 과학적 관리론과 밀접한 관련을 가지고 있다.

08 대프트(Daft)가 제시한 매트릭스(matrix)조직에 대한 설명으로 가장 옳지 않은 것은?

① 개인들이 다양한 경험을 할 수 있기 때문에 전문기술의 개발과 더불어 넓은 시야를 갖출 수 있는 기회가 된다.

② 기능구조와 사업구조의 화학적 결합을 시도하는 조직구조이며, 특수대학원이 이에 해당한다고 할 수 있다.

③ 재외국민보호를 담당하는 각 부처 주재관들이 파견되어 있는 재외공관이 이에 해당한다고 할 수 있다.

④ 조직관리상의 객관성과 예측가능성을 제고시킬 수 있다.

09 행정개혁 저항에 대한 극복방안의 설명으로 가장 옳은 것은?

① 근본적인 해결 전략은 개혁지도자의 신망을 개선하고 의사전달과 참여를 원활히 하는 것이다.

② 규범적·사회적 전략은 개혁 절차 및 방법을 개선하고 개혁 수용에 필요한 시간을 허용하는 것이다.

③ 기술적·공리적 전략은 개혁의 가치와 개인 이득을 명확히 하고 교육훈련과 자기계발 기회를 제공하는 것이다.

④ 강제적 전략은 개혁 시기를 조절하고 상급자가 권력을 행사하는 것이다.

10 시보 임용 제도에 대한 설명으로 옳은 것은?

① 시보기간 동안은 신분이 보장되지 않기 때문에 징계처분에 대한 소청심사청구를 할 수 없다.

② 임기제공무원으로 임용된 경우에는 시보 임용이 면제된다.

③ 시보기간 동안은 신분이 보장되지 않기 때문에 그 기간은 공무원 경력에 포함되지 아니한다.

④ 고위공무원단으로 신규 채용된 공무원은 임용권자와의 협의를 통해 시보 기간을 단축할 수 있다.

11 다원주의론에 대한 설명으로 가장 옳지 않은 것은?

① 이익집단 간의 영향력의 차이는 주로 정부의 정책과정에 대한 상이한 접근기회에 기인한다고 본다.

② 이익집단 간에 상호 경쟁적이지만, 기본적으로 게임의 규칙을 준수해야 하는 데 합의를 하고 있다고 본다.

③ 신다원주의론에서는 사회에 존재하는 이익집단들 간에 이익의 균형과 조정이 민주주의의 핵심적인 동력으로 작용한다고 본다.

④ 이익집단들이나 일반 대중이 정책의제설정에 상당한 영향을 행사한다고 본다.

12 정부조직체계에서 청 단위기관과 소속부처의 연결로 옳은 것을 모두 고른 것은?

ㄱ. 기상청 - 환경부
ㄴ. 방위사업청 - 산업통상자원부
ㄷ. 소방청 - 행정안전부
ㄹ. 특허청 - 기획재정부
ㅁ. 해양경찰청 - 행정안전부

① ㄱ, ㄷ
② ㄱ, ㄹ
③ ㄴ, ㄹ
④ ㄴ, ㅁ

13 공무원 인사제도에 대한 설명으로 옳지 않은 것은?

① 우리나라의 경우 기본적으로 계급제를 채택하고 있으며, 채용 및 승진, 전직에서 직위분류제의 요소를 활용하고 있다.

② 직업공무원제도의 전통과 일반능력자주의적 임용관행은 개방형 임용제도의 도입과 정착에 긍정적 요인으로 작용한다.

③ 우리나라는 공직사회의 효율성을 높이기 위해 개방형 직위제도와 고위공무원단제도를 도입하였다.

④ 교류형 인사제도는 비교류형 인사제도에 비해 기관 간 이해증진, 업무협조 및 개별공무원의 경력개발 측면에서 유리하다.

14 「국가공무원법」상 직권면직 사유가 아닌 것은?

① 해당 직급·직위에서 직무를 수행하는데 필요한 자격증의 효력이 없어지거나 면허가 취소되어 담당 직무를 수행할 수 없게 된 때

② 예산의 감소 등에 따라 폐직(廢職) 또는 과원(過員)이 되었을 때

③ 전직시험에서 세 번 이상 불합격한 자로서 직무수행능력이 부족하다고 인정된 때

④ 과장급 공무원이 적격심사 결과 부적격 결정을 받은 때

15 공무원 교육훈련 방법에 대한 설명으로 가장 옳지 않은 것은?

① 인턴십(internship)은 피훈련자에게 조직의 전반적인 구조, 문화, 과정에 대한 이해와 함께 간단한 업무를 경험할 수 있는 기회를 부여한다.

② 실무지도(coaching)는 일상적으로 직무를 수행하면서 선임자나 상사가 신규직원이나 후임자를 지도한다.

③ 사례연구(case study)는 실제 조직에서 경험한 사례 혹은 가상의 시나리오에 대한 연구를 통해 문제해결 능력 배양을 도모한다.

④ 액션러닝(action learning)은 피훈련자에게 특정 역할이 주어지고, 그 역할에 따른 책임과 대처능력을 피훈련자가 연기함으로써 학습한다.

16 지출원인행위를 할 수 있는 공무원으로 옳은 것은?

① 지출관
② 출납공무원
③ 재무관
④ 세입징수관

17 예산결정이론은 크게 총체주의(합리주의)와 점증주의로 구분할 수 있는데, 이에 대한 설명으로 가장 옳지 않은 것은?

① 자원의 합리적 배분을 중시하는 총체주의예산의 대표적인 예는 계획예산(PPBS)과 영기준예산(ZBB)이다.
② 점증주의는 발전도상국에 사용하기가 어렵다.
③ 점증주의예산은 협상과 타협에 의한 정치적 합리성을 강조한다.
④ 예산 통일성의 원칙이 지켜지는 영역에서는 점증주의가 타당하지 않으며, 그 예외(특별회계나 목적세) 영역에서 점증주의가 적합하다.

18 예비비제도에 대한 설명으로 옳지 않은 것은?

① 예비비는 예산 한정성 원칙의 예외이다.
② 예비비는 기획재정부장관이 관리한다.
③ 예비비는 정부가 필요상당한 금액을 세입세출예산에 계상하도록 되어 있다.
④ 공무원의 보수 인상을 위한 인건비 충당을 위하여는 예비비의 사용목적을 지정할 수 없다.

19 다음 조직혁신에 대한 설명 중 옳은 것끼리 짝지은 것은?

> ㄱ. 총체적 품질관리는 목표관리와 유사하지만 조직의 개별 구성원에 대한 목표를 설정하고 그것의 측정을 중시하는 점에서 목표관리와 다르다.
> ㄴ. 목표관리보다 균형성과표가 거시적이고 포괄적이다.
> ㄷ. 조직발전이란 행태과학적 지식을 이용하여 조직과정에 계획적으로 개입함으로써 조직의 효율성과 건전성을 증진시키려는 것을 말한다.
> ㄹ. 목표관리는 외부 전문가의 충원을 통해서 전문성을 제고하는 데 효과적이다.

① ㄱ, ㄴ
② ㄱ, ㄹ
③ ㄴ, ㄷ
④ ㄷ, ㄹ

20 다음 중 우리나라 지방자치단체의 사무에 대한 설명으로 가장 적절하지 않은 것은?

① 지방의회는 단체위임사무의 처리 과정에 관한 조례를 제정할 수 있다.
② 지방의회는 지방자치단체의 사무에 대해 행정사무감사 및 조사를 실시할 수 있다.
③ 지방자치단체나 그 장이 위임받아 처리하는 국가사무에 대하여 주무부장관의 지도·감독을 받는다.
④ 지방자치단체의 자치사무에 대하여는 행정안전부장관이 그 회계를 감사할 수 없다.

09회 실전동형모의고사

제한시간: 15분 **시작** 시 분 ~ **종료** 시 분 점수 확인 개/ 20개

01 신공공관리론과 신공공서비스론의 비교에 대한 설명으로 옳지 않은 것은?

① 신공공관리론은 경제적 합리성에 기반하는 반면에 신공공서비스론은 전략적 합리성에 기반한다.

② 신공공관리론은 기업가 정신을 강조하는 반면에 신공공서비스론은 사회적 기여와 봉사를 강조한다.

③ 신공공관리론의 대상이 고객이라면 신공공서비스론의 대상은 시민이다.

④ 신공공관리론이 신공공서비스론보다 행정책임의 복잡성을 중시하며 행정재량권을 강조한다.

02 행정학의 접근방법에 대한 설명으로 옳지 않은 것은?

① 행태론적 접근방법은 현상에서 가치 문제가 많이 개입되어 있을수록 이론의 적합성이 떨어지기 때문에 의도적으로 이러한 문제를 연구 대상이나 범위에서 제외시킬 수 있다.

② 체제론은 계서적 관점을 중시한다.

③ 신제도주의는 행위 주체의 의도적·전략적인 행동이 제도에 영향을 미칠 수 있다는 점을 부정한다.

④ 공공선택론은 공공서비스의 효율적 공급을 위해서 분권화된 조직 장치가 필요하다는 입장이다.

03 공익에 대한 설명으로 옳지 않은 것은?

① 공익 실체설은 공익 과정설의 주장을 행정의 정당성과 통합성을 확보하기 위한 상징적 수사로 간주한다.

② 이익집단 사이의 상호조정 과정에 의한 정책결정은 공익 과정설에 가깝다.

③ 기초주의(foundationalism) 인식론은 공익 실체설에 가깝다.

④ 공공재의 존재와 공유지 비극의 문제는 공익 실체설의 근거가 될 수 있다.

04 「보조금 관리에 관한 법률」의 내용으로 옳지 않은 것은?

① 국가는 보조금의 예산 계상 신청이 없는 보조사업의 경우에도 국가시책 수행상 부득이하게 대통령령으로 정하는 경우에는 필요한 보조금을 예산에 계상할 수 있다.

② 중앙관서의 장은 보조사업을 수행하려는 자로부터 신청받은 보조금의 명세 및 금액을 조정하여 기획재정부장관에게 보조금 예산을 요구하여야 한다.

③ 기획재정부장관은 매년 지방자치단체에 대한 보조금 예산을 편성할 때에 필요하다고 인정되는 보조사업에 대하여는 차등보조율을 적용할 수 있다.

④ 기준보조율에서 일정 비율을 빼는 차등보조율은 「지방교부세법」에 따른 보통교부세를 교부받는 지방자치단체에 대하여만 적용할 수 있다.

05 고위공무원단 역량평가 시 포함되지 않는 역량은?

① 성과지향
② 동기부여
③ 고객만족
④ 전략적 사고

07 조직구조에 대한 설명으로 가장 옳지 않은 것은?

① 기계적 구조를 가진 조직은 유기적 구조를 가진 조직에 비해 엄격한 계층제의 특징을 가진다.
② 매트릭스구조에서는 조직 구성원들을 기능부서와 사업부서가 공동으로 활용할 수 있다.
③ 학습조직은 개방체제와 자기실현적 인간관을 바탕으로 하는 조직이다.
④ 사업구조를 가진 조직은 제품별·산출물별로 구성된 자기완결적 사업부서를 가지며, 이들 사이의 업무조정은 매우 쉽다.

06 다음 위원회중 대통령 소속의 위원회가 아닌 것은?

① 경제사회노동위원회
② 지방시대위원회
③ 강원특별자치도 지원위원회
④ 방송통신위원회

08 네거티브 규제방식의 일유형으로 규제샌드박스의 유형이 아닌 것은?

① 규제 신속 확인
② 임시 허가
③ 한국형 레몬법
④ 실증특례

09 해크만과 올드햄(Hackman & Oldham)이 제안한 직무 특성 모형에 대한 설명으로 옳지 않은 것은?

① 직무특성은 직무 수행자의 심리상태에 영향을 미친다.
② 직무자율성은 직무에 대한 책임감에 영향을 미친다.
③ 해크만과 올드햄(Hackman & Oldham)의 직무특성 이론에 의하면 직무특성을 결정하는 변수로 기술다양성, 직무정체성, 직무중요성, 자율성, 환류를 들고 있다.
④ 잠재적 동기지수(motivating potential score)는 핵심 직무특성의 평균값과 자율성 및 피드백 점수의 합으로 계산된다.

10 징계위원회에서 징계위원 7명의 의견이 다음과 같다. 「공무원징계령」에 따를 때 결정된 징계 종류는?

- 위원 A: 파면
- 위원 B: 감봉
- 위원 C: 강등
- 위원 D: 정직
- 위원 E: 정직
- 위원 F: 해임
- 위원 G: 정직

① 파면
② 해임
③ 정직
④ 강등

11 모호성(ambiguity)과 갈등(conflict)이라는 두 차원에 따라 매틀랜드(Matland)가 분류한 네 가지 정책집행상황 중 모호성이 낮고 갈등이 높은 상황에 대한 설명으로 옳은 것은?

① 갈등은 매수(side payment)나 담합(logrolling) 등과 같은 방식으로 해결되기도 한다.
② 정형화된 결정이 나타나고 하향적 접근방법이 가능하다.
③ 정책을 학습으로 보며, 정책 결과는 맥락적인 조건에 의해 결정되는 경우이다.
④ 정책목표가 명확하지 않기 때문에 집행과정은 목표의 해석 과정으로 이해될 수 있다.

12 다음에서 설명하는 정책평가 실험으로 옳은 것은?

실험집단과 통제집단에 실험대상을 배정할 때, 분명하게 알려진 자격 기준을 적용하는 방법이다. 예컨대 장학금을 지급받은 학생이 지급받지 않은 학생에 비하여 성적이 상승하였는지 판단 시 평점 3.5가 장학금 지급과 비지급 구분점이라 한다면, 실험집단과 통제집단 배정 기준을 그 평점 기준으로 하는 것이다. 이때 두 회귀직선의 불연속의 크기는 장학금 지급의 효과를 나타낸다.

① 단절적 시계열 설계
② 회귀불연속 설계
③ 축조에 의한 통제
④ 무작위배정

13 지방채에 대한 설명으로 옳지 않은 것은?

① 「지방재정법 시행령」상 지방채의 종류는 지방채증권과 차입금으로 구분된다.

② 「지방재정법」상 외채를 발행하려면 지방의회의 의결을 거친 이후 행정안전부장관의 승인을 받아야 한다.

③ 「지방재정법」상 지방채의 차환을 위해 자금조달이 필요할 때 발행할 수 있다.

④ 지방자치단체조합도 따로 법률로 정하는 바에 따라 지방채를 발행할 수 있다.

14 우리나라 예산 및 법률에 대한 설명으로 가장 옳지 않은 것은?

① 대통령은 국회가 의결한 법률안에 대해 거부권이 있지만, 국회에서 의결된 예산에 대해서는 거부권을 행사할 수 없다.

② 예산은 정부만이 제안권을 갖고 있고, 국회는 제안권을 갖고 있지 않다.

③ 국회는 정부의 동의 없이 정부가 제출한 지출예산 각 항의 금액을 증가시키거나 새 비목을 설치할 수 있다.

④ 예산을 심의할 때, 국회는 정부가 제출한 예산안의 범위 내에서 삭감할 수 있다.

15 비용편익분석에 대한 설명으로 옳지 않은 것은?

① 총체적 예산결정 시 대안탐색에 사용된다.

② 내부수익률은 순현재가치를 0으로 만드는 할인율이다.

③ 사업의 기간이 길어질수록 현재가치는 커진다.

④ 현실에서는 비용편익분석을 하는 과정에서 의도적인 왜곡평가를 하려는 유인이 강하게 존재하기 때문에 객관적으로 타당한 결과를 얻기 어려울 수 있다.

16 예산의 종류에 대한 설명으로 가장 옳지 않은 것은?

① 일반회계는 조세수입 등을 주요 세입으로 하고 국가의 일반적인 세출에 충당하기 위하여 설치한다.

② 특정한 세입으로 특정한 세출에 충당하기 위하여 일반회계와 별도로 구분할 필요가 있을 때 특별회계예산을 설치한다.

③ 기금이란 국가가 특정한 목적을 위하여 특정한 자금을 신축적으로 운용할 필요가 있을 때에 한하여 법률로써 설치하되, 기금은 세입세출예산에 의하지 아니하고는 운용할 수 없다.

④ 통합예산은 내부거래 등을 차감한 예산순계 개념으로 작성한다.

17 행정개혁의 접근방법에 대한 설명으로 옳지 않은 것은?

① 구조적 접근방법은 행정활동의 목표를 개선하고 서비스의 양과 질을 개선하려는 접근방법으로, 분권화의 확대, 권한 재조정, 명령계통 수정 등에 관심을 갖는다.

② 과정적 접근방법은 행정체제의 과정 또는 일의 흐름을 개선하려는 접근방법이다.

③ 행태적 접근방법은 구조와 기술을 개선시키는 접근방법이다.

④ 종합적 접근방법은 구조와 인간, 환경의 문제를 체제로 파악하고 상호관련성을 고려하는 접근방법이다.

18 우리나라의 예산제도 특징에 대한 설명으로 가장 옳지 않은 것은?

① 조세의 종목과 세율을 법률로 정하도록 하는 조세법률주의를 채택하고 있다.

② 헌법상 예산안 의결 시한과 예산 불성립의 시점은 동일하다.

③ 정부는 감사원의 세출예산요구액을 감액하고자 할 때에는 국무회의에서 감사원장의 의견을 들어야 한다.

④ 우리나라의 예산은 행정부가 제출하고 국회가 심의·의결하지만, 미국과 달리 예산법률주의를 채택하고 있지는 않다.

19 「지방재정법」상 긴급재정관리단체의 지정요건으로 옳지 않은 것은?

① 재정위기단체로 지정된 지방자치단체가 재정건전화계획을 3년간 이행하였음에도 불구하고 재정위험 수준이 일정 수준 이하로 악화된 경우

② 소속 공무원의 인건비를 30일 이상 지급하지 못한 경우

③ 상환기일이 도래된 채무의 원금과 이자를 60일 이상 지급하지 못한 경우

④ 재정위기단체로 지정된 지방자치단체가 재정건전화계획을 이행하지 않은 경우

20 「지방공기업법」에 근거한 지방공기업에 대한 설명으로 가장 옳지 않은 것은?

① 행정안전부장관이 지방직영기업의 관리자를 임명한다.

② 지방공기업에 관한 경영평가는 원칙적으로 행정안전부장관의 주관으로 이루어진다.

③ 공사의 운영을 위하여 필요한 경우에는 자본금의 2분의 1을 넘지 아니하는 범위에서 지방자치단체 외의 자로 하여금 공사에 출자하게 할 수 있다(외국인 및 외국법인도 포함한다).

④ 지방직영기업은 지방자치단체가 일반회계와 구분되는 공기업특별회계를 설치해 독립적으로 회계를 운영하는 형태의 기업이다.

10회 실전동형모의고사

제한시간: 15분 **시작** 시 분 ~ **종료** 시 분 **점수 확인** 개/ 20개

01 페리와 와이즈(Perry & Wise)가 제안한 공공봉사동기의 개념적 구분에서 규범적 차원에 속하지 않는 것은?

① 사회적 형평성 추구
② 정부 전체에 대한 충성
③ 정책 과정에 참여
④ 공익봉사의 욕구

02 공공서비스의 공급을 확대하는 과정에서 정부예산이 부족한 경우 활용되는 수익형 민자사업(BTO)에 대한 설명으로 옳지 않은 것은?

① 민간이 자금을 투자해 공공시설을 건설하고 소유권을 정부로 이전하지만, 그 대가로 민간사업자는 일정 기간 사용수익권을 인정받게 된다.
② 민간사업자는 시설을 운영하면서 사용료 징수로 투자비를 회수하는데, 주로 도로·철도 등 수익창출이 가능한 영역에 적용된다.
③ 시설에 대한 수요변동 위험은 정부에서 부담하며, 정부는 사전에 약정한 수익률을 포함한 리스료를 민간 사업자에게 지출한다.
④ BTO는 일반적으로 임대형 민자사업(BTL)에 비해 사업리스크와 수익률이 상대적으로 더 높고, 사업기간도 상대적으로 더 길다.

03 행태론적 접근방법에 대한 설명으로 옳지 않은 것은?

① 인간행태에 존재하는 법칙성을 발견함으로써 인간의 행태를 기술하고 설명하며 예측하기 위해 과학적 방법을 사용한다.
② 행정을 조직 구성원의 합리적이고 협동적인 의사결정이자 사회적 집단현상으로 인식한다.
③ 연구대상인 인간의 외면적 행태(behaviour)에서 인간의 가치관, 사고, 태도 등을 배제한다.
④ 행정현상 중 가치판단적인 요소의 존재를 인정한다.

04 정책집행에서 하향적 접근방법에 대한 설명으로 가장 옳지 않은 것은?

① 목표와 수단 간에 명확한 인과관계가 있다고 가정하며, 목표달성도에 따른 객관적인 성과평가를 중시한다.
② 하향적 접근의 대표적인 것은 전방향적 접근방법이며, 이는 집행에서 시작하여 상위계급이나 조직 또는 결정 단계로 거슬러 올라가는 방식이다.
③ 하향적 집행론자들이 제시한 변수들은 체크리스트로써 집행과정을 점검하는 데 사용할 수 있다.
④ 성공적인 집행을 위해 정책결정자가 정책상황의 다양한 변수를 통제하고 적절한 리더십을 발휘해야 한다.

05 「지방자치법」에 대한 설명으로 옳지 않은 것은?

① 특별지방자치단체의 의회는 규약으로 정하는 바에 따라 구성 지방자치단체의 의회 의원으로 구성한다.

② 지방의회 의원 정수의 2분의 1 범위에서 정책지원 전문인력을 충원할 수 있다.

③ 지방자치단체의 명칭과 구역을 바꾸거나 지방자치단체를 폐지하거나 설치하거나 나누거나 합칠 때에는 법률로 정한다.

④ 주민은 권리·의무와 직접 관련 없는 규칙에 대한 제정·개정 및 폐지 의견을 지방자치단체장에게 제출 가능하다.

06 정책평가의 타당성에 대한 설명으로 옳은 것은?

① 실험직전 측정에서 평소와 다르게 나쁜 결과를 얻었던 평가대상이 실험이 진행되면서 자신의 원래 위치로 돌아가는 것을 '피실험자 상실(experimental mortality)'이라고 한다.

② 평가의 대상들이 정책의 효과와 상관없이 시간이 지나 스스로 성장함으로써 나타나는 효과에 의한 타당성의 위협을 '역사적 요소(history)'라고 한다.

③ 정책의 대상이 되는 집단과 그렇지 않은 집단이 처음부터 다른 특성을 가져 정책이 영향을 갖는 것으로 나타나게 되는 것을 '선택(selection)'이라고 한다.

④ 측정 그 자체가 평가되고 있는 대상의 행동에 영향을 주게 되는 것을 '측정도구의 변화(instrumentation)'라고 한다.

07 다음 중 동기부여이론에 대한 설명으로 적절한 것을 모두 고른 것은?

> ㄱ. 브룸(Vroom)의 기대이론에서 기대감은 특정 결과는 특정한 노력으로 인해 나타날 수 있다는 가능성에 대한 개인의 신념으로 통상 주관적 확률로 표시된다.
> ㄴ. 앨더퍼(Alderfer)는 매슬로우처럼 욕구를 계층화하고 욕구의 계층에 따라 욕구의 발로가 이루어진다고 보았지만, 두 가지 이상의 욕구가 한 가지 행동을 유발한다고 보는 점에서 차이가 있다.
> ㄷ. 매슬로우(Maslow)는 상위 차원의 욕구가 충족되지 못하거나 좌절될 경우, 하위 욕구를 더욱 더 충족시키고자 한다고 주장하였다.
> ㄹ. 아지리스(Argyris)는 개인의 동기는 사회문화 상호작용하는 과정에서 취득되고 학습된다고 보았다.

① ㄱ, ㄴ

② ㄱ, ㄷ

③ ㄴ, ㄷ

④ ㄴ, ㄹ

08 다음 중 호프스테드(Hofstede)가 비교한 문화의 비교차원과 가장 옳지 않은 것은?

① 합리주의 대 온정주의

② 권력거리

③ 개인주의 대 집단주의

④ 장기성향 대 단기성향

09 다음 중 대한민국의 결산 절차에 대한 설명으로 가장 적절한 것은?

① 각 중앙관서의 장은 회계연도마다 일반회계 · 특별회계 및 기금을 통합한 중앙관서결산보고서를 작성하여 국무총리에게 제출하며, 국무총리는 중앙관서결산보고서를 통합하여 국가의 결산보고서를 작성하여 국무회의 심의를 거쳐 대통령의 승인을 받는다.

② 국회는 감사원이 검사를 완료한 국가결산보고서를 회계연도 개시 전까지 심의 · 의결을 완료해야 한다.

③ 추가경정예산은 본예산과 별개로 성립되므로 당해 회계연도의 결산에는 포함되지 않는다.

④ 국회는 국가결산보고서를 소관 상임위원회와 예산결산특별위원회를 거쳐 본회의에서 심의 · 의결을 통해 최종 판단한다. 결산의 심사결과 위법하거나 부당한 사항이 있는 경우에는 본회의 의결 후 정부 또는 해당 기관에 변상 및 징계 조치 등 그 시정을 요구한다.

10 공무원 보수제도 중 연봉제에 대한 설명으로 옳지 않은 것은?

① 직무성과급적 연봉제는 고위공무원단 소속 공무원에게 적용된다.

② 고정급적 연봉제에서 연봉은 기본연봉과 성과연봉으로 구성된다.

③ 직무성과급적 연봉제에서 기본연봉은 기준급과 직무급으로 구성된다.

④ 성과급적 연봉제와 직무성과급적 연봉제의 성과연봉은 전년도의 업무실적에 따른 평가결과에 따라 차등 지급된다는 점에서 유사한 면이 있다.

11 계급제와 직위분류제를 비교한 설명으로 옳지 않은 것은?

① 직위분류제는 직무급에 따라 보수가 책정되며, 계급제는 생활급 위주로 보수가 책정된다.

② 계급제를 통해서는 일반 행정가의 육성이 가능하며, 직위분류제를 통해서는 유능한 전문가의 확보가 가능하다.

③ 직위분류제는 단기적 행정계획 수립에 적절하며, 계급제는 장기적 행정 계획 수립에 적절하다.

④ 계급제는 인사배치의 합리적 운영에 기여하고, 직위분류제는 인사배치에 있어 융통성을 기할 수 있다.

12 공무원 교육훈련 방법에 대한 설명으로 옳지 않은 것은?

① 강의(lecture)는 교육내용을 다수의 피교육자에게 단시간에 전달하는 데 효과적인 방법이다.

② 역할연기(role playing)는 실제 직무상황과 같은 상황을 실연시킴으로써 문제를 빠르게 이해시키고 참여자들의 태도변화와 민감한 반응을 촉진시킨다.

③ 감수성훈련(sensitivity training)은 어떤 사건의 윤곽을 피교육자에게 알려주고 그 해결책을 찾게 하는 방법이다.

④ 시뮬레이션(simulation)은 업무수행 중 직면할 수 있는 어떤 상황을 가상적으로 만들어 놓고 피교육자가 그 상황에 대처해보도록 하는 방법이다.

13 빅데이터(big data)의 3대 특징에 대한 설명으로 옳지 않은 것은?

① 테라바이트(TB) 또는 패타바이트(PB)급의 정보가 축적될 정도로 방대한 볼륨을 가지고 있다.
② 정보의 지속성이 보장되며, 데이터의 생성 주기가 길어 안정적으로 저장할 수 있다.
③ 시간에 민감한 경우가 많으므로 비즈니스에서 데이터의 가치를 극대화하려면 기업 내에서 스트리밍 형태, 즉 실시간 라이브 형태로 사용되어야 한다.
④ 정형 데이터를 넘어 문자, 오디오, 비디오, 클릭 스트림, 로그 파일 등과 같은 모든 다양한 비정형 데이터를 포함하고 있다.

14 주민참여제도 중 의제설정 및 정책결정 단계에서 참여하는 방식으로 가장 관련이 없는 것은?

① 주민발의제(조례 제정 개폐 청구)
② 주민참여예산제
③ 주민투표제
④ 주민감사청구제

15 다음 중 연결된 설명으로 옳지 않은 것은?

① 집단사고(group think): 의사결정의 민주성과 타당성 훼손
② TQM(Total Quality Management): 고객의 요구와 만족 강조
③ 대리정부(government by proxy): 공공서비스 제공의 책임과 공공성 훼손
④ Galbraith의 의존효과(dependence effect): 공공재 과다공급으로 인한 정부실패 강조

16 행정통제에 대한 설명으로 옳은 것은?

① 행정통제는 주로 조직 목표의 효율적 달성을 위해 조직 내부에서 행정관리층이 행하는 관리통제를 의미한다.
② 제도적 책임성 또는 객관적 책임성(accountability)이 Y이론적 인간관에 근거한 것이라면, 자율적 책임성 또는 주관적 책임성(responsibility)은 X이론적 인간관에 근거한 것이다.
③ 파이너(Finer)는 민주국가에서 행정책임은 외재적·객관적인 책임과 통제를 지향해야 한다. 프리드리히(Friedrich)식으로 개인의 양심과 도덕성에 맡기는 행정책임은 민주주의가 아닌 독재에서 강조되는 책임일 뿐이라고 비판한다.
④ 신공공관리론에서 강조하는 시장책임성은 규칙이나 계층제적 권위에 의한 통제를 중시한다.

17 목표관리(MBO)에 대한 설명으로 옳지 않은 것은?

① 조직의 관리자와 구성원이 함께 참여하여 조직의 공동목표를 명확히 한다.
② 계획예산(PPBS)을 대체하는 제도로 도입되었다.
③ 기대되는 결과와 관련시켜 각자의 개별목표와 책임범위를 협의·설정할 수 있다.
④ 구체적인 목표가 아니라 질적인 목표를 중시한다.

18 다음 중 정부업무평가에 대한 설명으로 가장 적절하지 않은 것은?

① 정부업무평가위원회는 위원장 2명을 포함한 15인 이내의 위원으로 구성되며, 민간위원의 임기는 2년이다.
② 정부업무평가위원회의 회의는 재적의원 2/3 출석으로 개의하고 출석위원 과반수의 찬성으로 의결한다.
③ 중앙행정기관과 지방자치단체의 장은 그 소속 기관의 정책 등을 포함하여 자체평가를 실시하여야 한다.
④ 지방자치단체합동평가위원회는 행정안전부 소속위원회로 「정부업무평가 기본법」에 설치근거를 둔다.

19 우리나라의 지방재정조정제도에 대한 설명으로 옳지 않은 것은?

① 중앙정부가 지방자치단체별로 보통교부세를 교부할 때 사용하는 기준지표는 지방재정자립도이다.
② 국고보조금은 행정서비스의 구역외 확산에 대처할 수 있지만 지역 간 재정력 격차 및 불균형을 심화시키기도 한다.
③ 지방교부세는 용도가 정해져 있지 않다는 점에서 국고보조금과 다르다.
④ 재정자립도를 산정할 때 지방교부세는 지방자치단체의 의존재원에 속한다.

20 행정학자에 대한 설명으로 옳지 않은 것은?

① 굿노우(F. Goodnow)는 행정은 국가의지의 표현이라고 주장하였다.
② 윌슨(W. Wilson)은 정치와 행정의 분리를 주장하였다.
③ 사이먼(H. Simon)은 고전적 조직원리들을 검증되지 않은 속담이나 격언에 불과하다고 비판하였다.
④ 테일러(F. Taylor)는 시간과 동작에 관한 연구를 통해 효율적 관리를 위한 최선의 방법을 찾고자 하였다.

최종점검 기출모의고사

잠깐! 최종점검 기출모의고사 전 확인사항

최종점검 기출모의고사도 실전처럼 문제를 푸는 연습이 필요합니다.

✔ 휴대전화는 전원을 꺼주세요.

✔ 연필과 지우개를 준비하세요.

✔ 제한시간 15분 내 최대한 많은 문제를 정확하게 풀어보세요.

매 회 최종점검 기출모의고사 전, 위 사항을 점검하고 시험에 임하세요.

최종점검 기출모의고사

실제 기출문제를 실전동형모의고사 형태에 맞추어
학습함으로써, 최신 출제경향을 파악하고
문제풀이 능력을 극대화시킬 수 있습니다.

승리는 가장 끈기 있는 자에게 돌아간다.

– 나폴레옹 보나파르트

공개경쟁채용 필기시험 대비
해커스공무원 최종점검 기출모의고사

응시번호	
성명	

【시 험 과 목】

과목명	소요시간	문항수	점 수
행정학	15분	20문항	100점

응시자 주의사항

1. **시험 시작 전**에 시험문제를 열람하는 행위나 시험종료 후 답안을 작성하는 행위를 한 사람은 부정행위자로 처리됩니다.

2. 시험 시작 즉시 **문제 누락 여부, 인쇄상태 이상유무 및 표지와 과목의 일치 여부** 등을 확인한 후 문제책 표지에 응시번호, 성명을 기재합니다.

3. 문제는 **총 20문항**으로 구성되어 있으니, 문제지와 답안지를 확인하시기 바랍니다.
   - 답안지는 '**해커스공무원 실전동형모의고사 답안지**'를 사용합니다.

4. 시험이 시작되면 문제를 주의 깊게 읽은 후, **문항의 취지에 가장 적합한 하나의 정답만**을 고르시기 바랍니다.

5. 답안을 잘못 표기하였을 경우에는 답안지를 교체하여 작성하거나 **수정테이프만을 사용**하여 수정할 수 있으며(수정액 또는 수정스티커 등은 사용 불가), 부착된 수정테이프가 떨어지지 않게 손으로 눌러주어야 합니다.
   - 불량 수정테이프의 사용과 불완전한 수정 처리로 인해 발생하는 **모든 문제는 응시자에게 책임**이 있습니다.

6. **시험시간 관리의 책임**은 전적으로 응시자 본인에게 있습니다.

해커스공무원 최종점검 기출모의고사 정답 공개 및 안내

1. 해커스공무원 최종점검 기출모의고사의 문제들은 **국가직, 지방직, 국회직, 군무원 기출문제**에서 중요한 문제들로만 선별하여 수록하였습니다.

2. 각 문제별 **기출연도 및 시행처, 정답 및 해설**은 해설집에 수록되어 있으니, 참고하시기 바랍니다.

해커스공무원

행정학

문 1. 행정학의 주요 접근법, 학자, 특성을 바르게 연결한 것은?

① 행정생태론 – 오스본(Osborne)과 게블러(Gaebler) – 환경요인 중시

② 후기행태주의 – 이스턴(Easton) – 가치중립적·과학적 연구 강조

③ 신공공관리론 – 리그스(Riggs) – 시장원리인 경쟁을 도입

④ 뉴거버넌스론 – 로즈(Rhodes) – 정부·시장·시민사회 간 네트워크

문 2. 다음의 역사적 배경을 바탕으로 태동한 행정학 연구에 대한 설명으로 옳지 않은 것은?

- 월남전 패배, 흑인 폭동, 소수민족 문제 등 미국사회의 혼란을 해결하지 못하는 학문의 무력함에 대한 반성으로 나타났다.
- 1968년 미국 미노브룩회의에서 왈도의 주도하에 새로운 행정학의 방향모색으로 태동하였다.

① 고객 중심의 행정, 시민의 참여, 가치문제 등을 중시했다.

② 행정학의 실천적 성격과 적실성을 회복하기 위한 정책 지향적 행정학을 요구하였다.

③ 행정의 능률성을 강조했으며, 논리실증주의 및 행태주의의 주장을 지지하였다.

④ 소외계층을 위한 복지서비스를 확대해 사회적 형평을 실현해야 한다는 행정의 적극적 역할을 강조했다.

문 3. 신공공관리와 뉴거버넌스에 대한 설명으로 옳은 것은?

① 뉴거버넌스가 상정하는 정부의 역할은 방향잡기(steering)이다.

② 신공공관리의 인식론적 기초는 공동체주의이다.

③ 신공공관리가 중시하는 관리 가치는 신뢰(trust)이다.

④ 뉴거버넌스의 관리 기구는 시장(market)이다.

문 4. 살라몬(Salamon)의 정책수단 유형 중 직접수단에 해당하는 것은?

① 사회적 규제

② 보조금

③ 조세지출

④ 공기업

문 5. 정책학의 발달에 대한 설명으로 옳지 않은 것은?

① 1951년 『정책지향(policy orientation)』이라는 논문은 정책학의 정체성 확립에 기여하였다.

② 라스웰(Lasswell)은 1971년 『정책학 소개(A Pre - View of Policy Sciences)』에서 맥락지향성, 이론지향성, 연합학문지향성을 제시하였다.

③ 1980년대 정책학의 연구는 정책형성, 집행, 평가, 변동 등 다양한 분야로 확대되었다.

④ 드로(Dror)는 정책결정단계를 상위정책결정(meta - policymaking), 정책결정(policymaking), 정책결정 이후(post - policymaking)로 나누는 최적모형을 제시하였다.

문 6. 다음 중 공공사업의 경제성분석에 대한 설명으로 옳은 것만을 모두 고르면?

> ㄱ. 할인율이 높을 때는 편익이 장기간에 실현되는 장기투자사업보다 단기간에 실현되는 단기투자사업이 유리하다.
> ㄴ. 직접적·유형적인 비용과 편익은 반영하고, 간접적·무형적인 비용과 편익은 포함하지 않는다.
> ㄷ. 순현재가치(NPV)는 비용의 총현재가치에서 편익의 총현재가치를 뺀 것이며, 0보다 클 경우 사업의 타당성을 인정할 수 있다.
> ㄹ. 내부수익률은 할인율을 알지 못해도 사업평가가 가능하도록 하는 분석기법이다.

① ㄱ, ㄴ

② ㄱ, ㄹ

③ ㄴ, ㄷ

④ ㄱ, ㄷ, ㄹ

문 7. 정책집행의 접근방법에 대한 설명으로 옳은 것은?

① 하향식 접근방법에서는 정책목표의 신축적 조정이 효과적인 정책집행을 가져온다고 하였다.

② 사바티어(Sabatier)와 매즈매니언(Mazmanian)은 상향식 접근방법의 대표적인 모형을 제시하였다.

③ 엘모어(Elmore)가 제안한 전방향적 연구(forward mapping)는 상향식 접근방법과 유사하다.

④ 고긴(Goggin)은 통계적 연구설계의 바탕 위에서 이론의 검증을 시도하는 제3세대 집행 연구를 주장하였다.

문 8. 프렌치와 레이븐(French & Raven)이 주장하는 권력의 원천에 대한 설명으로 옳지 않은 것은?

① 합법적 권력은 권한과 유사하며, 상사가 보유한 직위에 기반한다.

② 강압적 권력은 카리스마 개념과 유사하며, 인간의 공포에 기반한다.

③ 전문적 권력은 조직 내 공식적 직위와 항상 일치하는 것은 아니다.

④ 준거적 권력은 자신보다 뛰어나다고 생각하는 사람을 닮고자 할 때 발생한다.

문 9. 동기요인이론에 대한 설명으로 옳지 않은 것은?

① 아담스(Adams)의 공정성이론에 따르면 공정하다고 인식할 때 동기가 유발된다.

② 매클리랜드(McClelland)의 성취동기이론에 따르면 개인들의 욕구가 학습을 통해 개발될 수 있다.

③ 브룸(Vroom)의 기대이론에서 기대감은 특정 결과는 특정한 노력으로 인해 나타날 수 있다는 가능성에 대한 개인의 신념으로 통상 주관적 확률로 표시된다.

④ 앨더퍼(Alderfer)의 ERG이론에 따르면 상위욕구 충족이 좌절되면 하위욕구를 충족시키고자 할 수 있다.

문 10. 균형성과표(BSC)에 대한 설명으로 옳지 않은 것은?

① 조직의 장기적 전략 목표와 단기적 활동을 연결할 수 있게 한다.

② 재무적 성과지표와 비재무적 성과지표를 통한 균형적인 성과관리 도구라고 할 수 있다.

③ 재무적 정보 외에 고객, 내부 절차, 학습과 성장 등 조직운영에 필요한 관점을 추가한 것이다.

④ 고객 관점에서의 성과지표는 시민참여, 적법절차, 내부 직원의 만족도, 정책 순응도, 공개 등이 있다.

문 11. 정실주의와 엽관제에 대한 설명으로 옳지 않은 것은?

① 실적제로 전환을 위한 영국의 추밀원령은 미국의 펜들턴법 보다 시기적으로 앞섰다.

② 엽관제는 전문성을 통한 행정의 효율성 제고와 정부관료의 역량 강화에 기여한 것으로 평가된다.

③ 미국의 잭슨 대통령은 엽관제를 민주주의의 실천적 정치원리로 인식하고 인사행정의 기본 원칙으로 채택하였다.

④ 엽관제는 관료제의 특권화를 방지하고 국민에 대한 대응성을 높인다는 점에서 현재도 일부 정무직에 적용되고 있다.

문 12. 직무평가방법에 대한 설명으로 옳지 않은 것은?

① 분류법은 미리 정해진 등급기준표를 이용하는 비계량적 방법이다.

② 서열법은 비계량적 방법으로, 직무의 수가 적은 소규모 조직에 적절하다.

③ 점수법은 직무와 관련된 평가요소를 선정하고 각 요소별로 중요도를 부여하는 과정에서 계량화를 통해 명확하고 객관적인 이론적 증명이 가능하다.

④ 요소비교법은 조직 내 기준직무(key job)를 선정하여 평가하려는 직무와 기준직무의 평가요소를 상호비교하여 상대적 가치를 판단하는 방법이다.

문 13. 공무원의 인사이동에 대한 설명으로 옳은 것은?

　① 겸임은 한 사람에게 둘 이상의 직위를 부여하는 것으로 그 대상은 특정직공무원이며, 겸임 기간은 3년 이내로 한다.

　② 전직은 인사 관할을 달리하는 기관 사이의 수평적 인사이동에 해당하며, 예외적인 경우에만 전직시험을 거치도록 하고 있다.

　③ 같은 직급 내에서 직위 등을 변경하는 전보는 수평적 인사이동에 해당하며, 전보의 오용과 남용을 방지하기 위해 전보가 제한되는 기간이나 범위를 두고 있다.

　④ 예산 감소 등으로 직위가 폐지되어 하위 계급의 직위에 임용하려면 별도의 심사 절차를 거쳐야 하고, 강임된 공무원에게는 강임된 계급의 봉급이 지급된다.

문 14. 우리나라 국회에 관한 현행 대한민국 헌법에서 규정한 내용으로 옳지 않은 것은?

　① 지방세의 세목과 세율도 국세처럼 모두 법률로 정하지 않으면 안 된다.

　② 국회의장이 확정된 법률을 공포하는 경우도 있다.

　③ 국회에서 심의·의결된 예산안은 공포 없이 확정되어 효력을 가진다.

　④ 심의·확정된 예산은 법률로 변경할 수 있다.

문 15. 조세지출예산제도에 대한 설명으로 옳지 않은 것은?

　① 세제 지원을 통해 제공한 혜택을 예산지출로 인정하는 것이다.

　② 예산지출이 직접적 예산 집행이라면 조세지출은 세제상의 혜택을 통한 간접지출의 성격을 띤다.

　③ 직접 보조금과 대비해 눈에 보이지 않는 숨겨진 보조금이라고 이해할 수 있다.

　④ 세금 자체를 부과하지 않은 비과세는 조세지출의 방법으로 볼 수 없다.

문 16. 중앙정부 결산보고서상의 재무제표로 옳은 것은?

　① 손익계산서, 순자산변동표, 현금흐름표

　② 대차대조표, 재정운영보고서, 이익잉여금처분계산서

　③ 재정상태표, 재정운영표, 순자산변동표

　④ 재정상태보고서, 순자산변동표, 현금흐름보고서

문 17. 전자정부에 대한 설명으로 옳지 않은 것은?

① 온라인 참여포털 국민신문고는 국민의 고충 민원과 제안을 원스톱으로 접수 및 처리하는 것을 목적으로 한다.

② 디지털예산회계시스템(D-Brain)은 재정업무의 전 과정을 온라인으로 수행하고 재정사업의 현황을 실시간으로 파악할 수 있는 통합재정정보시스템이다.

③ 스마트워크(smart work)란 통신, 방송, 인터넷 등을 통합한 멀티미디어 서비스를 안전하게 제공하는 통합네트워크를 의미한다.

④ 전자정부 2020 기본계획은 「전자정부법」에 따라 2016년부터 2020년까지 5개년 계획으로 수립되었다.

문 18. 다음 사례에 대한 설명으로 옳은 것은?

> 2013년 환경부는 상수도 낙후지역에 사는 국민이 안심하고 마실 수 있는 수돗물을 공급하기 위해 총사업비 8,833억 원(국비 30%, 지방비 70%)을 들여 '상수관망 최적관리시스템 구축사업'을 추진한다고 발표하였다. 그러나 A시는 상수도 사업을 자체관리하기로 결정하고, 당초 요청하기로 계획했던 국고보조금 56억 원을 신청하지 않았다.

① 만약 A시가 이 사업에 참여하여 당초 요청하기로 계획했던 보조금이 그대로 배정된다면, A시가 부담해야 하는 비용은 총 56억 원이다.

② 상수관망을 통해 공급되는 수돗물과 민간재인 생수가 모두 정상재(normal goods)라고 가정하면, 환경부의 사업보조금은 수돗물과 생수의 공급수준을 모두 증가시키는 소득효과만을 유발시킨다.

③ 이 사례에서와 같은 보조금은 지역 간에 발생하는 외부효과를 시정하거나 중앙정부의 특정 목적을 달성하기 위해 운영된다.

④ A시가 신청하지 않은 보조금은 일반정액보조금에 해당한다.

문 19. 특별지방행정기관에 대한 설명으로 옳은 것은?

① 국가의 사무를 집행하기 위해 설치한 일선집행기관으로, 고유의 법인격을 가지고 있다.

② 전문분야의 행정을 보다 효율적으로 수행하기 위해 설치하나 행정기관 간의 중복을 야기하기도 한다.

③ 특별지방행정기관의 예로는 자치구가 아닌 일반행정구가 있다.

④ 특별지방행정기관은 지방행정의 전문성을 제고하여 지방분권 강화에 긍정적인 영향을 미친다.

문 20. 다음 중 지방자치단체의 재정자립도에 대한 설명으로 가장 적절하지 않은 것은?

① 특별회계와 기금을 제외하고 일반회계만을 고려하기 때문에 실제 재정 능력이 과소평가된다.

② 자체재원만을 반영하고 세출 구조를 고려하지 않아 세출의 질을 알 수 없다.

③ 중앙정부의 재정지원을 의존재원으로 처리함으로써 그 재정지원의 형태나 성격을 제대로 파악할 수 없다.

④ 지방자치단체가 중앙정부 등 외부의 간섭이나 통제 없이 자주적으로 편성·집행할 수 있는 재원의 비율을 말한다.

공개경쟁채용 필기시험 대비
해커스공무원 최종점검 기출모의고사

응시번호	
성명	

문제회차
02회

【시 험 과 목】

과목명	소요시간	문항수	점 수
행정학	15분	20문항	100점

해커스공무원

행정학

문 1. 민간투자사업자가 사회기반시설 준공과 동시에 해당 시설 소유권을 정부로 이전하는 대신 시설관리 운영권을 획득하고, 정부는 해당 시설을 임차 사용하여 약정기간 임대료를 민간에게 지급하는 방식은?

① BTO(Build – Transfer – Operate)

② BTL(Build – Transfer – Lease)

③ BOT(Build – Own – Transfer)

④ BOO(Build – Own – Operate)

문 2. 정부실패의 요인에 대한 설명으로 옳지 않은 것은?

① 'X-비효율성'은 정부가 가진 권력을 통해 불평등한 분배가 이루어지는 현상이다.

② '지대추구'는 정부개입에 따라 발생하는 인위적 지대를 획득하기 위해 자원을 낭비하는 활동이다.

③ '파생적 외부효과'는 시장실패를 해결하기 위해 정부가 개입하지만 의도하지 않은 부작용을 초래하는 것이다.

④ '내부성(internalities)'은 공공조직이 공익적 목표보다는 관료 개인이나 소속기관의 이익을 우선적으로 고려하는 것이다.

문 3. 포스트 모더니티이론에서 규칙에 얽매이지 않는 행정의 운영이나 특수성을 인정하는 것에 해당하는 것은?

① 상상(imagination)

② 해체(deconstruction)

③ 영역 해체(deterritorialization)

④ 타자성(alterity)

문 4. 신제도주의에 대한 설명으로 옳지 않은 것은?

① 제도는 법률, 규범, 관습 등을 포함한다.

② 역사적 제도주의는 제도가 경로의존성을 따른다고 본다.

③ 사회학적 제도주의는 적절성의 논리보다 결과성의 논리를 중시한다.

④ 합리적 선택 제도주의는 제도가 합리적 행위자의 이기적 행태를 제약한다고 본다.

문 5. 바흐라흐(Bachrach)와 바라츠(Baratz)의 무의사결정 론에 대한 설명으로 옳지 않은 것은?

① 무의사결정의 행태는 정책과정 중 정책문제 채택 단계 이외에서도 일어난다.

② 기존 정치체제 내의 규범이나 절차를 동원하여 변화 요구를 봉쇄한다.

③ 정책문제화를 막기 위해 폭력과 같은 강제력을 사용하기도 한다.

④ 엘리트의 두 얼굴 중 권력행사의 어두운 측면을 고려하지 못한다고 비판했기 때문에 신다원주의로 불린다.

문 6. 정책과정에서 철의 삼각(iron triangle)에 해당하지 않는 것은?

① 의회 상임위원회
② 행정부 관료
③ 이익집단
④ 법원

문 7. 다음 중 정책평가의 일반적인 절차를 순서대로 바르게 나열한 것은?

ㄱ. 정책평가 대상 확정
ㄴ. 평가 결과 제시
ㄷ. 인과모형 설정
ㄹ. 자료 수집 및 분석
ㅁ. 정책목표 확인

① ㄱ → ㅁ → ㄷ → ㄹ → ㄴ
② ㅁ → ㄱ → ㄷ → ㄴ → ㄹ
③ ㅁ → ㄱ → ㄷ → ㄹ → ㄴ
④ ㅁ → ㄷ → ㄱ → ㄹ → ㄴ

문 8. 조직구조에 대한 설명으로 가장 옳지 않은 것은?

① 기술(technology)과 집권화의 관계는 상관도가 높다.

② 우드워드(J. Woodward)는 대량 생산기술에는 관료제와 같은 기계적 구조가 효과적이라고 주장했다.

③ 톰슨(V. A. Thompson)은 업무 처리 과정에서 일어나는 조직 간·개인 간 상호의존도를 기준으로 기술을 분류했다.

④ 페로우(C. Perrow)는 과업의 다양성과 문제의 분석가능성을 기준으로 조직의 기술을 유형화했다.

문 9. 갈등관리유형에 대한 설명으로 옳지 않은 것은?

① 회피(avoiding)는 갈등이 존재함을 알면서도 표면
상으로는 그것을 무시하거나 인정하지 않음으로
써 갈등 상황에 소극적으로 대응한다.

② 수용(accommodating)은 자신의 이익을 양보하고
상대방의 이익을 배려해 협조한다.

③ 타협(compromising)은 갈등 당사자 간 서로 존중
하고 자신과 상대방 모두의 이익을 극대화하려는
유형으로 'win - win' 전략을 취한다.

④ 경쟁(competing)은 갈등 당사자가 자기 이익은 극
대화하고 상대방의 이익은 최소화한다.

문 10. 다음 중 베버(Weber)가 주장했던 이념형 관료제의
특징으로 옳은 것만을 <보기>에서 모두 고르면?

─── <보기> ───

ㄱ. 지도자 개인의 카리스마가 아니라 성문화된 법령
이 조직 내 권위의 원천이 된다.

ㄴ. 엄격한 계서제에 따라 상대방의 지위를 고려하여
법규를 적용한다.

ㄷ. 관료는 업무 수행에 대한 대가로 정기적으로 일
정한 보수를 받는다.

ㄹ. 모든 직무수행과 의사전달은 구두가 아니라 문서
로 이루어지는 것이 원칙이다.

ㅁ. 권한은 사람이 아니라 직위에 부여되는 것이다.

① ㄱ, ㄴ

② ㄴ, ㅁ

③ ㄱ, ㄷ, ㄹ

④ ㄱ, ㄷ, ㄹ, ㅁ

문 11. 다양성 관리(diversity management)에 대한 설명으로
옳지 않은 것은?

① 오늘날 개인의 성격, 가치관의 차이와 같은 내면
적 다양성의 중요성이 커지고 있다.

② 다양성 관리란 내적·외적 차이를 가진 다양한 조
직 구성원을 공평하고 효율적으로 활용하기 위한
체계적인 인적자원관리 과정이다.

③ 균형인사정책, 일과 삶 균형정책은 다양성 관리의
방안으로 볼 수 없다.

④ 대표관료제를 통한 조직 내 다양성 증대는 실적주
의와 충돌할 가능성이 있다.

문 12. 개방형 또는 폐쇄형 인사제도에 대한 설명으로 옳은
것은?

① 개방형 인사제도는 외부전문가나 경력자에게 공
직을 개방하여 새로운 지식과 기술, 아이디어를
수용해 공직사회의 침체를 막고 행정의 효율성을
높이는 데 유리하다.

② 일반적으로 폐쇄형 인사제도는 직위분류제에 바
탕을 두고 있으며, 일반행정가보다 전문가 중심의
인력구조를 선호한다.

③ 개방형 인사제도는 폐쇄형 인사제도에 비해 안정
적인 공직사회를 형성함으로써 공무원의 사기를
높이고 장기근무를 장려한다.

④ 폐쇄형 인사제도는 개방형 인사제도에 비해 내부
승진과 경력발전을 위한 교육훈련의 기회가 적다.

문 13. 우리나라 공무원연금제도에 대한 설명으로 옳지 않은 것은?

① 공무원연금제도의 주무부처는 인사혁신처이며, 공무원연금기금은 공무원연금공단이 관리·운용한다.
② 공무원연금제도는 기금제를 채택하고 있다.
③ 기여금을 부담하는 재직기간은 최대 36년까지이다.
④ 퇴직수당은 공무원과 정부가 분담한다.

문 14. 프로그램예산제도에 대한 설명으로 옳지 않은 것은?

① 우리나라 중앙정부는 2007년부터 프로그램 예산제도를 도입하였다.
② 예산 전 과정을 프로그램 중심으로 구조화하고 성과평가체계와 연계시킨다.
③ 세부 업무와 단가를 통해 예산 금액을 산정하는 상향식(bottom-up) 방식을 사용한다.
④ 일반회계, 특별회계, 기금이 포괄적으로 표시되어 총체적 재정배분파악이 가능하다.

문 15. 예산이론에 대한 설명으로 옳지 않은 것은?

① 총체주의는 계획예산(PPBS), 영기준예산(ZBB)과 같은 예산제도 개혁을 설명하기에 적합한 이론이다.
② 점증주의는 거시적 예산결정과 예산삭감을 설명하기에 적합한 이론이다.
③ 총체주의는 합리적·분석적 의사결정과 최적의 자원배분을 전제로 한다.
④ 점증주의는 예산을 결정할 때 대안을 모두 고려하지는 못한다는 것을 전제로 한다.

문 16. 우리나라 주민참여예산제도에 대한 설명으로 옳지 않은 것은?

① 주민이 참여할 수 있는 예산의 범위는 「지방재정법」에 규정되어 있다.
② 지방자치단체의 장은 주민참여예산제도를 마련하여 시행해야 할 법적 의무가 있다.
③ 지방자치단체 중 최초로 주민참여예산조례를 제정한 곳은 광주광역시 북구이다.
④ 지방의회의 예산심의권 침해 논란이 있다.

문 17. 빅데이터에 대한 설명으로 옳지 않은 것은?

① 사진은 빅데이터에 포함되지 않는다.
② 정형 데이터도 포함하는 개념이다.
③ 각종 센서 장비의 발달로 데이터가 늘어나면서 나타났다.
④ 데이터를 실시간으로 처리하기도 한다.

문 18. 우리나라 지방자치에 대한 설명으로 옳은 것은?

① 자치사법권은 인정되고 있다.
② 지방자치단체의 예산안 편성권은 지방자치단체장에 속한다.
③ 자치입법권은 지방의회만이 행사할 수 있는 전속적 권한이다.
④ '세종특별자치시'와 제주특별자치도의 '제주시'는 기초자치단체로서 자치권을 가지고 있다.

문 19. 티부(Tiebout)모형의 전제조건으로 옳지 않은 것은?

① 시민의 이동성
② 외부효과의 배제
③ 고정적 생산요소의 부존재
④ 지방정부 재정패키지에 대한 완전한 정보

문 20. 지방재정에 대한 설명으로 옳지 않은 것은?

① 재정자립도는 일반회계 세입 중 지방세와 세외수입이 차지하는 비중을 말한다.
② 국고보조금은 지방재정운영의 자율성을 제고한다.
③ 지방교부세는 지역 간의 재정 불균형을 시정하기 위한 제도이다.
④ 지방자치단체는 재해예방 및 복구사업에 경비를 조달하기 위해서 지방채를 발행할 수 있다.

공개경쟁채용 필기시험 대비
해커스공무원 최종점검 기출모의고사

응시번호	
성명	

문제회차
03회

【 시 험 과 목 】

과목명	소요시간	문항수	점 수
행정학	15분	20문항	100점

응시자 주의사항

1. **시험 시작 전**에 시험문제를 열람하는 행위나 시험종료 후 답안을 작성하는 행위를 한 사람은 부정행위자로 처리됩니다.

2. 시험 시작 즉시 **문제 누락 여부, 인쇄상태 이상유무 및 표지와 과목의 일치 여부** 등을 확인한 후 문제책 표지에 응시번호, 성명을 기재합니다.

3. 문제는 **총 20문항**으로 구성되어 있으니, 문제지와 답안지를 확인하시기 바랍니다.
   - 답안지는 '**해커스공무원 실전동형모의고사 답안지**'를 사용합니다.

4. 시험이 시작되면 문제를 주의 깊게 읽은 후, **문항의 취지에 가장 적합한 하나의 정답만**을 고르시기 바랍니다.

5. 답안을 잘못 표기하였을 경우에는 답안지를 교체하여 작성하거나 **수정테이프만을 사용**하여 수정할 수 있으며(수정액 또는 수정스티커 등은 사용 불가), 부착된 수정테이프가 떨어지지 않게 손으로 눌러주어야 합니다.
   - 불량 수정테이프의 사용과 불완전한 수정 처리로 인해 발생하는 **모든 문제는 응시자에게 책임**이 있습니다.

6. **시험시간 관리의 책임**은 전적으로 응시자 본인에게 있습니다.

해커스공무원 최종점검 기출모의고사 정답 공개 및 안내

1. 해커스공무원 최종점검 기출모의고사의 문제들은 **국가직, 지방직, 국회직, 군무원 기출문제**에서 중요한 문제들로만 선별하여 수록하였습니다.

2. 각 문제별 **기출연도 및 시행처, 정답 및 해설은 해설집에 수록**되어 있으니, 참고하시기 바랍니다.

ᴴᵀ 해커스공무원

행정학

문 1. 정부개입의 근거가 되는 시장실패의 원인으로 옳지
않은 것은?

① 외부효과 발생
② 시장의 독점 상태
③ X - 비효율성 발생
④ 시장이 담당하기 어려운 공공재의 존재

문 2. 사회적 자본에 대한 설명으로 옳은 것은?

① 사회적 자본이 증가하면 제재력이 약화되는 역기
능이 있다.
② 타인에 대한 신뢰는 사회적 자본의 구성요소가 아
니다.
③ 호혜주의는 사회적 자본에 영향을 미치지 않는다.
④ 사회적 자본은 거래비용을 감소시키는 순기능이
있다.

문 3. 공공가치론에 대한 설명으로 옳은 것만을 모두 고르면?

ㄱ. 무어(Moore)는 공공가치 실패를 진단하는 도구로
'공공가치 지도그리기(mapping)'을 제안한다.
ㄴ. 보우즈만(Bozeman)은 공공기관에 의해 생산된
순(純) 공공가치를 추정하는 '공공가치 회계를 제
시했다.
ㄷ. '전략적 삼각형' 모델은 정당성과 지지, 운영 역량,
공공가치로 구성된다.
ㄹ. 시장과 공공부문이 공공가치 실현에 필수적으로
요구되는 재화와 서비스를 제공하지 못할 때 '공
공가치 실패'가 일어난다.

① ㄱ, ㄴ
② ㄱ, ㄹ
③ ㄴ, ㄷ
④ ㄷ, ㄹ

문 4. 다음 중 뉴거버넌스(New Governance)에 대한 설명
으로 가장 거리가 먼 것은?

① 국민을 고객으로만 보는 것을 넘어 국정의 파트너
로 본다.
② 행정의 효율성을 중시하지만 신공공관리론적 정
부개혁에 대해 비판적으로 접근한다.
③ 행정의 경영화와 시장화를 중시하기 때문에 행정과
정치의 관계를 이원론적으로 보는 경향이 강하다.
④ 파트너십과 유기적 결합관계를 중시한다.

문 5. 무의사결정론에 대한 설명으로 옳지 않은 것은?

① 정치체제 내의 지배적 규범이나 절차가 강조되어 변화를 위한 주장은 통제된다고 본다.

② 엘리트들에게 안전한 이슈만이 논의되고 불리한 이슈는 거론조차 못하게 봉쇄된다고 한다.

③ 위협과 같은 폭력적 방법을 통해 특정한 이슈의 등장이 방해받기도 한다고 주장한다.

④ 조직의 주의 집중력과 가용자원은 한계가 있어 일부 사회문제만이 정책의제로 선택된다고 주장한다.

문 6. 쓰레기통모형에 대한 설명으로 옳은 것은?

① 조직 구성원의 응집성이 아주 강한 혼란상태에 있는 조직에서 의사결정이 어떻게 이루어지는가를 기술하고 설명한다.

② 불명확한 기술(unclear technology)은 조직에서 의사결정 참여자의 범위와 그들이 투입하는 에너지가 유동적임을 의미한다.

③ 쓰레기통모형의 의사결정 방식에는 끼워넣기(by oversight)와 미뤄두기(by flight)가 포함된다.

④ 문제성 있는 선호(problematic preferences)는 목표와 수단 사이의 인과관계가 명확하지 않음을 의미한다.

문 7. 다음 중 사회실험에 대한 설명으로 옳은 것만을 모두 고르면?

ㄱ. 자연과학의 실험실 실험과는 달리 상황에 따라 통제집단(control group) 또는 비교집단(comparison group) 없이 진행할 수 있다.

ㄴ. 진실험 방법을 활용하여 사회실험을 진행하면 호손효과(Hawthorne Effect)를 방지할 수 있다는 점이 가장 큰 장점이다.

ㄷ. 아직 검증되지 않은 정책 프로그램에 대규모 투자를 하기 전에 그 결과를 미리 평가해 보는 것이 중요한 목적 중 하나이다.

ㄹ. 실험집단과 비교집단을 무작위 배정(random assignment)할 수 없어 집단 간 동질성 확보가 불가능하면, 준실험(quasi-experiment) 방법을 채택하여 진행할 수 있다.

① ㄱ, ㄴ
② ㄱ, ㄹ
③ ㄴ, ㄷ
④ ㄷ, ㄹ

문 8. 팀제조직에 대한 설명으로 옳은 것만을 모두 고르면?

ㄱ. 결정과 기획의 핵심 기능만 남기고 사업집행 기능은 전문업체에 위탁한다.

ㄴ. 역동적 환경변화에 유연하게 적응하고 신속한 문제해결이 가능하다.

ㄷ. 기술구조 부문이 중심이 되고 작업 과정의 표준화가 주요 조정수단이다.

ㄹ. 관료제의 병리를 타파하고 업무수행에 새로운 의식과 행태의 변화 필요성으로 등장하였다.

① ㄱ, ㄴ
② ㄱ, ㄷ
③ ㄴ, ㄹ
④ ㄷ, ㄹ

문 9. 목표관리제(MBO)에 대한 설명으로 옳은 것만을 모두 고르면?

> ㄱ. 부하와 상사의 참여를 통해 목표를 설정한다.
> ㄴ. 중·장기목표를 단기목표보다 강조한다.
> ㄷ. 조직 내·외의 상황이 안정적이고 예측 가능한 조직에서 성공확률이 높다.
> ㄹ. 개별 구성원의 직무 특수성을 반영하기 위하여 목표의 정성적, 주관적 성격이 강조된다.

① ㄱ, ㄴ
② ㄱ, ㄷ
③ ㄴ, ㄹ
④ ㄷ, ㄹ

문 10. 우리나라의 책임운영기관(Executive Agency)에 대한 설명으로 가장 옳지 않은 것은?

① 신공공관리론(NPM)의 조직원리에 따라 등장한 성과 중심 정부 실현의 한 방안으로 도입되었다.
② 책임운영기관의 장에게 행정 및 재정상의 자율성을 부여하고 그 운영성과에 대하여 책임을 지도록 하는 행정기관을 말한다.
③ 책임운영기관은 사무성격에 따라 조사연구형, 교육훈련형, 문화형, 의료형, 시설관리형, 그 밖에 대통령령으로 정하는 기타 유형으로 구분된다.
④ 「책임운영기관의 설치·운영에 관한 법률」에 근거하여 1995년부터 제도가 시행되었다.

문 11. 직업공무원제에 대한 설명으로 옳지 않은 것은?

① 공무원의 신분을 보장해 행정의 연속성과 일관성을 유지하는 데 긍정적인 제도이다.
② 젊고 유능한 인재들이 공직을 보람있는 직업으로 선택하여 일생을 바쳐 성실히 근무하도록 유도하는 인사제도이다.
③ 공무원이 환경적 요청에 민감하지 못하고 특권집단화할 염려가 있다.
④ 공무원의 일체감과 단결심 및 공직에 헌신하려는 정신을 강화하는 데 불리한 제도이다.

문 12. 다음 설명에 해당하는 교육훈련 방법은?

> 서로 모르는 사람 10명 내외로 소집단을 만들어 허심탄회하게 자신의 느낌을 말하고 다른 사람이 자신을 어떻게 생각하는지를 귀담아듣는 방법으로, 훈련을 진행하기 위한 전문가의 역할이 요구된다.

① 역할연기
② 직무순환
③ 감수성훈련
④ 프로그램화 학습

문 13. 공무원의 정치적 중립의 정당화 근거로 옳지 않은 것은?

① 엽관주의의 폐해를 극복하여 행정의 안정성과 전문성을 제고할 수 있다.

② 공무원은 국민 전체의 이익을 위해 공평무사하게 봉사해야 하는 신분이다.

③ 공무원의 정치적 기본권을 강화하여 공직의 계속성을 제고할 수 있다.

④ 공명선거를 통해 민주적 기본질서를 제고할 수 있다.

문 14. 다음 중 예산원칙의 예외를 옳게 짝지은 것은?

	한정성 원칙	단일성 원칙
①	목적세	특별회계
②	예비비	목적세
③	이용과 전용	수입대체경비
④	계속비	기금

문 15. 영기준예산(ZBB)에 대한 설명으로 옳지 않은 것은?

① 기존 사업과 새로운 사업을 구분하지 않고 사업의 목적, 방법, 자원에 대한 근본적인 재평가를 바탕으로 예산을 편성하는 제도이다.

② 우리나라는 정부예산에 영기준예산제도를 적용한 경험이 있다.

③ 예산편성의 기본단위는 의사결정단위(decision unit)이며 조직 또는 사업 등을 지칭한다.

④ 집권화된 관리체계를 갖기 때문에 예산편성 과정에 소수의 조직 구성원만이 참여하게 된다.

문 16. 계속비에 대한 설명으로 옳지 않은 것은?

① 사업 경비의 총액과 연부액을 정해 미리 국회의 의결을 얻은 범위 안에서 지출하는 예산이다.

② 회계연도 개시 전까지 예산안이 의결되지 못할 경우 준예산으로 예산 집행이 가능한데, 계속비도 이에 포함하여 집행할 수 있다.

③ 여러 해가 걸리는 공사나 R&D 사업 등이 단년도 예산주의의 예외가 된다.

④ 지출기간은 5년 이내이며 연장이 불가능하다.

문 17. 옴부즈만제도에 대한 설명으로 옳은 것은?

① 시민의 요구가 없다면 직권으로 조사활동을 할 수 없다.

② 부족한 인력과 예산으로 국민의 권익을 구제하는 데 한계가 있다.

③ 사법부가 임명한다.

④ 시정조치를 법적으로 강제할 수 있는 권한이 있다.

문 18. 광역행정에 대한 설명으로 옳지 않은 것은?

① 기존의 행정구역을 초월해 더 넓은 지역을 대상으로 행정을 수행한다.

② 행정권과 주민의 생활권을 일치시켜 효율성을 촉진시킬 수 있다.

③ 규모의 경제를 확보하기 어렵다.

④ 지방자치단체 간에 균질한 행정서비스를 제공하는 계기로 작용해 왔다.

문 19. 지방정부의 기관구성 형태에 대한 설명으로 옳지 않은 것은?

① 강시장 – 의회(strong mayor – council) 형태에서는 시장이 강력한 정치적 리더십을 행사한다.

② 위원회(commission) 형태에서는 주민 직선으로 선출된 의원들이 집행부서의 장을 맡는다.

③ 약시장 – 의회(weak mayor – council) 형태에서는 일반적으로 의회가 예산을 편성한다.

④ 의회 – 시지배인(council – manager) 형태에서는 시지배인이 의례적 · 명목적인 기능을 수행한다.

문 20. 다음 중 오츠(Oates)의 분권화정리가 성립하기 위한 조건에 대한 설명으로 옳은 것만을 모두 고르면?

ㄱ. 중앙정부의 공공재 공급 비용이 지방정부의 공공재 공급 비용보다 더 적게 든다.

ㄴ. 공공재의 지역 간 외부효과가 없다.

ㄷ. 지방정부가 해당 지역에서 파레토 효율적 수준으로 공공재를 공급한다.

---

① ㄱ

② ㄷ

③ ㄱ, ㄴ

④ ㄴ, ㄷ

해커스공무원 실전동형모의고사 답안지

※ 시험감독관 날인
(사인 또는 정자 기재할 것)

채점결과 확인 사인

컴퓨터용 흑색사인펜만 사용

회차	

성명	
자필성명	본인 성명 기재
응시직렬	
응시지역	
시험장소	

[필적감정용 기재]
*아래 예시문을 옮겨 적으시오

본인은 OOO(응시자성명)임을 확인함

기 재 란

생년월일

⓪	⓪	⓪	⓪		⓪
①	①	①	①		
②	②	②			
③	③	③			
④	④	④			
⑤	⑤	⑤			
⑥	⑥	⑥			⑥
⑦	⑦	⑦			⑦
⑧	⑧	⑧			⑧
⑨	⑨	⑨			

응시번호

⓪	⓪	⓪	⓪	⓪		⓪
①	①	①	①	①		①
②	②	②	②	②		②
③	③	③	③	③		③
④	④	④	④	④		④
⑤	⑤	⑤	⑤	⑤		⑤
⑥	⑥	⑥	⑥	⑥		⑥
⑦	⑦	⑦	⑦	⑦		⑦
⑧	⑧	⑧	⑧	⑧		⑧
⑨	⑨	⑨	⑨	⑨		⑨

제1과목

문번				
1	①	②	③	④
2	①	②	③	④
3	①	②	③	④
4	①	②	③	④
5	①	②	③	④
6	①	②	③	④
7	①	②	③	④
8	①	②	③	④
9	①	②	③	④
10	①	②	③	④
11	①	②	③	④
12	①	②	③	④
13	①	②	③	④
14	①	②	③	④
15	①	②	③	④
16	①	②	③	④
17	①	②	③	④
18	①	②	③	④
19	①	②	③	④
20	①	②	③	④

제2과목

문번				
1	①	②	③	④
2	①	②	③	④
3	①	②	③	④
4	①	②	③	④
5	①	②	③	④
6	①	②	③	④
7	①	②	③	④
8	①	②	③	④
9	①	②	③	④
10	①	②	③	④
11	①	②	③	④
12	①	②	③	④
13	①	②	③	④
14	①	②	③	④
15	①	②	③	④
16	①	②	③	④
17	①	②	③	④
18	①	②	③	④
19	①	②	③	④
20	①	②	③	④

제3과목

문번				
1	①	②	③	④
2	①	②	③	④
3	①	②	③	④
4	①	②	③	④
5	①	②	③	④
6	①	②	③	④
7	①	②	③	④
8	①	②	③	④
9	①	②	③	④
10	①	②	③	④
11	①	②	③	④
12	①	②	③	④
13	①	②	③	④
14	①	②	③	④
15	①	②	③	④
16	①	②	③	④
17	①	②	③	④
18	①	②	③	④
19	①	②	③	④
20	①	②	③	④

제4과목

문번				
1	①	②	③	④
2	①	②	③	④
3	①	②	③	④
4	①	②	③	④
5	①	②	③	④
6	①	②	③	④
7	①	②	③	④
8	①	②	③	④
9	①	②	③	④
10	①	②	③	④
11	①	②	③	④
12	①	②	③	④
13	①	②	③	④
14	①	②	③	④
15	①	②	③	④
16	①	②	③	④
17	①	②	③	④
18	①	②	③	④
19	①	②	③	④
20	①	②	③	④

제5과목

문번				
1	①	②	③	④
2	①	②	③	④
3	①	②	③	④
4	①	②	③	④
5	①	②	③	④
6	①	②	③	④
7	①	②	③	④
8	①	②	③	④
9	①	②	③	④
10	①	②	③	④
11	①	②	③	④
12	①	②	③	④
13	①	②	③	④
14	①	②	③	④
15	①	②	③	④
16	①	②	③	④
17	①	②	③	④
18	①	②	③	④
19	①	②	③	④
20	①	②	③	④

해커스공무원 실전동형모의고사 답안지

컴퓨터용 흑색사인펜만 사용

[필적감정용 기재]
*아래 예시문을 옮겨 적으시오

본인은 OOO(응시자성명)임을 확인함

기재란

성명	
자필성명	본인 성명 기재
응시직렬	
응시지역	
시험장소	

회차

생 년 월 일

응 시 번 호

※ 시험감독관 서명
(성명을 정자로 기재할 것)

적색 볼펜만 사용

문번	제1과목
1	① ② ③ ④
2	① ② ③ ④
3	① ② ③ ④
4	① ② ③ ④
5	① ② ③ ④
6	① ② ③ ④
7	① ② ③ ④
8	① ② ③ ④
9	① ② ③ ④
10	① ② ③ ④
11	① ② ③ ④
12	① ② ③ ④
13	① ② ③ ④
14	① ② ③ ④
15	① ② ③ ④
16	① ② ③ ④
17	① ② ③ ④
18	① ② ③ ④
19	① ② ③ ④
20	① ② ③ ④

문번	제2과목
1	① ② ③ ④
2	① ② ③ ④
3	① ② ③ ④
4	① ② ③ ④
5	① ② ③ ④
6	① ② ③ ④
7	① ② ③ ④
8	① ② ③ ④
9	① ② ③ ④
10	① ② ③ ④
11	① ② ③ ④
12	① ② ③ ④
13	① ② ③ ④
14	① ② ③ ④
15	① ② ③ ④
16	① ② ③ ④
17	① ② ③ ④
18	① ② ③ ④
19	① ② ③ ④
20	① ② ③ ④

문번	제3과목
1	① ② ③ ④
2	① ② ③ ④
3	① ② ③ ④
4	① ② ③ ④
5	① ② ③ ④
6	① ② ③ ④
7	① ② ③ ④
8	① ② ③ ④
9	① ② ③ ④
10	① ② ③ ④
11	① ② ③ ④
12	① ② ③ ④
13	① ② ③ ④
14	① ② ③ ④
15	① ② ③ ④
16	① ② ③ ④
17	① ② ③ ④
18	① ② ③ ④
19	① ② ③ ④
20	① ② ③ ④

문번	제4과목
1	① ② ③ ④
2	① ② ③ ④
3	① ② ③ ④
4	① ② ③ ④
5	① ② ③ ④
6	① ② ③ ④
7	① ② ③ ④
8	① ② ③ ④
9	① ② ③ ④
10	① ② ③ ④
11	① ② ③ ④
12	① ② ③ ④
13	① ② ③ ④
14	① ② ③ ④
15	① ② ③ ④
16	① ② ③ ④
17	① ② ③ ④
18	① ② ③ ④
19	① ② ③ ④
20	① ② ③ ④

문번	제5과목
1	① ② ③ ④
2	① ② ③ ④
3	① ② ③ ④
4	① ② ③ ④
5	① ② ③ ④
6	① ② ③ ④
7	① ② ③ ④
8	① ② ③ ④
9	① ② ③ ④
10	① ② ③ ④
11	① ② ③ ④
12	① ② ③ ④
13	① ② ③ ④
14	① ② ③ ④
15	① ② ③ ④
16	① ② ③ ④
17	① ② ③ ④
18	① ② ③ ④
19	① ② ③ ④
20	① ② ③ ④

해커스공무원 실전동형모의고사 답안지

컴퓨터용 흑색사인펜만 사용

성명	
자필성명	본인 성명 기재
응시직렬	
응시지역	
시험장소	

회차	

[필적감정용 기재]
*아래 예시문을 옮겨 적으시오
본인은 OOO(응시자성명)임을 확인함

기재 란

※ 시험감독관 서명
(성명을 정자로 기재할 것)

적색 볼펜만 사용

응시번호

생 년 월 일

제1과목

문번				
1	①	②	③	④
2	①	②	③	④
3	①	②	③	④
4	①	②	③	④
5	①	②	③	④
6	①	②	③	④
7	①	②	③	④
8	①	②	③	④
9	①	②	③	④
10	①	②	③	④
11	①	②	③	④
12	①	②	③	④
13	①	②	③	④
14	①	②	③	④
15	①	②	③	④
16	①	②	③	④
17	①	②	③	④
18	①	②	③	④
19	①	②	③	④
20	①	②	③	④

제2과목

문번				
1	①	②	③	④
2	①	②	③	④
3	①	②	③	④
4	①	②	③	④
5	①	②	③	④
6	①	②	③	④
7	①	②	③	④
8	①	②	③	④
9	①	②	③	④
10	①	②	③	④
11	①	②	③	④
12	①	②	③	④
13	①	②	③	④
14	①	②	③	④
15	①	②	③	④
16	①	②	③	④
17	①	②	③	④
18	①	②	③	④
19	①	②	③	④
20	①	②	③	④

제3과목

문번				
1	①	②	③	④
2	①	②	③	④
3	①	②	③	④
4	①	②	③	④
5	①	②	③	④
6	①	②	③	④
7	①	②	③	④
8	①	②	③	④
9	①	②	③	④
10	①	②	③	④
11	①	②	③	④
12	①	②	③	④
13	①	②	③	④
14	①	②	③	④
15	①	②	③	④
16	①	②	③	④
17	①	②	③	④
18	①	②	③	④
19	①	②	③	④
20	①	②	③	④

제4과목

문번				
1	①	②	③	④
2	①	②	③	④
3	①	②	③	④
4	①	②	③	④
5	①	②	③	④
6	①	②	③	④
7	①	②	③	④
8	①	②	③	④
9	①	②	③	④
10	①	②	③	④
11	①	②	③	④
12	①	②	③	④
13	①	②	③	④
14	①	②	③	④
15	①	②	③	④
16	①	②	③	④
17	①	②	③	④
18	①	②	③	④
19	①	②	③	④
20	①	②	③	④

제5과목

문번				
1	①	②	③	④
2	①	②	③	④
3	①	②	③	④
4	①	②	③	④
5	①	②	③	④
6	①	②	③	④
7	①	②	③	④
8	①	②	③	④
9	①	②	③	④
10	①	②	③	④
11	①	②	③	④
12	①	②	③	④
13	①	②	③	④
14	①	②	③	④
15	①	②	③	④
16	①	②	③	④
17	①	②	③	④
18	①	②	③	④
19	①	②	③	④
20	①	②	③	④

송상호

약력

현 | 해커스공무원·군무원 행정학 강의
전 | 제일고시학원 행정학 강의
전 | KG패스원 행정학 강의
전 | 아모르 이그잼 행정학 강의

저서

해커스공무원 명품 행정학 기본서
해커스공무원 명품 행정학 단원별 기출문제집
해커스공무원 명품 행정학 실전동형모의고사 1
해커스공무원 명품 행정학 실전동형모의고사 2
해커스군무원 명품 행정학 19개년 기출문제집
해커스군무원 명품 행정학 실전동형모의고사

2025 최신개정판

해커스공무원
명품 행정학 실전동형모의고사 1

개정 4판 1쇄 발행 2025년 2월 3일

지은이	송상호 편저
펴낸곳	해커스패스
펴낸이	해커스공무원 출판팀

주소	서울특별시 강남구 강남대로 428 해커스공무원
고객센터	1588-4055
교재 관련 문의	gosi@hackerspass.com
	해커스공무원 사이트(gosi.Hackers.com) 교재 Q&A 게시판
	카카오톡 플러스 친구 [해커스공무원 노량진캠퍼스]
학원 강의 및 동영상강의	gosi.Hackers.com

ISBN	979-11-7244-784-7 (13350)
Serial Number	04-01-01

공무원 교육 1위,
해커스공무원 gosi.Hackers.com

해커스공무원

· 해커스 스타강사의 **공무원 행정학 무료 특강**
· **해커스공무원 학원 및 인강**(교재 내 인강 할인쿠폰 수록)
· 정확한 성적 분석으로 약점 극복이 가능한 **합격예측 온라인 모의고사**(교재 내 응시권 및 해설강의 수강권 수록)
· 내 점수와 석차를 확인하는 **모바일 자동 채점 및 성적 분석 서비스**
· 실전 감각을 극대화하는 **OMR 답안지**

2025 최신개정판

해커스공무원
명품 행정학
실전동형모의고사 **1**

약점 보완 해설집

해커스공무원

해커스공무원

명품 행정학 실전동형모의고사 1

약점 보완 해설집

해커스공무원

송상호

약력

현 | 해커스공무원·군무원 행정학 강의
전 | 제일고시학원 행정학 강의
전 | KG패스원 행정학 강의
전 | 아모르 이그잼 행정학 강의

저서

해커스공무원 명품 행정학 기본서
해커스공무원 명품 행정학 단원별 기출문제집
해커스공무원 명품 행정학 실전동형모의고사 1
해커스공무원 명품 행정학 실전동형모의고사 2
해커스군무원 명품 행정학 19개년 기출문제집
해커스군무원 명품 행정학 실전동형모의고사

: 목차

실전동형 모의고사

정답

p. 8

01	②	PART 1	06	②	PART 3	11	④	PART 3	16	①	PART 6
02	④	PART 3	07	④	PART 3	12	④	PART 1	17	③	PART 4
03	③	PART 1	08	④	PART 4	13	④	PART 5	18	②	PART 6
04	①	PART 1	09	①	PART 3	14	②	PART 5	19	③	PART 7
05	①	PART 6	10	①	PART 4	15	④	PART 5	20	④	PART 7

취약 단원 분석표

단원	맞힌 답의 개수
PART 1	/ 4
PART 2	/ 0
PART 3	/ 5
PART 4	/ 3
PART 5	/ 3
PART 6	/ 3
PART 7	/ 2
TOTAL	/ 20

PART 1 행정학 총설 / PART 2 정책학 / PART 3 행정조직론 / PART 4 인사행정론 / PART 5 재무행정론 / PART 6 지식정보화 사회와 환류론 / PART 7 지방행정론

01 마일(Mile)의 법칙 정답 ②

마일(Mile)의 법칙이란 공무원의 입장 및 태도는 그가 속한 조직이나 직위·신분에 의존한다는 것이다. 예를 들면 농·축산부 공무원은 농민의 이익을 대변하고 여성가족부는 여성의 이익을 대변하게 된다는 것이다. 따라서 대표관료제의 원칙과는 상반되는 원칙이라 할 수 있다.

(선지분석)

① 파킨슨(Parkinson)의 법칙은 '공무원의 수는 해야 할 업무의 경중이나 양에 관계없이 증가한다'는 법칙으로, '부하배증의 법칙'과 '업무배증의 법칙'에서 야기되는 것으로 본다.

③ 피콕(Peacock)과 와이즈맨(Wiseman)의 전위효과는 전쟁 등의 위기 시에 국민의 조세부담 증대에 대한 허용 수준이 높아지는 것을 의미한다. 즉, 위기 시에는 공적 지출이 사적 지출을 대신하게 된다는 논리이다.

④ 보몰병이론(공공재 과다공급)은 정부부문이 노동집약적인 성격을 띠고 있기 때문에 민간부문에 비해 생산성 증가가 더디며, 과도한 규모의 경제와는 반대로 고정비용보다 변동비용이 더 많은 비중을 차지하여 비용절감이 힘들고 생산비용이 빨리 증가하므로 정부지출의 규모가 점차 커질 수밖에 없다는 것이다.

02 동기부여이론 정답 ④

앨더퍼(C. Alderfer)의 ERG이론은 머슬로(A. Maslow)의 5단계 욕구계층설을 수정하여 인간의 욕구를 존재, 관계, 성장의 3단계로 나눈다. 욕구를 계층화한 점은 공통점이다.

(선지분석)

① 욕구계층이론은 내용이론이다.

② 성취동기이론에서는 개인의 행동을 동기화하는 욕구는 사회문화적으로 학습되는 것으로 개인마다 욕구 계층에 차이가 있다고 본다.

③ 동기부여이론은 일반적으로 내용이론과 과정이론으로 분류된다.

03 넛지(Nudge) 이론 정답 ③

넛지는 행동경제학이 발견한 인간의 행동 메커니즘을 정책에 응용한 것이다. 넛지 방식으로 정책을 설계하는 것을 선택설계라고 한다. 바람직한 결과를 위한 선택설계가 필요하다고 주장한다.

(선지분석)

① 자유주의적 개입주의 원리는 맞지만, 시장기반의 경제적 인센티브 수단을 선호하는 것은 신공공관리론이다.

② 반대이다. 신고전파 경제학이 연역적 분석을 지향하고, 넛지 이론은 행동경제학에 기반하여 실험을 통한 귀납적 분석을 지향한다.

④ 전통적 시장실패에서는 외부효과, 즉 제3자에게 긍정적·부정적 파급효과를 창출하는 것을 시장실패의 핵심요인으로 보지만 행동경제학에서는 휴리스틱과 행동 편향에 따른 영향이 개인의 의사결정과 선택에 영향을 미쳐 자신의 후생손실을 초래하는 내부효과가 행동적 시장실패의 핵심요소이다.

신공공관리론과 넛지 이론 비교

구분	신공공관리론	넛지 이론
이론의 학문적 토대	신고전학파 경제학, 공공선택론	행동경제학
합리성	완전한 합리성, 경제학 합리성	제한된 합리성, 생태적 합리성
정부 역할의 이념적 기초	신자유주의, 시장주의	자유주의적 개입주의 (넛지를 통한 정책은 강제적이지 않고 정책 대상자에게 선택의 자유를 보장함)
정부 역할의 근거와 한계	시장실패와 제도실패, 정부실패	행동적 시장실패와 정부실패
공무원상	정치적 기업가	선택설계자
정부 정책의 목표	고객주의, 개인의 이익 증진	행동 변화를 통한 삶의 질 제고
정책 수단	경제적 인센티브	넛지
정부개혁 모델	기업가적 정부	넛지 정부

04 합리적 선택 신제도주의   정답 ①

합리적 선택 신제도주의는 전통적 합리적 선택이론과는 달리 현실에서 효용극대화를 추구하는 인간은 불완전 정보를 지니며, 제한된 합리성과 거래비용이 존재하는 상황을 전제한다.

(선지분석)

② 합리적 선택 신제도주의는 인간은 다양한 제도적 제약하에서 행동한다는 점을 인정하고 제도가 개인의 합리적 선택에 미치는 영향에 초점을 둔다.

③ 합리적 선택 신제도주의는 경제학에 이론적 배경을 두고 있다.

④ 합리적 선택 신제도주의는 행위자들이 집합적으로 더 나은 결과를 낳는 행동이나 대안을 선택하지 않는 이유는 적절한 제도적 메커니즘이 존재하지 않기 때문이라고 보아, 집단행동의 딜레마를 해결하기 위한 방편으로 의도적인 제도 설계를 강조한다.

05 「전자정부법」   정답 ①

ㄱ은 정보자원, ㄴ은 정보통신망이다.

> 「전자정부법」 제2조【정의】이 법에서 사용하는 용어의 뜻은 다음과 같다.
> 1. "정보통신망"이란 「전기통신기본법」 제2조 제2호에 따른 전기통신설비를 활용하거나 전기통신설비와 컴퓨터 및 컴퓨터 이용기술을 활용하여 정보를 수집·가공·저장·검색·송신 또는 수신하는 정보통신체제를 말한다.
> 2. "정보자원"이란 행정기관 등이 보유하고 있는 행정정보, 전자적 수단에 의하여 행정정보의 수집·가공·검색을 하기 쉽게 구축한 정보시스템, 정보시스템의 구축에 적용되는 정보기술, 정보화예산 및 정보화인력 등을 말한다.
> 3. "정보기술아키텍처"란 일정한 기준과 절차에 따라 업무, 응용, 데이터, 기술, 보안 등 조직 전체의 구성요소들을 통합적으로 분석한 뒤 이들 간의 관계를 구조적으로 정리한 체제 및 이를 바탕으로 정보화 등을 통하여 구성요소들을 최적화하기 위한 방법을 말한다.
> 4. "정보시스템 감리"란 감리발주자 및 피감리인의 이해관계로부터 독립된 자가 정보시스템의 효율성을 향상시키고 안전성을 확보하기 위하여 제3자의 관점에서 정보시스템의 구축 및 운영 등에 관한 사항을 종합적으로 점검하고 문제점을 개선하도록 하는 것을 말한다.

06 거래비용이론   정답 ②

거래에 수반되는 불확실성이 높을수록, 거래대상의 자산을 다른 거래로 전용할 수 없을수록(전속성이 높을수록) 거래비용이 증가한다. 자산의 전속성(asset specificity)이란 어떤 자산이 특정한 거래관계에 고착된 정도를 의미한다.

(선지분석)

① 거래비용이론은 대조직이나 계서제적 조직구조의 출현 원인을 거래비용의 최소화에서 찾고 있다.

③ 시장을 통한 계약관계의 형성 및 집행에서 발생하는 거래비용과 계층제적 조직이 될 경우의 내부관리비용을 비교하여 거래비용이 관리비용보다 클 경우 수직적 통합(vertical integration), 즉 계층제적 조직이 형성된다고 보았다. 반대로 거래비용이 작을 경우에는 거래를 외부화시킨다.

④ 거래비용의 발생요인 중 인간적 요인에는 사이먼(Simon)의 제한된 합리성, 기회주의적 행동 등이 있다.

07 균형성과관리(BSC)   정답 ④

균형성과관리(BSC)에서 학습과 성장 관점은 일반적으로 나머지 다른 세 관점(재무적 관점, 고객 관점, 프로세스 관점)을 토대로 하는 가장 하부적인 관점에 속한다.

(선지분석)

① 하버드 대학의 교수인 카플란과 노튼(Kaplan & Norton)에 의해서 제시된 BSC는 재무적 관점과 비재무적 관점의 균형을 강조한다.

② 재무적 관점이란 공공서비스를 제공할 수 있는 재정자원을 확보해야 한다는 측면에서 공공부문에서는 제약조건에 해당하는 지표이다.

③ BSC의 성과관리에 있어서 과정과 결과의 균형을 강조한다.

08 직위분류제   정답 ④

직무기술서를 먼저 작성하고 이에 따라 직군, 직렬을 결정한 다음 직무평가를 통해 직급, 등급을 결정한다.

(선지분석)

① 개방형과 직위분류제는 친화적이다.

② 「국가공무원법」은 직위분류제의 여러 개념을 규정하고 있다.

③ 과학적 관리론은 미국의 직위분류제 발달에 영향을 미쳤다.

09 경로 – 목표모형   정답 ①

부하의 특성과 작업환경이 상황변수이다. 구성원의 직무만족도와 근무성과는 결과변수이다.

(선지분석)

② 참여적 리더십은 비구조화된 과업 수행 시 부하가 과업목표, 계획, 절차, 방법 등에 관한 의사결정에 참여함으로써 기대 및 직무수행동기를 높이는 유형이다.

③ 기대성, 수단성, 유의성을 매개변수로 본다.

④ 목표에 이르는 다양한 경로(수단)의 상대적 유용성에 따라 효율성이 달라진다고 본다.

하우스와 에반스(House & Evans)의 4가지 리더십 유형

지시적 리더십	부하들의 역할모호성이 높은 상황(비구조화된 업무 상황)에서 부하의 활동을 계획, 통제, 조정함
지원적 리더십	부하가 스트레스를 많이 받거나, 단조로운 업무를 수행하는 상황(구조화된 업무상황)에서 작업환경의 부정적 측면을 최소화시킴으로써 부하가 업무를 원활하게 수행할 수 있도록 함
성취 지향적 리더십	부하가 비구조화된 과업을 수행 시 부하에게 도전적인 목표를 설정해주고, 부하에게 높은 성과를 달성할 수 있다는 리더의 확신을 보여주어 부하가 목표달성을 추구하는 데 자신감을 갖게 함
참여적 리더십	비구조화된 과업수행 시 부하가 과업목표, 계획, 절차, 방법 등에 관한 의사결정에 참여함으로써 기대 및 직무수행동기를 높임

원인변수	상황변수	매개변수	결과변수
• 지시적 리더십 • 지원적 리더십 • 참여적 리더십 • 성취적 리더십	• 부하의 특성 • 과업환경	• 기대감 • 수단성 • 유의성	• 구성원의 만족도 • 근무성과

10 공무원 징계 및 소청제도   정답 ①

재직기간이 5년 미만인 공무원이 파면된 경우 퇴직 급여액의 1/4이 감액되며, 5년 이상인 경우 1/2이 감액된다.

(선지분석)

② 원칙은 3년이지만 예외적으로 5년 또는 10년인 경우도 있다.
③ 근무성적평정 결과나 승진탈락 등은 소청대상이 되지 않는다.
④ 지방자치단체 소속 공무원이 지방소청심사위원회의 결정에 불복하는 경우 행정소송을 제기할 수 있다.

11 행정 PR(public relations)   정답 ④

행정 PR에 있어 국민은 알 권리가 있으며, 정부는 이를 알려 주어야 할 의무가 있다.

행정 PR(public relations)의 특징

㉠ 수평성: 정부와 국민이 대등한 수평적 지위에서 상호이해와 자주적 협조가 이루어져야 함
㉡ 교류성·쌍방향성: 민의를 듣고 이를 정책에 반영시키는 공청기능과 정책홍보 등을 통해 국민에게 알리는 공보기능이 상호적으로 이루어져야 함
㉢ 의무성: 행정 PR에 있어 국민은 알 권리가 있으며, 정부는 이를 알려 주어야 할 의무가 있음
㉣ 객관성: 정부는 사실이나 정보를 진실하게 객관적으로 알려 국민이 이를 정확하고 올바르게 판단하도록 해야 함
㉤ 교육성: 행정 PR은 국민에 대해서 계몽적 교육의 성격을 지님

12 공공선택론적 접근방법   정답 ④

ㄹ. 공공선택론적 접근방법은 경제학적 접근에 토대를 두고 있다. 따라서 정부의 역할을 강조하기 보다는 시장 원리의 적용을 강조한다.
ㅂ. 전통적인 관료제는 독점이므로 시민의 선호나 요구에 민감하게 반응하지 못했다고 본다.

(선지분석)

ㄱ. 공공선택론은 개인의 행동을 기본적 분석단위로 하여 정치·경제 및 행정현상을 분석하려 한다.
ㄴ. 공공선택론은 '비시장적 의사결정(non-market decision-making)에 대한 경제학적 연구 또는 정치학에 경제학을 응용하는 것'이라 정의하고 있다.
ㄷ. 공공선택론에 있어서 개인이란 합리적·이기적인 존재이며, 자기의 효용극대화를 목표로 한다.
ㅁ. 공공선택론은 행위자들의 합리적·이기적 선택행위에 관한 연역적 추론을 통하여 일관성을 지닌 이론을 구축하려는 연역이론이다.

13 합리모형(총체주의)   정답 ④

합리모형(총체주의)은 형평성이 아니라 효율성에 의한 재정배분을 중시한다.

(선지분석)

① 루이스(Lewis)는 예산배분결정에 경제학적 접근법을 적용함으로써, '상대적 가치', '증분분석', '상대적 효과성'이라는 세 가지 분석명제를 제시하였다.
② 합리주의모형은 달성할 목표를 명확히 하고, 비용·편익분석, 체제분석 등의 과학적 분석기법을 활용하여 목표를 달성하기 위한 수단을 체계적으로 분석하여 합리적인 대안을 선택한다.
③ 계획예산제도(PPBS)와 영기준예산제도(ZBB)는 합리주의 접근을 적용한 대표적인 예산제도이다.

14 예비타당성조사   정답 ②

「국가재정법 시행령」 제13조의2에 규정되어 있다.

> 「국가재정법 시행령」 제13조의2 【예비타당성조사의 면제 절차】 기획재정부장관은 제1항에 따른 예비타당성조사 면제요구서를 제출받은 경우 법 제38조 제2항 각 호의 어느 하나에 해당하는 사업에 대해서는 관계 전문가의 자문을 거쳐 예비타당성조사 면제 여부를 결정하고 소관 중앙관서의 장에게 그 결과를 통보하여야 한다. 다만, 국가기밀과 관계된 사업의 경우에는 관계 전문가의 자문을 거치지 아니할 수 있다.

(선지분석)

①「국가재정법」 제38조 제1항에 규정되어 있다.
③「국가재정법」 제38조 제4항에 규정되어 있다.
④「국가재정법」 제38조의3에 규정되어 있다.

15 예산집행의 신축성 보장 수단   정답 ④

예산의 이체는 정부조직 등에 관한 법령의 제정·개정 또는 폐지로 인하여 중앙관서의 직무와 권한에 변동이 있을 때 이루어지는 것으로, 국회의 승인을 필요로 하지 않는다.

(선지분석)
① 예비비의 개념으로 옳은 지문이다.
② 사고이월은 사전의결의 예외이며, 사고이월은 재이월이 불가하다.
③ 입법과목 간의 융통은 이용이고, 행정과목 간의 융통은 전용이다.

16 조직발전   정답 ①

조직발전은 구성원들의 행태를 계획적·의도적으로 변화시켜 궁극적으로는 조직 전체의 변화를 추구하려는 개입방법이다.

(선지분석)
② 조직발전은 과정지향적이나 최고관리층의 적극적인 지지하에 추진되는 하향적 접근방법이다.
③ 조직발전은 행태과학적 전문가인 외부인사가 참여한다.
④ 조직발전은 구조, 형태, 기능이 아니라 구성원의 행태를 변화시켜 조직의 환경변화에 대한 대응력과 문제해결능력을 향상시키는 것을 목표로 한다.

17 적극행정   정답 ③

각 중앙행정기관은 적극행정위원회를 두어야 하며, 위원장은 차관급 공무원 또는 민간위원 중에서 중앙행정기관의 장이 지정한다.

(선지분석)
① 「적극행정 운영규정」의 적극행정의 정의이다.
② 「적극행정 운영규정」 제17조의 내용으로, 옳은 지문이다.
④ 중앙부처는 공무원 복무 주무부처인 인사혁신처가, 지방자치단체는 지방자치 주무부처인 행정안전부가 적극행정 총괄 및 제도운영을 각각 담당한다.

18 보편적 서비스 정책의 지향   정답 ②

②의 내용은 요금의 저렴성(affordability)에 대한 것이다. 활용가능성 (usability: the access device)은 다양한 목적을 위해 정보를 생산하고 소비하기를 원하는 사람들 중 장비의 부적절성 또는 개인적 장애 때문에 배제되지 않도록 성능이 우수하고 유연성을 가진 쌍방향성 기기와 인터페이스를 고안하여야 한다는 것이다.

📄 **보편적 서비스 정책의 내용**

접근성	장소, 소득, 신체조건 등에 상관없이 접근 가능
활용 가능성	누구든지 활용 가능(시각 장애인)
훈련과 지원	교육으로 인터넷 활용 능력 배양
유의미한 목적성	개인적·사회적 의미가 있어야 함
요금의 저렴성	경제적 이유로 인한 이용 배제 방지

19 지방자치단체 상호 간 분쟁   정답 ③

A광역시 b자치구와 D광역시 c군의 분쟁은 행정안전부 소속의 중앙분쟁조정위원회가 조정한다. 동일 광역 내 기초 간의 분쟁만 지방분쟁조정위원회가 담당한다.

(선지분석)
① 동일 광역 내 기초 간의 분쟁만 지방분쟁조정위원회가 담당하며, 나머지는 중앙분쟁조정위원회가 담당한다.
② 조정결정사항이 성실히 이행되지 아니한 때에는 당해 지방자치단체에 대하여 직무상 이행명령과 대집행을 행할 수 있다(실질적 구속력이 있음).
④ 지방자치단체 상호 간 분쟁이 발생하면 당사자 쌍방 또는 일방의 신청에 의하여 조정이 가능하지만, 분쟁이 공익을 현저히 저해하여 조속한 조정이 필요한 경우, 직권 조정도 가능하다.

20 조례와 규칙   정답 ④

조례는 지방의회가 제정하는 법이므로 집행기관에 위임한 기관위임사무에 대해서는 규정할 수 없다.

(선지분석)
① 「지방자치법」상 조례안이 지방의회에서 의결되면 의장은 의결된 날부터 5일 이내에 그 지방자치단체의 장에게 이를 이송하여야 한다.
② 「지방자치법」상 지방자치단체는 법령의 범위 안에서 그 사무에 관하여 조례를 제정할 수 있다. 다만, 주민의 권리 제한 또는 의무 부과에 관한 사항이나 벌칙을 정할 때에는 법률의 위임이 있어야 한다.
③ 법령과 상급자치단체의 조례와 규칙을 위반할 수 없다.

p. 13

▶ 정답

01	②	PART 1	06	②	PART 2	11	②	PART 5	16	①	PART 3
02	③	PART 1	07	④	PART 2	12	③	PART 4	17	②	PART 2
03	③	PART 1	08	①	PART 3	13	③	PART 5	18	④	PART 3
04	④	PART 2	09	③	PART 1	14	③	PART 5	19	②	PART 7
05	②	PART 2	10	③	PART 4	15	④	PART 5	20	③	PART 7

▶ 취약 단원 분석표

단원	맞힌 답의 개수
PART 1	/ 4
PART 2	/ 5
PART 3	/ 3
PART 4	/ 2
PART 5	/ 4
PART 6	/ 0
PART 7	/ 2
TOTAL	/ 20

PART 1 행정학 총설 / PART 2 정책학 / PART 3 행정조직론 / PART 4 인사행정론 / PART 5 재무행정론 / PART 6 지식정보화 사회와 환류론 / PART 7 지방행정론

---

01 신공공서비스 정답 ②

ㄴ. 신공공서비스는 재량이 필요하지만 제약과 책임이 수반된다.
ㄷ. 신공공서비스는 리더십을 공유하는 협동적 조직구조를 기대한다.

(선지분석)

ㄱ. 기업주의 가치나 기업가 정신은 신공공서비스론이 아니라 신공공관리론의 이념적 가치이다. 신공공서비스론은 시민정신을 추구한다.
ㄹ. 민간기관 및 비영리기구를 활용하는 것은 신공공관리론의 조직형태이다.
ㅁ. 조직 내 주요 통제권이 유보된 분권화된 조직은 신공공관리론의 조직형태이다.
ㅂ. 신공공서비스론은 정부의 역할을 '시민들에게 힘을 실어주고 봉사하는 것'으로 본다.

---

02 공공가치관리론 정답 ③

관리자의 역할을 동의하는 성과목표를 정의하고 달성하는 것으로 보는 것은 신공공관리론이다. 공공가치관리론은 관리자의 역할을 숙의 절차와 전달 네트워크를 운영·조성하고 전체 시스템의 역량 유지에 기여하는 것으로 본다.

(선지분석)

① 신공공관리론이 야기한 행정의 정당성 위기, 즉 행정의 공공성 약화를 극복하기 위한 대안적인 패러다임으로 등장한 것이 공공가치관리론이다.
② 공공가치의 창출과 공공관리자의 거시적인 전략적 사고를 강조한 무어의 공공가치창출론과 공공가치의 실재론에 기초하여 공공가치실패를 강조하는 보우즈만의 접근법이 있다.
④ 신공공관리론이 개인 선호의 집합을 공익으로 보는 반면, 공공가치관리론은 숙의를 거친 공공의 선호를 공익으로 본다.

📄 전통적 공공행정론, 신공공관리론, 공공가치관리론 비교

구분	전통적 공공행정론	신공공관리론	공공가치관리론
공익	정치인이나 전문가가 정의	개인 선호의 집합	숙의를 거친 공공의 선호
성과목표	정치적으로 정의	효율성 (고객 대응성과 경제성 보장)	공공가치 달성 (서비스 제공, 만족, 사회적 결과, 신뢰 및 정당성)
책임성 확보	정치인에 대한 책임, 정치인을 통한 의회에 대한 책임	성과계약을 통한 상위 기관에 대한 책임, 시장 메커니즘을 통한 고객에 대한 책임	다원적 차원 (정부 감시자로서 시민, 사용자로서의 고객, 납세자)
서비스 전달체계	계층조직, 자율규제하는 전문직	민간조직, 책임행정기관	대안적 전달체계를 실용적으로 선택 (공공부문, 공공기관, 책임행정기관, 민간 기업, 공동체조직)
관리자의 역할	규칙과 적합한 절차의 준수를 보장	동의하는 성과목표를 정의하고 달성	숙의 절차와 전달 네트워크를 운영·조성하고 전체 시스템의 역량 유지에 기여
공공 서비스 정신	공공부문이 독점	공공서비스 정신에 대해 회의적	공공서비스 정신 독점보다는 공유한 가치를 통한 관계 유지가 중요
민주적 과정의 기여	책임성의 전달 (선거를 통한 조직 리더 선출 경쟁으로 책임성 확보)	목표의 전달 (목표의 형성 및 성과 점검으로 한정되고 관리자가 수단을 선택)	대화의 형성과 전달 (지속적인 민주적 소통 과정이 필수적)
공공참여	투표, 선출직 정치인에 대한 압박으로 제한	고객만족도조사 등을 제한적으로 허용	다원적(소비자, 시민, 이해관계자 등) 참여 보장

03 사회자본(social capital) 정답 ③

옳은 것은 3개(ㄱ, ㄴ, ㄹ)이다.
ㄱ. 사회자본은 개인·집단 간 상호관계에서의 신뢰·규범·네트워크(공동체·연계망)이다.
ㄴ. 사회자본은 거래비용 감소와 협력 증진을 통한 국력과 국가경쟁력의 실체로, 경제 주체들 사이의 경제운영비용·정보획득비용 등 거래비용을 감소시킨다.
ㄹ. 사회자본은 지나친 집단결속성으로 인해 다른 집단에 대해 배타성을 가질 수도 있다.

(선지분석)
ㄷ. 사회자본은 단기간에 형성되기 힘들다.

04 무의사결정론 정답 ④

무의사결정은 정책과정 곳곳에서 일어난다고 바흐라흐(Bachrach)와 바라츠(Baratz)는 주장하였다.

(선지분석)
① 무의사결정이란 기득권 세력의 특권이나 이익 그리고 가치관이나 신념에 대한 잠재적 또는 현재적 도전을 좌절시키려는 것을 의미한다.
② 지배엘리트의 가치나 이해에 잠재적인 도전이 될 수 있는 이슈에 대하여 그것이 일반대중의 관심을 받기 전에 은밀하게 억압한다.
③ 바흐라흐(Bachrach)와 바라츠(Baratz)는 『권력의 두 얼굴』이라는 저서에서 정치권력의 양면성이론을 주장하였다. 정치권력은 정책문제를 해결하기 위하여 형성되는 권력과 정책의제설정 과정에서 갈등을 억압하고, 갈등이 정치 과정에 진입하는 것을 방지하는데 행사되는 보이지 않는 권력의 두 측면을 가지고 있다고 한다. 이 중에서 두 번째 권력이 무의사결정이며, 달(R. Dahl)이 간과한 부분이다.

05 정책수단유형 정답 ②

경제적 규제는 정부가 가격이나 영업활동 규제를 통하여 민간의 본원적 경제활동에 직접 개입하므로 직접성이 높다. 반면 사회적 규제는 민간의 본원적 활동에 직접 개입하는 것이 아니고 경제활동에 부수적인 환경, 안전 등을 규제하므로 직접성이 중간 수준이다.

(선지분석)
①, ③, ④ 살라몬(Salamon)의 분류에 따르면 직접수단에는 직접대부, 경제적 규제, 공공정보, 공기업, 정부소비가 포함된다.

06 의사결정모형 정답 ②

린드블롬(Lindblom)은 실제 정책이 점증적으로 결정될 뿐만 아니라 점증적인 결정이 바람직하다고 주장했다. 즉, 점증모형이 이상적인 동시에 현실적이라고 주장한다.

(선지분석)
① 정치적 합리성을 추구하는 것은 점증모형이다. 만족모형은 제한된 합리성을 가정한다.
③ 만족모형은 몇 개의 대안을 순차적으로 검토하는 것이지 병렬적으로 검토하지 않는다.
④ 점증모형은 제한된 합리성 및 정치적 합리성을 추구한다. 절대적 합리성 및 경제학 합리성을 추구하는 것은 합리모형이다.

07 킹던(Kingdon)의 '정책의 창'모형 정답 ④

'정책의 창'은 정책의 흐름이 아닌 정치의 흐름(정치의 흐름 중 정권교체)에 의하여 최종적으로 열리는 경우가 가장 많다.

(선지분석)
① 정책의 창은 예측할 수 없는 사건에 의해서 열리기도 하므로 정책주창자들은 선호하는 내용의 정책대안을 미리 준비하고 이를 관철시킬 문제의 발생을 노린다.
②, ③ 정책기업가(선도자)는 각 흐름을 결합하여 정책의 창을 열리게 해서 정책변동을 유도하는 적극적인 존재로서, 정치인, 전문가, 관료 등 누구라도 될 수 있다.

08 조직구조의 상황변수 정답 ①

직무가 표준화되어 있는 정도는 조직구조의 기본변수인 공식화이다. 조직기술은 상황변수로서 투입을 산출로 전환시키는 작업방법을 말한다.

(선지분석)
② 조직기술의 수준은 조직수준의 기술, 부서수준의 기술, 개인수준의 기술로 나눌 수 있는데, 세 가지 수준의 기술이 상호 연관되어 조직의 생산을 수행한다.
③ 대량생산기술은 관료제적 조직구조의 특성을 갖는 기계적 구조로, 공식화·표준화된 절차나 규칙에 따라 관리한다.
④ 톰슨(Thompson)에 따르면, 중개형 기술은 집합적 의존관계로 부서 간 상호의존성이 가장 낮다.

09 신행정학 정답 ③

신행정론은 엄격한 실증주의에 대한 비판 위에서 인간주의 심리학, 현상학 등에 바탕을 두고 현실문제를 해결하려 한다.

선지분석
① 사회·경제적으로 불리한 위치에 있는 계층을 위하여 보다 우선적 배려를 통한 사회적 형평을 행정이념으로 제시한다.
② 1960년대 월남전과 흑인폭동 등 다양한 사회문제에 대해 기존의 행태주의에 입각한 사실 중심의(가치문제가 배제된) 사회과학이 문제해결 능력을 상실함에 따라, 행태주의에 대한 비판과 함께 행정학에서 학문적 방향 전환이 요구되었다.
④ 신행정학은 행정권의 종국적 근원을 시민으로 보고, 고객의 참여를 강조한다.

---

10 특정직공무원과 별정직공무원 정답 ③

국립대 교수는 교육공무원으로 특정직공무원, 국회 수석전문위원은 별정직공무원이다.

선지분석
① 경찰청 차장은 특정직공무원, 대통령 경호처장은 정무직공무원이다.
② 검사와 국가정보원 직원은 특정직공무원이다.
④ 헌법연구관은 특정직공무원, 감사원 사무총장은 정무직공무원이다.

---

11 총액인건비제 정답 ②

ㄴ만 옳지 않다.
ㄱ. 총액인건비제는 중앙예산기관(기획재정부)과 조직관리기관(행정안전부)이 총정원과 인건비 예산의 총액만을 정해주면, 각 부처는 그 범위 안에서 재량권을 발휘하여 인력 운영 및 기구설치에 대한 자율성과 책임성을 보장받는 제도이다.
ㄷ. 총액인건비제를 시행하는 기관은 의도적 절감 노력으로 확보한 총액인건비 재원을 성과상여금 및 성과연봉 등에 활용할 수 있다.

선지분석
ㄴ. 총액인건비제도는 총액인건비 범위 내에서는 인사 운영의 자율성을 부여하기 위한 제도로, 민주적 통제보다는 기구·인력·예산·정원 운영상 자율성을 부여하여 자율과 성과·책임을 조화시키려는 인사제도이다.

---

12 직위분류제 정답 ③

직위분류제는 합리적이지만 직무변화 상황에 신속히 대처할 수 있는 탄력성이 없는 제도이다. 조직 내 직무의 변화 상황에 신속히 대처할 수 있는 것은 융통성을 갖는 계급제의 장점이다.

선지분석
① 직위분류제는 각 직위에 내포된 직무의 종류와 곤란도·책임도를 기준으로 하여 직류·직렬·직군별과 직급·등급별로 공직을 분류한다.
② 직위분류제는 특정 직위의 직무수행능력에 관한 인물적합성을 최우선으로 하므로, 장기적인 발전성보다는 단기적 합리성을 확보한다.

④ 직위분류제는 동일 직무에 대한 동일 보수 제공을 원칙으로 하는 직무급체계를 확립하는 것이 용이하다.

📄 계급제와 직위분류제의 비교

구분	계급제	직위분류제
의의	공무원이 가지는 개인적 특성(학력, 경력, 자격 등)을 기준으로 유사한 개인적 특성을 가진 공무원을 하나의 범주나 집단으로 구분하여 계급을 형성하고, 동일 계급 내에서는 어느 자리로나 이동할 수 있도록 한 제도	다수의 직위를 각 지위에 내포되는 직무의 종류와 곤란성·책임도를 기준으로 직급별·직렬별·직군별·등급별로 분류하여, 동일 직렬 내에서만 인사이동할 수 있게 하는 제도
유용성	• 직업공무원제의 발전 촉진 • 인사배치의 신축성 • 넓은 시야를 가진 유능한 인재 채용 • 행정조정 원활화 • 신분보장의 강화	• 보수 결정의 합리적 기준 제시 • 적임자 임용·인사배치의 합리적 기준 제시 • 훈련 수요의 명확화 • 근무성적평정의 기준 제시 • 권한·책임한계의 명확화 • 행정의 전문화·분업화 촉진 • 예산의 효율성과 행정의 통제 • 계급의식이나 위화감 해소 • 정원관리·사무관리의 개선
한계	• 직무급 체계 확립 곤란 • 관료주의화 우려 • 행정의 전문성 저하 • 비합리적 인사관리로 인한 능률 저하 • 계급 간 갈등 소지	• 유능한 일반행정가 양성 곤란 • 인사배치의 신축성 제한 • 공무원의 장기적 능력발전에 소홀 • 신분보장의 위협 • 업무협조·조정 곤란 • 소속감 결여 • 정부 업무의 객관적 분류 곤란

---

13 프로그램예산제도 정답 ③

프로그램별로 예산이 배정되고 이를 공개하므로 국민이 예산사업을 쉽게 이해할 수 있다는 장점이 있다.

선지분석
① 프로그램예산제도는 '프로그램(사업)을 중심으로 예산을 편성하는 제도'이다. 여기서 프로그램이란 동일한 정책을 수행하는 단위사업(activity/project)의 묶음을 말한다.
② 우리나라 프로그램 예산제도는 중앙정부는 2007년, 지방정부는 2008년부터 공식적으로 도입되었다.
④ 프로그램예산(program budget)은 기존의 품목별(항목별) 분류체계를 탈피하여 성과를 지향하는 프로그램 중심으로 예산을 분류·운영하는 것이라고 할 수 있다.

📄 프로그램예산제도 도입의 효과

㉠ 성과·자율·책임 중심의 재정 운영
㉡ 총체적 재정배분 내용의 파악
㉢ 재정집행의 투명성·효율성의 제고
㉣ 중앙정부와 지방정부 예산의 연계
㉤ 예산사업 이해의 용이성

14 정부기업 정답 ③

정부기업은 법인격이 부여되지 않는다.

선지분석
① 정부기업예산은 국회의 예산심의를 거쳐야 하는 특별회계이다.
② 정부기업은 「정부기업예산법」이 적용되고 특별회계로 운용된다.
④ 정부기업 소속 직원은 공무원이며, 임용방법과 근무조건 등은 일반공무원과 동일하다.

15 예산제도 정답 ④

품목별예산제도는 지출대상인 투입 중심으로 예산을 편성하기 때문에 산출을 알 수 없다는 단점이 있다.

선지분석
① 계획예산제도(PPBS: Planning & Programming Budgeting System)란 장기적인 계획(planning)과 단기적인 예산편성(budgeting)을 프로그램 작성(programming)을 통해 유기적으로 연계함으로써 의사결정과 자원배분의 합리성을 이룩하고자 하는 예산제도이다.
② 영기준예산제도(ZBB: Zero-Base Budget)란 과거의 관행을 전혀 참조하지 않고(zero base 상태에서) 목적과 방법·자원에 대한 근본적인 재평가를 바탕으로 각 사업과 계획에 대한 우선순위를 부여하고, 우선순위가 높은 사업과 활동을 선택하여 예산을 편성하는 제도를 말한다.
③ 목표관리예산제도(MBO)는 참여를 통해서 목표를 설정하고, 이를 예산편성과 연계하는 제도이다.

16 셍게(Senge)의 학습조직 정답 ①

집단적 사고(collective thinking)는 셍게(Senge)가 주장하는 학습조직의 구성요소가 아니다.

📋 **학습조직의 다섯 가지 수련 - 셍게(Senge)**

자기완성 (personal mastery)	각 개인은 원하는 결과를 창출할 수 있는 자기역량의 확대 방법을 학습해야 함
사고의 틀 (mental models)	세계를 보는 관점으로서 세상에 관한 사람들의 생각과 관점, 그것이 자신의 선택과 행동에 어떤 영향을 미치는지에 대해 끊임없이 성찰하고 다듬어야 함
공동의 비전 (shared vision)	조직 구성원들이 공동으로 추구하는 목표와 원칙에 관한 공감대를 형성하는 것으로, 이를 위해 공유된 리더십과 참여가 필요함
집단적 학습 (team learning)	구성원들이 진정한 대화와 집단적인 사고의 과정을 통해 개인적 능력의 합계를 능가하는 지혜와 능력을 구축할 수 있게 팀 역량을 구축·개발하는 것
시스템 중심의 사고 (systems thinking)	체제를 구성하는 여러 연관요인들을 통합적인 이론체계 또는 실천체계로 융합시키는 능력을 키우는 통합적 훈련

17 숙의민주주의 정답 ②

숙의민주주의는 실현가능한 방법론의 불명확성(방법론의 미비)이 단점으로 지적된다.

📋 **숙의민주주의**

⊙ 숙의민주주의의 개념과 장단점

개념	숙의(deliberation)가 의사결정의 중심이 되는 민주주의의 형식
국민(주민)의 역할	정책결정에 실질적으로 영향을 미치는 국민(주민)의 대표 또는 일반국민(주민)이 숙의적 토론 과정을 거쳐 정책을 결정
방법	시민들이 대등한 정책결정자로 정책결정 테이블에 참여
장단점	• 장점: 공공선의 추구 가능, 대의민주주의-직접민주주의 방식을 구분하지 않고 적용 가능 • 단점: 실현가능한 방법론의 불명확성(방법론의 미비)

ⓒ 다양한 숙의제도의 유형들

공론조사	• 대표성 있는 시민의 선발과 정보 제공에 기초한 토론 • 참여자들의 변화된 의견을 공공정책 결정에 반영
합의회의	• 시민들이 전문가에게 질의하고 의견청취 • 의견교환과 심의를 통해 일치된 의견 도출
시민회의	• 공공정책 결정 과정에 시민이 참여하여 결론 도출 • 시민회의의 결정을 의회 동의를 얻어 입법화
주민배심	• 대표 시민들이 정책 질의 및 심의 과정에 참여 • 정책 권고안 제시

18 관료제 병리현상 정답 ④

관료제의 병리현상인 동조과잉(목표의 전환, 대치)에 대한 옳은 설명이다.

선지분석
① 번문욕례 현상은 문서를 중시하는 형식주의와 관련이 있다. 파킨슨 법칙은 관료제국주의와 관련이 있다.
② 훈련된 무능은 관료가 제한된 분야에서 전문성은 있으나 새로운 상황에서 적응력과 업무능력이 떨어지는 현상이다. 형식주의는 문서를 중시하는 번문욕례 현상이다.
③ 권력구조의 이원화는 상사의 계서적 권한과 부하의 전문적 권력의 충돌이 발생하는 것을 말한다.

19 신중앙집권화와 신지방분권화 정답 ②

국민적 최저수준을 유지하기 위해 중앙정부의 적극적인 관여가 필요해진 것은 신중앙집권의 촉진요인이다.

선지분석
① 신중앙집권화는 새로운 집권화에 의한 능률성과 지방자치에 의한 민주성의 조화를 추구한다.
③ 세계화와 신자유주의의 등장은 신지방분권화를 촉진시켰다.
④ 신중앙집권은 협력적, 기능적인 것을 특징으로 한다.

20 지방자치단체의 경계 및 명칭 변경 또는 폐치·분합 정답 ③

일반구, 읍·면·동의 명칭과 구역을 변경하거나 폐치·분합은 당해 자치단체의 조례로 정한다.

비교	광역시·특별시·도, 시·군·자치구	일반구, 읍·면·동
명칭·구역 변경	• 법률로 정하되 관할구역 경계 변경과 한자명칭 변경은 대통 령령으로 정함	당해 자치단체의 조례로 정하고, 그 결과를 특별시장·광역시장· 도지사에게 보고
폐치·분합	• 이 경우 주민투표를 실시한 경 우가 아니면, 관계 지방 의회의 의견을 들어야 함	행정안전부장관의 승인을 얻어 당해 자치단체의 조례로 정함
사무소 소재지 변경	당해 자치단체의 조례(당해 지방의회의 재적의원 과반수의 찬성 필 요)로 정함	

정답

p. 18

01	②	PART 4	**06**	④	PART 5	**11**	④	PART 4	**16**	②	PART 5
02	④	PART 1	**07**	③	PART 5	**12**	③	PART 4	**17**	③	PART 3
03	①	PART 4	**08**	②	PART 3	**13**	②	PART 5	**18**	④	PART 6
04	④	PART 2	**09**	④	PART 3	**14**	①	PART 3	**19**	④	PART 4
05	④	PART 3	**10**	③	PART 4	**15**	③	PART 5	**20**	③	PART 7

취약 단원 분석표

단원	맞힌 답의 개수
PART 1	/ 1
PART 2	/ 1
PART 3	/ 5
PART 4	/ 6
PART 5	/ 5
PART 6	/ 1
PART 7	/ 1
TOTAL	/ 20

PART 1 행정학 총설 / PART 2 정책학 / PART 3 행정조직론 / PART 4 인사행정론 / PART 5 재무행정론 / PART 6 지식정보화 사회와 환류론 / PART 7 지방행정론

---

01 역량기반 교육훈련 방식 정답 ②

역량기반 교육훈련 방식에 대한 설명으로 옳은 것은 ㄱ, ㄷ이다.

ㄱ. 멘토링은 멘토가 1:1로 멘티를 지도함으로써 핵심 인재의 육성과 지식 이전, 구성원들 간의 학습활동을 촉진할 수 있는 방법으로, 조직 내 업무 역량을 조기에 배양할 수 있다.

ㄷ. 액션러닝은 정책 현안에 대한 현장 방문, 사례조사와 성찰 미팅을 통해 문제 해결 능력을 함양하는 것으로, 교육생들이 실제 현장에서 부딪치는 현안 문제를 가지고 자율적 학습 또는 전문가의 지원을 받으며, 구체적인 문제 해결 방안을 모색한다.

(선지분석)

ㄴ. 역량분석(역량진단)으로 도출된 역량모델을 바탕으로 필요한 교육과정을 설계한다.

ㄹ. 역량군은 전체 구성원에게 적용되는 공통역량, 원활한 조직운영을 위한 관리역량, 전문적 직무수행을 위한 직무역량으로 구성된다.

📋 **교육훈련 방식**

멘토링	• 개인 간의 신뢰와 존중을 바탕으로 조직 내 발전과 학습이라는 공통 목표의 달성을 도모하고자 하는 상호 관계를 말함 • 조직 내에서 직무에 대한 많은 경험과 전문지식을 가지고 있는 멘토가 일대일 방식으로 멘티를 지도함으로써 조직 내 업무 역량을 조기에 배양시킬 수 있는 학습활동
학습조직	조직 내 모든 구성원의 학습과 개발을 촉진시키는 조직 형태로, 지식의 창출 및 공유와 상시적 관리 역량을 갖춘 조직
액션러닝	• 이론과 지식 전달 위주의 전통적인 강의식 집합식 교육의 한계를 극복하고 참여와 성과 중심의 교육훈련을 지향하는 대표적인 역량기반 교육훈련 방법의 하나 • 정책 현안에 대한 현장 방문, 사례조사와 성찰 미팅을 통해 문제 해결 능력을 함양하는 것으로 교육생들이 실제 현장에서 부딪치는 현안 문제를 가지고 자율적 학습 또는 전문가의 지원을 받으며 구체적인 문제 해결 방안을 모색함
워크아웃 프로그램	• 조직의 수직적 수평적 장벽을 제거하고 전 구성원의 자발적 참여에 의한 행정혁신, 관리자의 신속한 의사결정과 문제 해결을 도모하는 교육훈련 방식 • 1980년대 후반부터 미국 GE사의 전략적 인적자원 개발 프로그램으로 활용되었으며, 정부조직에서도 정책 현안에 대한 각종 워크숍의 운영을 통해 집단적 토론과 함께 문제 해결 방안을 모색하고 개별 공무원의 업무 역량을 제고하기 위한 목적에서 적극 활용되고 있음

---

02 불가능성 정리 정답 ④

행정국가하에서 이루어진 투표라는 민주적 절차에 의한 국민의 선호표시가 합리성 요건을 충족하지 못하여, 바람직한 집단적 선호를 표시하지 못한다는 것이다. 따라서 정부실패에 대한 논거를 제시한다.

📋 **애로우(Arrow)의 불가능성 정리**
- 합리적이면서 동시에 민주적·집단적 선택의 불가능

애로우(Arrow)는 합리성 조건을 만족하는 집단적 선호체계는 민주성 조건에 위배될 수밖에 없다는 '불가능성 정리(impossibility theorem)'를 주장하고 있다.

합리성 조건	• 파레토 최적: 모두가 A보다 B를 원하면 사회적 선택도 B가 되어야 함 • 선호의 완비성과 이행성: 개인은 어떠한 선호체계도 가질 수 있어야 되며, 그 선호체계는 합리적이어야 함 • 제3의 대안으로부터 독립성: 관련없는 선택 대상으로부터 영향을 받지 않고 결정되어야 함
민주성 조건 (비독재성)	합리적 조건을 갖추면 민주성 조건을 위배한다고 보아 민주적 정부는 합리적일 수 없다는 것

---

03 직무평가 방법 정답 ①

계량적 직무평가 방법에는 점수법과 요소비교법이 있으며, 그 중 등급별 평가기준표를 작성하여 평가하는 방법은 점수법이다.

(선지분석)

②, ③ 분류법과 서열법은 계량적 평가가 아니라 비계량적 평가이다.

④ 요소비교법은 요소별, 계량적 평가이긴 하지만 등급기준표가 없다.

04 정책분석 및 평가방법   정답 ④

준실험은 진실험과 달리 실험집단과 통제집단 간의 동질성을 확보하지 못한 상태에서 하는 실험이다.

(선지분석)
① 반대로 설명되어 있다. 비용효과분석은 비용편익분석과 달리 편익이 화폐적 단위로 측정될 수 없는 경우에 활용된다.
② 집행 도중에 이루어지는 평가로서 집행 관리와 전략의 수정 및 보완을 위한 평가는 과정평가이다.
③ 브레인스토밍, 정책델파이는 정량적·양적 방법이 아니라 직관·질적인 정성적 예측기법이다.

05 리더십 행동이론   정답 ④

행동이론(행태론)은 리더십을 타고난 자질이 아니라 특정 행태에 기인하므로 후천적인 훈련이나 노력을 통해 습득 가능하다고 본다.

(선지분석)
① 상황에 따라 리더십의 효과성이 달라진다는 시각은 상황론적 리더십이다.
② 리더십이론에서 업무의 특성과 리더십 스타일 사이의 관계에 초점을 두는 것은 상황론적 접근법이다.
③ 자질론은 어떤 속성이나 자질이 인간을 지도자로 만드느냐를 탐구하는 이론이다. 이 이론은 리더십은 위대한 인물의 출생과 더불어 타고난 것이며, 리더의 자질을 갖고 있는 사람은 어떤 상황에서든 지도자가 될 수 있다고 믿었다.

06 예산결산   정답 ④

결산은 위법 또는 부당한 지출이 지적되어도 그것을 무효로 하거나 취소하는 법적 효력이 없다.

(선지분석)
① 「국회법」 제127조의2에 따라 감사원의 직무 범위에 속하는 결산의 확인에 관한 사항 등에 대하여 감사를 요구할 수 있다.
② 결산은 한 회계연도에 있어 국가의 수입과 지출 실적을 확정적 계수로 표시하는 행위를 말한다.
③ 결산은 정부가 예산의 범위 내에서 재정활동을 했는지 확인한다. 또한 사업의 성과를 평가하여 차기의 예산편성에 환류하고, 재정·정책자료에 반영하도록 참고자료를 제공하는 기능을 한다.

07 실시간 예산운영모형   정답 ③

예산 균형 흐름에서 정치는 제약조건의 정치이다. 누가 예산을 결정하는가의 정치는 예산 과정 흐름에서 의사결정에서의 정치적 특성이다.

📄 **루빈(Rubin)의 실시간 예산운영모형**

흐름	개념	정치적 특징
세입 흐름에서 의사결정	누가 얼마만큼 부담할 것인가	설득의 정치
세출 흐름에서 의사결정	예산획득을 위한 경쟁과 예산배분에 관한 의사결정	선택의 정치
예산 균형 흐름에서 의사결정	예산 균형을 어떻게 정의할 것인지, 정부의 범위 및 역할에 대한 결정	제약조건의 정치
예산 집행 흐름에서 의사결정	예산 계획에 따른 집행과 수정 및 일탈의 허용범위에 관한 문제로서 기술적 성격이 강함	책임성의 정치
예산 과정 흐름에서 의사결정	어떻게 예산을 결정하는가	누가 예산을 결정하는가의 정치

08 거시조직이론   정답 ②

자원의존이론은 자발론으로, 조직이 환경에 적극적이지만 분석 수준은 개별조직 차원이다.

(선지분석)
① 조직군생태론은 결정론이므로, 조직이 환경에 수동적이며, 분석수준은 조직군 수준이다.
③ 조직경제학은 결정론이므로, 조직이 환경에 의해 결정되며, 분석수준은 조직군 수준이다.
④ 공동체생태학이론은 자발론으로, 조직이 환경에 적극적이며, 분석수준은 조직군 수준이다.

📄 **거시조직이론의 체계**

구분		환경인식	
		결정론(deterministic, 수동적)	임의론(voluntaristic, 능동적)
분석 수준	개별 조직	체제구조적 관점	전략적 선택 관점
		구조적 상황론 (상황적응론)	• 전략적 선택이론 • 자원의존이론
	조직군	자연적 선택 관점	집단적 행동 관점
		• 조직군생태학이론 (환경적소에 의한 선택) • 조직경제학 (경제적 환경에 적응) • 신제도화이론 (사회문화적 환경에 적응)	공동체생태학이론

09 공공기관 정답 ④

「공공기관의 운영에 관한 법률」제5조에 규정되어 있다.

> **「공공기관의 운영에 관한 법률」제5조【공공기관의 구분】** ⑤ 기획재정부장관은 제1항 및 제2항에 따라 기타공공기관을 지정하는 경우 기관의 성격 및 업무 특성 등을 고려하여 기타공공기관 중 일부를 연구개발을 목적으로 하는 기관 등으로 세분하여 지정할 수 있다.

(선지분석)
① 직원 정원 300명, 총수입액 200억 원, 자산규모 30억 원 이상이다.
② 「공공기관의 운영에 관한 법률」제5조에 규정되어 있다.
③ 구성원 상호 간의 상호부조·복리증진·권익향상 또는 영업질서 유지 등을 목적으로 설립된 기관도 공공기관으로 지정할 수 없다.

10 공무원 평정제도 정답 ③

행태에 관한 구체적인 사건을 기준으로 평정하며, 사건의 빈도수를 표시하는 척도를 이용하는 방법은 행태기준 평정척도법이 아니라 행태관찰척도법이다. 행태관찰척도법은 행태기준척도법+도표식평정척도법으로, 행동 간 상호배타성을 극복하고 관찰빈도를 척도로 표시한다.

(선지분석)
① 다면평가제도는 다수의 평정자로 인해 평가의 객관성과 신뢰성·공정성을 향상시킬 수 있다.
② 도표식 평정법은 상벌의 목적에 이용하기 편리한 평정방법이다.
④ 우리나라는 근무성적평정결과나 승진탈락 등에 대해서 소청을 제기할 수 없다.

11 특수경력직공무원 정답 ④

ㄴ, ㄷ, ㅁ이 특수경력직에 해당한다.
ㄴ. 비서요원은 특수경력직 중 별정직이다.
ㄷ. 인사혁신처장은 차관급으로 특수경력직 중 정무직이다.
ㅁ. 청와대 수석비서관(차관급)으로 특수경력직 중 정무직이다.

(선지분석)
ㄱ. 경찰은 경력직 중 특정직이다.
ㄹ. 군무원은 경력직 중 특정직이다.

12 우리나라 공무원제도 정답 ③

우리나라 공무원제도에 대한 설명으로 옳은 것은 ㄱ, ㄹ이다.
ㄱ. 중앙정부·지방자치단체 및 그 하부기관에 근무하는 공무원은 직장협의회를 설립할 수 있으며, 하나의 기관에 하나만 설립 가능하다.

ㄹ. 「국가공무원법」제29조에 규정되어 있다.

> **「국가공무원법」제29조【시보 임용】** ③ 시보 임용 기간 중에 있는 공무원이 근무성적·교육훈련성적이 나쁘거나 이 법 또는 이 법에 따른 명령을 위반하여 공무원으로서의 자질이 부족하다고 판단되는 경우에는 제68조와 제70조에도 불구하고 면직시키거나 면직을 제청할 수 있다.

(선지분석)
ㄴ. 「국가공무원법」제71조에 규정되어 있다.

> **「국가공무원법」제71조【휴직】** ① 공무원이 다음 각 호의 어느 하나에 해당하면 임용권자는 본인의 의사에도 불구하고 휴직을 명하여야 한다.
> ② 임용권자는 공무원이 다음 각 호의 어느 하나에 해당하는 사유로 휴직을 원하면 휴직을 명할 수 있다.

ㄷ. 「국가공무원법」제14조에 따른 소청심사위원회의 결정은 처분 행정청을 기속(覊束)한다(「국가공무원법」제15조). 소청인을 기속하지는 않는다.

13 예산제도의 특징 정답 ②

품목별예산은 지출 항목이 너무 엄격히 분류되어 정부기능과 정부사업의 전반적인 정보를 확인할 수 없다.

(선지분석)
① 성과주의예산제도(PBS: Performance Budgeting System)는 산출(output)을 중심으로 예산을 편성하는 것으로, 정부의 기능·활동 및 사업에 따라 예산을 편성하고 관리하는 제도를 말한다.
③ 계획예산은 장기에 걸친 효과와 비용을 분석·평가하여 실현성 있는 계획을 작성함으로써 장기적 사업계획의 신뢰성을 높여준다.
④ 성과주의예산에서 행정부는 사업성과의 달성에 대한 책임만 질 뿐 지출대상에 대한 책임은 지지 않기 때문에 예산집행에 있어서 신축성을 확보할 수 있다.

14 변혁적 리더십 정답 ①

구성원의 결핍욕구(deficiency needs)를 자극하고, 이를 충족시켜주는 것은 반대급부로 조직에 필요한 임무를 수행하도록 동기화시키는 거래적 리더십의 특성이다.

(선지분석)
② 변혁적 리더는 비전을 제시하는 것을 통하여 자유, 정의, 평등, 인도주의와 같은 보다 높은 이상과 도덕적 가치를 강조함으로써 부하들의 의식을 일깨운다.
③ 레이니와 왓슨(Rainey & Watson)은 변혁적 리더십이 일반적으로 고위관리자에게 나타나지만 중간관리자에게도 나타날 수 있다고 주장한다.
④ 부하로 하여금 형식적 관행을 타파하고 창조적 사고와 학습의지, 새로운 관념을 촉발시키는 지적 자극을 부여한다.

15 점증주의모형   정답 ③

예산 담당관이 보수적 성향을 가질 경우 점증주의모형에 따른 예산결정이 현실적으로 나타나게 되고, 정치적 합리성의 가치를 강조하기 쉽다.

(선지분석)

① 점증주의모형에서는 경제적 합리성보다는 합의를 통하여 정치·사회적 지지를 얻을 수 있는 정치적 합리성을 추구한다.

② 전년도까지를 인정하고 전년도를 기준으로 해서 소폭적인 예산의 증감이 있을 뿐이다.

④ 대안개발이나 검토보다는 집단 간의 타협과 조정을 통한 점진적 변화를 추구하기 때문에 관료들이 무사안일화될 가능성이 있다.

16 자원의 희소성과 예산제도   정답 ②

만성적 희소성(chronic scarcity)하에서 예산은 주로 지출통제보다는 관리의 개선에 역점을 두게 된다.

📄 자원의 희소성과 예산제도

구분	희소성의 상태		예산의 중점
완화된 희소성	계속사업	○	• 사업개발에 역점
	계속사업 증가분	○	• 예산제도로 PPBS 도입
	신규사업	○	
만성적 희소성	계속사업	○	• 신규사업의 분석과 평가 소홀
	계속사업 증가분	○	• 지출통제보다 관리개선에 역점
	신규사업	×	• 만성적 희소성의 인식이 확산되면 ZBB를 고려
급성 희소성	계속사업	○	• 비용절감을 위해 관리상의 효율 강조
	계속사업 증가분	×	• 예산기획 활동은 중단
	신규사업	×	• 단기적·임기응변적 예산편성에 몰두
총체적 희소성	계속사업	×	• 비현실적인 계획, 부정확한 상태로 인한 회피형 예산편성
	계속사업 증가분	×	• 예산통제 및 관리는 무의미하며 허위적 회계 처리
	신규사업	×	• 돈의 흐름에 따른 반복적 예산편성

17 조직시민행동   정답 ③

양심성은 조직의 요구 이상으로 봉사·노력하는 행동(쓰레기 줍기 등)이다. 타인과의 관계에서 문제나 갈등을 사전에 예방하고 배려하는 행동은 양심적 행동이 아니라 예의적 행동이다.

(선지분석)

① 조직시민행동이란 조직이 공식적으로 요구하는 범위를 넘어서 자발적으로 봉사하려는 이타적인 행동이다.

② 조직 구성원들이 스스로 지각하고 있는 조직 내의 공정성이 높을수록, 즉 자신이 조직에서 공정한 대우를 받고 있다고 느낄수록 조직 내에서 자발적으로 조직시민행동을 할 가능성이 높아진다.

④ 신사적 행동(스포츠맨십)은 불평, 불만, 험담을 하지 않는 행동이다.

📄 윌리엄스와 앤더슨(Willams & Anderson)의 조직시민행동

개인 차원	이타적 행동 (altruism)	• 조직 내 과업이나 발생하는 문제와 관련하여 다른 구성원을 도와주는 행위 • 대상은 조직 내부 구성원이지만 외부인도 조직의 과업과 연관되면 이에 해당함 예 신입사원이 잘 적응하도록 돕기, 아픈 동료 돕기 등
	예의성 (문제예방적 행동, courtesy)	• 직무수행 과정에서 발생할 수 있는 갈등을 사전에 예방하기 위해 다른 구성원들을 세심하게 배려함 • 자신의 의사결정이나 행동에 따라 영향을 받을 수 있는 다른 구성원들과 사전적으로 연락을 취해 필요한 양해를 구하고 의견을 조율함 예 정보 공유, 사전협의 등
조직 차원	양심적 행동 (성실성, conscientiousness)	• 조직 내 구성원이 조직에서 요구하는 최저 수준 이상의 역할을 자발적으로 수행함 • 자신의 양심에 따라 조직의 명시적·암묵적 규칙을 충실히 준행함 예 조기출근, 회사 비품 아껴쓰기, 작업장 주변 정돈 등
	스포츠맨십 (신사적 행동, sportsmanship)	• 조직 내 발생하는 문제에 대한 비난을 삼가고 고충을 인내하며 묵묵히 직무를 수행함 • 조직이나 다른 구성원과 관련하여 불만·불평이 생겼을 경우 뒤에서 험담하고 소문 내기보다 긍정적 측면에서 이해하고자 노력하는 행동 예 불평·불만 자제, 험담하지 않기 등
	시민정신 (공익성, civic virtue)	구성원이 조직에 애착과 책임감을 가지고 적극적 태도로 직무를 수행하여 조직의 발전을 위해 혁신적 태도로 참여하는 것 예 조직의 정책에 대한 관심 제안, 관련 이슈 토론 등

18 전자정부   정답 ④

행정안전부장관은 정보기술아키텍쳐를 체계적으로 도입하고 확산시키기 위한 기본계획을 3년 단위로 수립하여야 한다.

(선지분석)

① 「지능정보화 기본법」상 과학기술정보통신부장관은 지능정보사회 종합계획을 3년마다 수립하여야 한다.

② 행정기관 등의 장은 5년마다 해당 기관의 전자정부의 구현·운영 및 발전을 위한 기본계획을 수립하여 중앙사무관장기관의 장에게 제출하여야 한다(「전자정부법」 제5조의2).

③ 스마트 정부는 사후수습이 아니라 사전예방을 강조한다.

19 주민참여예산제도   정답 ④

「지방재정법」 제39조에 따르면 예산의 심의, 결산의 승인 등 지방의회의 의결사항은 주민참여예산의 관여 범위가 아니다.

① 지방예산 편성 등 예산과정의 주민참여와 관련되는 사항을 심의하기 위하여 지방자치단체의 장 소속으로 주민참여예산위원회 등 주민참여 예산기구를 둘 수 있다.

② 「지방재정법」 제39조에 규정되어 있다.

> **「지방재정법」 제39조【지방예산 편성 등 예산과정의 주민 참여】**
> ① 지방자치단체의 장은 대통령령으로 정하는 바에 따라 지방예산 편성 등 예산과정(「지방자치법」 제47조에 따른 지방의회의 의결사항은 제외한다)에 주민이 참여할 수 있는 제도를 마련하여 시행하여야 한다.

③ 주민참여예산기구의 구성·운영과 그 밖에 필요한 사항은 해당 지방자치단체의 조례로 정한다.

20 지방의회 정답 ③

「지방자치법」 제63조의2에 따라 지방의회에도 교섭단체를 둘 수 있다.

① 지방의회는 헌법에서 설치를 의무화한 헌법상 기관이다.

② 지방의회 소속 사무직원에 대한 임면은 지방자치단체장이 아니라 지방의회의 의장이다.

④ 지방의회 의원에게도 겸직 금지 의무가 적용되며, 새마을금고, 농협, 수협 등의 임직원을 겸할 수 없다.

정답

p. 23

01	①	PART 1	06	④	PART 2	11	①	PART 4	16	④	PART 5
02	②	PART 1	07	④	PART 3	12	④	PART 4	17	②	PART 3
03	②	PART 1	08	④	PART 3	13	③	PART 5	18	④	PART 6
04	①	PART 2	09	④	PART 3	14	④	PART 5	19	②	PART 7
05	③	PART 2	10	①	PART 4	15	①	PART 1	20	③	PART 7

취약 단원 분석표

단원	맞힌 답의 개수
PART 1	/ 4
PART 2	/ 3
PART 3	/ 4
PART 4	/ 3
PART 5	/ 3
PART 6	/ 1
PART 7	/ 2
TOTAL	/ 20

PART 1 행정학 총설 / PART 2 정책학 / PART 3 행정조직론 / PART 4 인사행정론 / PART 5 재무행정론 / PART 6 지식정보화 사회와 환류론 / PART 7 지방행정론

---

01 사회적 자본 정답 ①

신뢰로 대표되는 사회적 자본은 경제적 자본에 비하여 형성과정이 불투명하고 불확실하다.

(선지분석)
② 사회적 자본은 지역사회에서 장기간 지속성을 가질 때 형성되므로 단기간에 형성되기 어렵다.
③ 사회적 자본은 사용하지 않으면 줄고 사용하면 할수록 늘어나므로, 소유주체가 이를 유지하려는 노력을 지속적으로 해야 한다.
④ 사회적 자본은 경제주체들 사이의 경제운영비용, 정보획득비용 등 거래비용을 감소시킨다.

02 관청형성모형 정답 ②

중·하위직 관료는 봉급 등 기관 자체의 운영비와 같은 핵심예산에 관심을 갖고, 고위직 관료는 해당 기관이 민간에 지불하는 지출액을 포함하는 관청예산에 관심을 지닌다.

(선지분석)
① 관료의 지위나 기관의 성격에 따라 관료의 효용함수는 서로 상이하며, 예산과 같은 금전적 효용에 대해서도 상이한 효용함수를 가진다.
③, ④ 합리적인 고위직 관료들은 예산과 같은 금전적인 효용보다는 업무와 관련된 효용을 더 추구한다. 관청형성전략이 이루어짐에 따라 일상적인 기능은 준정부조직이나 외부계약 등으로 넘기고 결정기능이나 참모기능만을 수행하려 한다.

03 신행정론 정답 ②

ㄱ, ㄷ, ㅁ, ㅅ만 옳다.

(선지분석)
ㄴ. 계층제의 타파와 후기 관료제모형을 주장하였다.
ㄹ. 신공공관리론은 신행정론 이후에 등장하였으며, 오히려 신공공관리론이 신행정론의 복지정책을 비판하였다.
ㅂ. 가치중립적·보수적인 행태론이나 논리실증주의를 비판하고, 가치지향적인 접근을 강조한다.

04 투입 – 산출모형 정답 ①

배분정책은 요구대응정책에 해당한다.

(선지분석)
④ 징병정책은 추출정책의 예이다. 요구대응정책에는 규제정책과 배분정책이 해당되고, 지지획득정책에는 추출정책과 상징정책이 해당된다.

05 립스키(Lipsky)의 일선관료 정답 ③

일선관료가 처하는 업무환경의 특징에는 자원 부족, 일선관료 권위에 대한 도전, 모호하고 대립되는 기대 등이 있다. 명확하고 일관된 역할 기대가 아니다.

(선지분석)
① 일선관료는 고객과 접촉하며 상당한 재량권을 행사한다. 교사, 일선경찰관 등이 일선관료의 대표적 예이다.
② 일선관료가 실질적으로 공공정책을 결정한다는 상향식 집행 접근법을 전제로 한다.
④ 일선관료는 자원의 부족, 일선관료 권위에 대한 도전, 모호하고 대립되는 기대 등의 업무현실 등으로 인하여 정형화와 단순화 등 적응 메커니즘에 의하여 문제를 해결하려 한다.

06   정책분석   정답 ④

정책분석은 경제성을 고려하는 체제분석에 더하여 정치적 실현가능성도 고려한다.

(선지분석)

① 체제분석은 자원배분의 효율성을 중시하는데 비해 정책분석은 비용·편익의 사회적 배분을 고려한 거시적 통합분석이다.

② 정책델파이는 다양한 전문가와 이해관계자들을 참여시켜 그들 간의 이해차이를 확인한다.

③ 던(Dunn)은 미래를 예측하는 기법을 객관적 기법(양적 예측)과 주관적 기법(질적 예측)으로 분류하였다. 객관적 기법에는 이론적 예측 - 예견(predict)과 연장적 예측 - 투사(project)가 포함되고, 주관적 기법에는 직관적 예측 - 추측(conjecture)이 포함된다.

07   민츠버그(Mintzberg)의 조직유형론   정답 ④

사업부제 조직(Divisionalized Form)에 대한 설명이다. 사업부제 조직은 중간관리층을 핵심부문으로 하는 대규모 조직에서 나타나는데, 산출물의 표준화를 중시하며 성과관리에 적합하다. 그러나 기능부서 간 중복 및 공통관리비 등 규모의 불경제나 사업영역 간 갈등이 발생한다.

(선지분석)

① 단순구조는 단순하지만 동적인 환경하에서 엄격한 통제가 요구되는 초창기의 소규모 조직으로서, 최고관리층에 권력이 집중된 유기적 구조를 띠며, 조정은 직접감독에 의해 이루어진다.

② 기계적 관료제는 단순하고 안정적인 환경하에서 지배적 구성부분이 복합적이며, 기술구조가 가장 중요한 위치를 차지하는 조직이며, 조정은 작업과정의 표준화이다.

③ 전문적 관료제는 복잡하고 안정적인 환경하에서 전문성이 높은 작업계층이 가장 중요하고 많은 조직이다. 전문가들로 구성된 핵심운영층이 오랜 경험과 훈련으로 내면화된 표준적 기술을 이용하여 자율권을 가지고 과업을 조정하며, 작업기술의 표준화를 중시한다.

08   서번트 리더십   정답 ④

서번트 리더십은 부하중심적이다. 즉, 부하들을 육성·지지하고 권한을 위임하는 종복정신을 강조한다.

(선지분석)

①, ② 변혁적 리더십은 '카리스마·영감·지적 자극·개인적 배려에 치중하고, 조직합병을 주도하고 신규부서를 만들어 내며, 조직문화를 새로 창출해 내는 등 조직에서 변화를 주도·관리하는 리더십'이다.

③ 거래적 리더십은 리더와 구성원 간의 개별적인 교환관계에 초점을 둔다. 즉, '보상에 관심을 갖고, 업무를 할당하고 그 결과를 평가하며, 예외에 의한 관리에 치중하고 책임과 결정을 회피하는 안정지향의 리더십'이다.

09   애자일(agile) 조직   정답 ④

애자일 조직은 '민첩한', '기민한' 조직이라는 뜻으로, 부서 간 경계를 허물고 목적에 따라 소규모 팀을 만들어 업무를 수행하는 조직을 말한다. 애자일 조직은 상명하달 형태의 수직적 조직과 달리 본인 스스로 전문가가 되어 책임을 갖고 업무를 수행하면서 필요에 따라 협업하는 것이 특징이다. 상하 간 계층을 줄여 최고 의사결정자가 민첩하게 의사결정 및 조치를 내릴 수 있도록 하는 것과는 다르다.

(선지분석)

① 애자일 조직은 전통적인 수직적 피라미드 조직 대신, 필요에 의해 협업하는 자율적 소규모 조직을 기반으로 한다.

② 애자일 조직문화는 당초 구글, 페이스북 등 글로벌 IT기업에서 널리 쓰였으나, 최근에는 국내에서도 업종과 관계없이 도입되고 있다.

③ 애자일 조직은 수직적 조직구조보다 수평적 조직을 추구하며, 리더는 본인 스스로 전문가로서 업무를 추진하면서 동시에 조직을 조율하고 지원하는 역할을 수행해야 한다.

10   공무원의 신분보장   정답 ①

전직시험에서 3회 이상 불합격한 자는 직권면직 사유에는 해당하지만 직권면직은 「국가공무원법」상 징계에 해당하지 않는다. 징계는 파면, 해임, 강등, 정직(停職), 감봉, 견책(譴責)으로 구분한다(「국가공무원법」 제79조).

(선지분석)

② 소청의 대상으로 옳은 지문이며, 소청심사위원회의 결정은 기속력을 가진다.

③ 「국가공무원법」상 징계 중 정직으로 옳은 지문이다.

④ 해임된 자는 3년, 파면된 자는 5년간 임용의 결격사유에 해당한다.

11   근무성적평정의 오류   정답 ①

업무량이 많으면 업무숙련도가 높을 것으로 평가하는 것은 논리적 상관관계에 의한 논리적 오차이다.

(선지분석)

② 중간으로 집중되는 경향은 등급분포비율을 강제로 할당하는 강제배분법을 통해 해결할 수 있다.

③ 평정대상자를 바로 직전의 다른 피평정자와 비교할 때 생기는 오차는 대비오차 또는 대조효과(contrast error)이다.

④ 고정관념, 편견, 선입견에 의한 오차를 상동적 오차라고 한다.

12 대표관료제의 한계 요인　　　정답 ④

제시문 모두가 대표관료제의 한계에 해당한다.

ㄱ. 대표관료제는 내부통제만을 강조하여 외부통제를 무력화하게 만드므로 민주주의나 국민주권의 원리에 위반된다는 비판이 제기된다.

ㄴ. 구성론적 대표성이란 소극적 대표로, 공무원 수의 구성에 있어서 인구 비례를 유지하는 것은 기술적으로 쉽지 않다.

ㄷ. 역할론적 대표성이란 적극적 대표로, 소극적 대표가 적극적 대표로 이어진다는 점이 입증되지 않았다.

ㄹ. 대표관료제는 재사회화 현상을 고려하지 못한다.

13 국가채무　　　정답 ③

국가채무는 성질에 따라 적자성 채무와 금융성 채무로 구분한다. 금융성 채무는 융자금·외화자산 등 대응 금융자산이 있어 별도의 재원 조성 없이 자체 상환이 가능한 채무이며, 적자성 채무는 상환할 때 별도의 재원을 마련하여 상환하는 채무이다.

선지분석

① 「국가재정법」상 기금이 발행한 채권도 국가채무에 포함된다.

> 「국가재정법」 제91조 【국가채무의 관리】 ① 기획재정부장관은 국가의 회계 또는 기금이 부담하는 금전채무에 대하여 매년 다음 각 호의 사항이 포함된 국가채무관리계획을 수립하여야 한다.
> ② 제1항의 규정에 따른 금전채무는 다음 각 호의 어느 하나에 해당하는 채무를 말한다.
> 1. 국가의 회계 또는 기금(재원의 조성 및 운용방식 등에 따라 실질적으로 국가의 회계 또는 기금으로 보기 어려운 회계 또는 기금으로서 대통령령으로 정하는 회계 또는 기금은 제외한다)이 발행한 채권

📄 **국채의 종류와 발행 목적**

국고채권	사회복지정책 등 공공 목적 수행
재정증권	일시 부족 자금 조달
외화표시 외국환평형기금채권	외화자금 매입, 해외부문 통화 관리
(제1종)국민주택채권	국민주택사업 재원 조달

14 조세지출예산제도　　　정답 ④

조세지출예산제도는 서독에서 최초로 도입되었다.

선지분석

① 조세지출(= 조세감면)은 조세법률주의상 법률로 집행되기 때문에 예산에 비해 경직성이 강하다.

② 우리나라는 중앙정부·지방정부 모두 도입되었다.

③ 조세지출(= 조세감면)은 형식은 조세이지만 실질은 보조금의 성격을 가지므로 보조금과 동일한 경제적 효과를 갖는다.

15 규제정치이론　　　정답 ①

'고객 정치' 상황에서 비용은 다수에게 분산되므로 집단행동의 딜레마가 발생하여 이들의 논리가 투영될 가능성은 낮다. 반면 편익은 소수에게 집중되어 수혜집단은 포획 또는 지대추구행위를 한다. 따라서 불특정 다수의 논리보다는 포획 등에 의하여 소수 수혜자의 논리가 투영될 가능성이 높다.

선지분석

② 기업가적 정치의 예시에 해당한다.

③ 비용과 편익이 분산되면 집단행동의 딜레마에 빠져 적극적인 정치활동이 나타나기 어렵다. 반면에 비용과 편익이 집중되는 경우에는 정치 활동이 활발해진다.

④ 환경규제의 경우는 비용이 집중되고 편익이 분산되어 기업가적 정치가 된다. 반대로 환경규제를 완화하는 정책의 경우는 규제완화로 다수 국민은 피해를 보므로 비용(손실, 피해)은 분산되고, 소수 오염업체는 이득을 보기 때문에 편익이 좁게 집중되는 고객정치의 상황이 된다.

16 예산결정이론　　　정답 ④

단절적 균형모형은 점증주의예산을 비판하면서 등장한 이론으로, 예산이 급격한 변화나 단절을 겪은 후 다시 균형을 지속한다는 예산모형이다. 단, 단절이 발생할 시점을 미리 예측할 수 없다는 특징이 있다.

선지분석

① 계획예산(PPBS)과 영기준예산(ZBB)은 합리주의 예산제도이다.

② 점증주의는 다수의 참여자들 간에 상호작용을 통한 합의를 중시한다.

③ 점증주의예산은 급격한 변화를 지양하기 때문에 근본적으로 보수주의적인 모형으로, 쇄신과 혁신을 요구하는 발전도상국의 사회에 적용하기 어렵다.

17 상황론적 조직이론　　　정답 ②

상황론적 조직이론은 유일최선의 문제해결 방법(The best one way)은 없으며, 다양한 상황변수에 따라 조직구조 및 조직의 효과성이 달라진다고 본다.

선지분석

① 개방체제이론에 기반을 두고 상황과 조직구조 간의 적합성 여부가 조직성과를 좌우한다고 보는 이론이다.

③ 상황이론은 개별조직이 놓여있는 상황에 따라 조직의 구조와 전략이 달라져야 한다는 이론이다. 안정된 환경 속에 있는 조직은 기계적 구조가 효과적이고, 불안정한 환경 속에 있는 조직은 유기적 조직구조를 선택하는 것이 효과적이다.

④ 상황론적 조직이론은 실증적 분석과 자료 수집을 중시하므로 자료의 수집과 연구가 용이하도록 중범위 이론을 추구한다. 고찰변수를 한정하고 제한된 범위 내에서 개별조직을 연구대상으로 하여 개인의 행위나 동기가 아닌 조직의 구조적 특성을 연구한다.

18   행정책임   정답 ④

제도적 통제가 확립되지 않는 한 새로운 전체주의를 초래한다고 본 사람은 파이너(Finer)이다.

선지분석

①, ②, ③ 프리드리히(C. J. Friedrich)는 주관적 책임성 확보방안으로 사회화 과정, 교육훈련, 전문직업적 기준이나 행정윤리 확립을 통해 관료의 개인적 성격에 영향을 미침으로써 책임성을 제고하고자 한다. 그는 현대행정에서는 복잡성 및 전문기술성 증대에 따라 의회를 통한 외재적 책임성의 실효성이 약화되면서 이에 대한 방안으로 내재적 책임성을 강조한다.

> 📄 **행정책임**
>
> • 외재적 = 객관적 = 제도적 책임
> • 내재적 = 자율적 = 주관적 책임

19   지방교부세   정답 ②

지방교부세는 지방세가 아니라 지방정부가 중앙정부에 의존하는 재원이다.

선지분석

① 지방재정조정제도는 지방자치단체에게 기능 수행에 필요한 자체재원의 부족분을 보충하여 각 자치단체 간 재정적 불균형을 조정해 주는 제도이다(지방교부세, 국고보조금).
③ 보통교부세는 자금 용도가 정해져 있지 않고 지방자치단체가 그 예산과정을 통해 용도를 결정할 수 있는 재량의 범위가 넓은 일반재원이다.
④ 특별교부세는 특정재원으로 중앙정부가 지방정부를 통제하기 위한 수단으로 사용된다는 비판도 있다.

20   지방자치단체   정답 ③

서울특별시·광역시 및 특별자치시를 제외한 인구 100만 이상의 대도시(특례시)를 특례시라 하여 특례를 둘 수는 있지만, 특례시에 자치구를 둘 수 없다.

선지분석

① 보통지방자치단체의 종류로 옳은 지문이다.
② 「지방자치법」 제199조에 규정되어 있다.

> **「지방자치법」 제199조【설치】** ① 2개 이상의 지방자치단체가 공동으로 특정한 목적을 위하여 광역적으로 사무를 처리할 필요가 있을 때에는 특별지방자치단체를 설치할 수 있다.
> ③ 특별지방자치단체는 법인으로 한다.

④ 조례는 법령의 범위 내에서 지방의회가 제정한다.

▶ 정답

p. 28

01	②	PART 1	06	②	PART 2	11	②	PART 1	16	③	PART 4
02	③	PART 1	07	①	PART 5	12	③	PART 4	17	④	PART 1
03	①	PART 1	08	④	PART 3	13	②	PART 5	18	④	PART 6
04	④	PART 2	09	④	PART 3	14	①	PART 5	19	④	PART 7
05	②	PART 2	10	④	PART 4	15	①	PART 5	20	②	PART 7

▶ 취약 단원 분석표

단원	맞힌 답의 개수
PART 1	/ 5
PART 2	/ 3
PART 3	/ 2
PART 4	/ 3
PART 5	/ 4
PART 6	/ 1
PART 7	/ 2
TOTAL	/ 20

PART 1 행정학 총설 / PART 2 정책학 / PART 3 행정조직론 / PART 4 인사행정론 / PART 5 재무행정론 / PART 6 지식정보화 사회와 환류론 / PART 7 지방행정론

---

01 행정인의 윤리 정답 ②

설문은 상대주의에 대한 내용이다.

📄 목적론과 의무론

목적론(상대론)	• 보편적 가치판단 기준은 존재하지 않으며, 행위의 결과를 기준으로 옳고 그름을 판단해야 한다는 것 • 최선의 결과를 가져오는 행위는 옳고, 그렇지 못한 행위는 그르다는 가치상대주의 입장
의무론(절대론)	결과에 관계없이 옳고 그름을 판단하는 보편적 원칙이나 기준이 선험적으로 존재한다고 믿는 가치절대주의 입장

02 정부실패 유형 정답 ③

민영화로는 파생적 외부효과의 대응이 불가능하다.

📄 정부실패의 원인별 대응방식(이종수 외 공저 새행정학)

구분	민영화	정부보조 삭감	규제 완화
사적 목표 설정	○		
X - 비효율 · 비용체증	○	○	○
파생적 외부효과		○	○
권력의 편재	○		○

03 사회적 형평 정답 ①

사회적 형평은 사회적으로 '동일한 경우에는 동일하게 취급하고(수평적 형평), 서로 다른 경우에는 서로 다르게 취급하는 것(수직적 형평)'이다. 정당한 불평등이나 합리적 차별의 개념이 내포되어 있는 수직적 형평(아리스토텔레스의 배분적 정의 · 형평)에 초점을 두고 있다.

선지분석

② 실적이론은 기회균등을 전제로 능력과 실적에 따른 차별적 대우를 공평하다고 보는 견해로, 자유주의자들이 주장한다.

③ 욕구이론은 부나 가치가 인간의 기본적 욕구에 따라 배분될 때 형평이 실현된다고 보는 견해로, 사회주의자들의 주장한다.

④ 롤스(Rawls)는 2가지의 원리가 충돌할 때에는 제1원리가 제2원리에 우선하고, 제2원리 내에서는 기회균등의 원리가 차별의 원리에 우선되어야 한다고 본다. 롤스(Rawls)는 자신이 설정한 가설적 상황인 '원초적 상태'에서, 인간은 무지의 베일(veil of ignorance)에 가려져 자신과 사회의 미래에 대한 불확실성하에 있다고 본다. 이러한 상황에서 합리적 인간은 최소극대화(Maxmin) 원칙에 입각해 행동하게 되므로, 자신이 제시한 정의의 원칙이 정당하다고 본다.

04 정책결정의 권력모형 정답 ④

이슈네트워크모형은 구성원 간 인식에 대한 공유나 책임감이 없고 제로섬 게임이 나타나므로, 경쟁적 · 갈등적이며 매우 유동적 · 일시적인 불안정한 관계망이다.

선지분석

① 베버주의와 신베버주의에서 국가는 능동적 · 적극적으로 국가의 이익을 위한 결정을 한다고 본다.

② 다원론은 이익집단이 적극적 · 능동적인 역할을 하고 국가나 관료는 소극적 · 중립적 심판자의 역할을 수행한다고 본다.

③ 정책네트워크모형은 공적부문과 사적부문 간 경계가 불분명해지고 있으며, 다양한 공식 · 비공식 참여자들 간의 상호작용과 관계를 중심으로 정책과정을 분석하므로 국가와 사회의 이분법을 극복하고 있다. 즉, 국가나 사회의 영역의 다양한 행위자들은 자신의 정책이해를 가지고 이를 정책 과정에서 관철시키고자 하는 하나의 행위자이다.

05 정책대안의 미래예측 방법 정답 ②

최소자승경향추정, 지수가중법은 추세연장적 예측방법이고, 회귀분석은 이론적 예측방법인 예견에 해당한다.

(선지분석)
① 추세연장적 예측방법들은 과거, 현재의 자료를 토대로 미래 사회 상태를 예측하는 방법이다.
③ 추세연장적 예측은 지속성, 규칙성, 신뢰성과 타당성, 이 세 가지 가정에 기초를 둔다.
　㉠ 지속성: 과거에 관찰된 추세가 미래에도 지속될 것을 의미한다.
　㉡ 규칙성: 만약 과거에 관찰된 변동이 비지속적 패턴으로 발생했다면, 이는 미래에도 되풀이될 것을 의미한다.
　㉢ 신뢰성과 타당성: 지속적 경향에 대한 측정과 비지속적 패턴의 측정이 신뢰할 수 있고 제대로 측정한(타당한) 것을 의미한다.

📑 정책대안의 미래예측 방법

접근방법	근거	기법	결과적 산출물
추세연장적 예측	경향분석, 귀납적 추론	• 전통적 시계열 분석 • 최소자승경향추정 • 지수가중법 • 자료전환, 재난법	투사 (projection)
이론적 예측	이론, 모형, 연역적 추론	• 이론지도 • 경로분석 • 투입-산출분석 • 선형계획, 회귀분석 • 상관분석	예견 (prediction)
직관적·주관적 예측	주관적 판단	• 전통적 델파이 • 정책델파이, 명목집단법 • 교차영향분석 • 실현가능성 평가기법	추측 (conjecture)

06 의사결정모형 정답 ②

권한이 분산된 민주적이고 다원화된 사회에는 점증주의가 바람직하다. 상대적으로 합리모형은 개발도상국에 적용될 가능성이 높다.

(선지분석)
① 합리모형은 대안을 포괄적으로 탐색하고 대안의 결과도 포괄적으로 고려한다.
③ 합리모형은 권위주의 사회에 적합하고, 점증모형은 다원화된 민주사회에 적합하다.
④ 에치오니(A. Etzioni)에 따르면 합리모형은 전체주의 사회체제, 점증모형은 민주주의 사회체제에 적합하며, 혼합모형은 능동적 사회에 적용되어야 할 전략이라고 주장하였다.

07 예산결정이론 정답 ①

단절적 균형이론(punctuated equilibrium theory)은 예산이 상당 기간 점증적 변화를 보이기도 하지만, 일시적으로 급격한 변화를 보이다가 다시 점증적 변화를 보인다고 주장한다.

(선지분석)
② 점증주의 예산결정은 타협과 조정이라는 정치적 합리성으로 갈등을 완화시키는 장점이 있다.
③ 다중합리성이론은 중앙예산기관의 분석가가 예산 결정에 사회적 합리성, 정치적 합리성, 경제적 합리성 등 여러 합리성을 고려한다고 본다.
④ 니스카넨(Niskanen)의 예산극대화모형은 관료가 자신의 이익을 위하여 자기가 소속된 부서의 예산을 극대화하려는 행태에 분석 초점을 둔다.

08 조직문화 정답 ④

조직문화는 조직의 경계를 설정하여 조직의 정체성을 제공한다. 즉, 조직문화는 조직의 경계를 설정하는 것이며, 조직의 경계를 타파하는 변화지향적이지 않다.

(선지분석)
① 조직문화는 구성원을 통합하여 응집력과 동질감·일체감을 높여줌으로써 사회적·규범적 접착제로서의 역할을 한다.
② 문화는 조직의 안정성과 계속성을 유지시킨다.
③ 조직문화는 모방과 학습으로 구성원으로 하여금 물리적·사회적 적응을 촉진시켜 구성원을 사회화하는 기능을 한다.

09 목표관리제(MBO) 정답 ④

MBO는 급격한 변화나 유동적이고 복잡한 환경 속에서는 적응이 곤란하다. 안정적이고 예측 가능한 환경에서 성공가능성이 높다.

(선지분석)
① 목표관리제와 성과관리제 모두 성과지표별로 목표달성수준을 설정하고, 사후의 목표달성도에 따라 보상과 재정지원의 차등을 약속하는 계약을 체결한다는 점에서 공통점을 갖는다.
② 상하 조직 구성원의 참여를 통해서 부서의 목표를 명확하게 설정한다.
③ 구성원 스스로 목표를 설정하고 달성하도록 하는 참여적 자기통제기법이기 때문에 목표달성을 위한 적극적인 협동을 중시하고 사기를 높인다.

10 다양성 관리(diversity management) 정답 ④

다양성을 통한 조직의 탄력성을 극대화하기 위한 적극적인 접근방법으로 이해하는 것은 샐러드볼의 접근방법이다.

(선지분석)
① 성별, 장애(육체적), 인종, 민족, 연령(세대), 출신 지역, 출신 학교, 가족 배경, 성적 지향, 사회화 경험, 성격, 종교, 동기요인, 혼인 여부는 변화가능성(variability)이 낮다.
② 다양성 관리는 이질적인 조직구성원들을 채용하고 유지하며 보상과 함께 역량 개발을 증진하기 위한 조직의 체계적이고 계획된 노력으로 정의된다.
③ 다양성 관리는 구성원들을 일률적으로 관리하지 않고 다양한 차이와 배경, 시각을 조직업무에 적극 반영시키려는 새로운 인적자원관리 전략으로, 개인별 맞춤형 관리와 대표관료제에 의한 인적 구성의 다양화 등이 대표적인 수단이다.

📄 **멜팅팟의 접근방법과 샐러드볼의 접근방법**

멜팅팟의 접근방법	• 문화적 동화와 문화적응을 포함하는 멜팅팟 접근은 구성원 간의 이질성을 지배적인 주류에 의해 동화시키는 방법임 • 조직응집성의 저하를 방지하기 위한 소극적인 접근방법
샐러드볼의 접근방법	• 문화적 다원주의에 근거한 샐러드볼 접근은 각기 다른 특성을 갖는 구성원들이 자신의 특성을 유지할 수 있도록 지원하는 방법임 • 샐러드볼 접근은 다양성을 통한 조직의 탄력성을 극대화하기 위한 적극적인 접근방법으로 이해됨

11 대리정부 정답 ②

중앙정부로부터 대리정부가 이관받은 임무를 성공적으로 수행하지 못할 경우 생기는 오류를 교정하는 비용이 추가로 발생할 수 있다.

(선지분석)
① 대리정부는 중앙정권으로부터 이전받은 정책이나 프로그램의 수행에 따르는 재원사용권과 공적 권력까지도 포함하는 매우 포괄적인 분권화 현상이다.
③ 대리정부의 형태가 다양하므로 대리정부에 대한 행정관리자의 전문적 리더십이 중요하다.
④ 정부가 기업에 더 많은 공공서비스 공급권을 양도하면 할수록 공공부문과 민간부문 간의 경계는 모호해지고 공공서비스의 책임성은 저하되므로, 중앙정부와 대리정부 간 계약에 따른 목표의 상호 조정이 필요하다.

12 근무성적평정방법 정답 ③

근무성적평정방법에 대한 설명으로 옳은 것은 3개(ㄱ, ㄴ, ㄹ)이다.
ㄱ. 도표식 평정척도법은 평정요소의 합리적 선정이 어렵고 평정요소에 대한 등급을 정한 기준이 모호하며, 자의적 해석에 의한 평가가 이루어지기 쉽다.
ㄴ. 강제배분법은 피평정자들이 속할 우열 등급의 분포비율이 정규분포를 이루도록 설정하여 강제로 배치하는 방법이다.
ㄹ. 중요사건기록법은 피평정자와의 상담을 촉진하여 피평정자의 태도나 직무수행 개선 등을 도모하는 데 유용하다.

(선지분석)
ㄷ. 행태관찰척도법은 행태기준척도법과 마찬가지로 구체적인 행태의 사례를 기준으로 평정하나, 행태기준척도법의 단점인 바람직한 행동과 바람직하지 않은 행동과의 상호배타성을 극복하기 위해 도표식 평정척도법과 같이 행태별 척도를 제시한 점이 다르다.

13 결산 정답 ②

2025년 1월 1일부터 재무제표에는 재정상태표, 재정운영표, 순자산변동표, 현금흐름표가 포함된다.

(선지분석)
① 「국가회계법」 제14조상의 결산보고서 구성요소로 옳은 지문이다.
③ 「국가회계법」 제6조에 규정되어 있다.

> 「국가회계법」 제6조 【국가회계에 관한 사무의 관장 등】 ① 기획재정부장관은 국가회계에 관한 사무를 총괄하고, 중앙관서의 장과 기금관리주체는 그 소관의 회계에 관한 사무를 관리한다.

④ 「국가회계법」 제3조상의 적용범위로 옳은 지문이다.

14 현대적 예산원칙 정답 ①

다원적 절차의 원칙이란 정부기관은 특별회계나 기금, 정부투자기관예산 등 다양한 예산절차와 형식을 활용함으로써 효율적으로 예산을 운용해야 한다는 것이다.

(선지분석)
② 행정부 재량의 원칙이란 입법부가 예산안을 심의·의결할 때 심의를 엄격히 하되 총괄적으로 하여 입법부의 정치적 방침에 위배되지 않는 한 행정부가 필요한 운용수단을 결정할 수 있도록 재량권을 부여해야 한다는 원칙(재량범위 확대)이다.
③ 행정부 책임의 원칙이란 행정수반의 지휘·감독하에 계획된 예산을 능률적으로 집행해야 할 책임을 진다는 원칙이다.
④ 행정부 계획의 원칙이란 예산의 편성·기획은 행정수반의 직접적 감독 아래서 전체 사업계획과 밀접한 관련성을 가지며 이루어져야 한다는 원칙(사업계획과 예산편성 연계)이다.

📄 현대적 예산원칙

행정부 계획의 원칙	예산의 편성·기획은 행정수반의 직접적 감독 아래서 전체 사업계획과 밀접한 관련성을 가지며 이루어져야 한다는 원칙(사업계획과 예산편성 연계)
행정부 책임의 원칙	행정수반의 지휘·감독하에 계획된 예산을 능률적으로 집행해야 할 책임을 진다는 원칙
보고의 원칙	• 예산의 편성·심의·집행 등은 정부의 각 행정기관으로부터 올라오는 보고에 기초하여 이루어져야 함 • 업무의 집행상황에 관한 최신정보가 제공되어야 한다는 원칙
다원적 절차의 원칙	모든 정부기관은 다양한 예산절차와 형식을 활용함으로써 효율적으로 예산을 운용해야 한다는 원칙(특별회계·기금 등 운영)
적절한 수단구비의 원칙	행정수반의 직접 감독하에 유능한 공무원이 배치되어 있는 예산기관이나 월별·분기별로 예산을 배정할 권한, 준비금 제도 등 적절한 행정수단이 필요하다는 원칙
시기 신축성의 원칙	다루어야 할 사회·경제 상태의 변화에 신속히 대응할 수 있도록 사업계획을 실시하는 시기를 행정부가 필요에 따라 융통성 있게 조정할 수 있게 해야 한다는 원칙
행정부 재량의 원칙	입법부가 예산안을 심의·의결할 때 심의를 엄격히 하되 총괄적으로 하여 입법부의 정치적 방침에 위배되지 않는 한 행정부가 필요한 운용수단을 결정할 수 있도록 재량권을 부여해야 한다는 원칙(재량범위 확대)
예산기구 상호교류의 원칙	예산기능은 중앙예산기관만의 기능이 아니라 행정기구 전체에 얽혀 있는 과정이므로 중앙예산기관과 각 부처 예산기관 간에는 상호교류로 능률적·적극적인 협력관계가 확립되어야 한다는 원칙

15 계획과 예산의 괴리 요인   정답 ①

계획 담당자는 미래지향적·발전지향적·쇄신적·소비지향적인 데 비해, 예산 담당자는 비판적·보수적·저축지향적인 행태를 보인다.

선지분석

②, ③ 일반적으로 계획은 장기적·추상적·포괄적이고 합리적·분석적인 데 비해 예산은 단기적·구체적·점증적이고 정치적 성격이 강하므로 양자의 일치는 어렵다.

④ 계획 수립 시 재원에 대한 고려가 적었거나 정치적·경제적 상황의 변화 등 양자의 유기적 통합이 없을 시 계획과 예산이 괴리된다.

16 근무 유형   정답 ③

유연근무제의 일종으로서 시차출퇴근제에 해당한다.

📄 유연근무제의 유형

유형		활용방법
탄력 근무제		주 40시간 근무하되, 출퇴근시각·근무시간·근무일을 자율 조정
	시차 출퇴근형	• 기본개념: 1일 8시간 근무체제 유지, 출퇴근시간 자율 조정 • 실시기간: 1일 이상 • 신청시기: 당일까지 신청하되, 당일 24시까지 부서장 승인 • 출근유형: 가급적 07:00~10:00까지로 30분 단위로 하되 필요 시 탄력적으로 운영 가능
	근무시간 선택형	• 기본개념: 일 8시간에 구애받지 않음(일 4~12시간 근무), 주 5일 근무 준수 • 실시기간: 1주 이상으로 하되 당일 신청 시 2일 이상 • 신청시기: 당일까지 신청하되, 당일 24시까지 부서장 승인 • 근무가능 시간대는 06:00~24:00로 하되 1일 최대 근무시간은 12시간
	집약 근무형	• 기본개념: 일 8시간에 구애받지 않음(일 4~12시간 근무), 주 3.5~4일 근무 • 실시기간: 1주일 이상 • 신청시기: 실시 전일까지 • 근무가능 시간대는 06:00~24:00로 하되 1일 최대 근무시간은 12시간 • 정액급식비 등 출퇴근을 전제로 지급되는 수당은 출근하지 않는 일수만큼 감하여 지급
재량 근무형		근무시간, 근무장소 등에 구애받지 않고 구체적인 업무성과를 토대로 근무한 것으로 간주하는 근무형태
		• 기본개념: 출퇴근 의무 없이 프로젝트 수행으로 주 40시간 인정 • 실시기간: 기관과 개인이 합의 • 신청시기: 수시 • 고도의 전문적 지식과 기술이 필요해 업무수행 방법이나 시간배분을 담당자의 재량에 맡길 필요가 있는 분야
원격 근무형		특정한 근무장소를 정하지 않고 정보통신망을 이용하여 근무
	재택 근무형	• 기본개념: 사무실이 아닌 자택에서 근무 • 실시기간: 1일 이상 • 신청시기: 당일까지 신청하되, 당일 24시까지 부서장 승인 • 출근유형: 08:00~10:00 내 조정가능하며, 1일 근무시간은 4~8시간으로 변동 불가 • 초과근무: 사전에 부서장의 긴급 초과 근무명령을 받은 경우에만 예외적으로 인정
	스마트 워크 근무형	• 기본개념: 자택 인근 스마트워크센터 등 별도 사무실에서 근무 • 실시기간: 1일 이상 • 신청시기: 당일까지 신청하되, 당일 24시까지 부서장 승인 • 출근유형: 08:00~10:00 내 조정 가능하며, 1일 근무시간은 4~8시간으로 변동 불가 • 초과근무: 사전에 부서장 승인 시에만 인정

17 정부관의 변천 정답 ④

1980년대 이후 정부실패를 극복하기 위해 신자유주의와 신공공관리론에 바탕을 두고 민영화, 탈규제 및 복지 축소를 골자로 하는 작은 정부로의 개혁을 추진하였는데, 가장 대표적인 것이 영국 대처 수상의 개혁과 미국의 레이거 대통령의 개혁이었다.

선지분석
① 정부실패가 지적되면서, 탈규제, 민영화 등 정부 역할의 축소를 주장하는 신자유주의 정부가 등장했다.
② 신자유주의 아버지인 하이에크는 큰 정부를 강조한 케인즈의 주장에 반박하여, 정부는 가급적 시장에 개입해선 안 된다는 작은 정부를 주장하였다.
③ 경제대공황을 적극적인 정부의 개입으로 극복해야 한다는 주장으로 큰 정부를 표방한 정치행정일원론과 뉴딜정책이 대두됐다.

18 민원행정 정답 ④

행정기관의 장은 민원인이 동일한 내용의 민원(법정민원을 제외)을 정당한 사유 없이 3회 이상 반복하여 제출한 경우에는 2회 이상 그 처리 결과를 통지하고, 그 후에 접수되는 민원에 대하여는 종결처리할 수 있다.

선지분석
① 경비가 많이 소요되는 민원신청에 대해서 사전심사청구제도를 도입하고 있다.
② 「민원 처리에 관한 법률」제21조에 따르면 행정기관의 장은 개인의 사생활에 관한 사항에 해당하는 경우 그 민원을 처리하지 않을 수 있다고 규정되어 있다.
③ 복합민원 일괄처리의 원칙을 규정하고 있다.

19 특별지방자치단체 정답 ④

특별지방자치단체를 구성하는 지방자치단체는 상호 협의에 따른 규약을 정하여 구성 지방자치단체의 지방의회 의결을 거쳐 행정안전부장관의 승인을 받아야 한다.

선지분석
① 특별지방자치단체는 법인이다.
② 「지방자치법」제205조에 규정되어 있다.

> 「지방자치법」제205조【집행기관의 조직 등】① 특별지방자치단체의 장은 규약으로 정하는 바에 따라 특별지방자치단체의 의회에서 선출한다.
> ② 구성 지방자치단체의 장은 제109조에도 불구하고 특별지방자치단체의 장을 겸할 수 있다.

③ 「지방자치법」제204조에 규정되어 있다.

> 「지방자치법」제204조【의회의 조직 등】① 특별지방자치단체의 의회는 규약으로 정하는 바에 따라 구성 지방자치단체의 의회 의원으로 구성한다.
> ② 제1항의 지방의회의원은 제43조 제1항에도 불구하고 특별지방자치단체의 의회 의원을 겸할 수 있다

20 고향사랑 기부금 정답 ②

「고향사랑 기부금에 관한 법률」제8조에 규정되어 있다.

> 「고향사랑 기부금에 관한 법률」제8조【고향사랑 기부금의 접수 및 상한액】③ 개인별 고향사랑 기부금의 연간 상한액은 2,000만 원으로 한다.

선지분석
① 「고향사랑 기부금에 관한 법률」제2조의2에 규정되어 있다.

> 「고향사랑 기부금에 관한 법률」제2조의2【고향사랑의 날】① 고향의 가치와 소중함을 널리 알리기 위하여 고향사랑의 날을 지정·운영한다.

③ 「고향사랑 기부금에 관한 법률」제4조에 규정되어 있다.

> 「고향사랑 기부금에 관한 법률」제4조【고향사랑 기부금의 모금 주체 및 대상】① 지방자치단체는 해당 지방자치단체의 주민이 아닌 사람에 대해서만 고향사랑 기부금을 모금·접수할 수 있다.

④ 「고향사랑 기부금에 관한 법률」제3조에 규정되어 있다.

> 「고향사랑 기부금에 관한 법률」제3조【다른 법률과의 관계】이 법에 따른 고향사랑 기부금의 모금·접수 및 사용 등에 관하여는 「기부금품의 모집 및 사용에 관한 법률」을 적용하지 아니한다.

06회 실전동형모의고사

정답

p. 33

01	②	PART 1	06	①	PART 2	11	④	PART 4	16	③	PART 4
02	②	PART 1	07	①	PART 3	12	①	PART 4	17	③	PART 7
03	④	PART 1	08	③	PART 3	13	③	PART 5	18	②	PART 6
04	③	PART 2	09	②	PART 1	14	④	PART 5	19	①	PART 7
05	②	PART 2	10	③	PART 4	15	④	PART 5	20	③	PART 7

취약 단원 분석표

단원	맞힌 답의 개수
PART 1	/ 4
PART 2	/ 3
PART 3	/ 2
PART 4	/ 4
PART 5	/ 3
PART 6	/ 1
PART 7	/ 3
TOTAL	/ 20

PART 1 행정학 총설 / PART 2 정책학 / PART 3 행정조직론 / PART 4 인사행정론 / PART 5 재무행정론 / PART 6 지식정보화 사회와 환류론 / PART 7 지방행정론

01 정부실패 　정답 ②

관료제 안에서 공익보다 개인과 조직의 이익을 우선하는 것은 사적 목표의 추구를 말한다. X-비효율성이란 정부의 독점성에 기인하는 관리상의 비효율을 의미한다.

선지분석

① 정부의 규제나 시장개입이 클수록 지대추구 등으로 인한 사회적 비용 상승을 유발한다.
③ 시장산출물이 가격을 통해 수입과 비용이 연결된 것과 달리, 정부산출물은 조세를 일률적으로 징수하여 그 재원으로 사용하기 때문에 수입과 비용이 단절되어 있다. 어떤 활동에 있어서 수입이 비용과 연결되어 있지 않으면, 이윤(=수입-비용) 개념이 부재하여 비효율이 발생할 수밖에 없다.
④ X-비효율성에 대응방안으로서는 민영화, 정부보조 삭감, 규제 완화가 있다.

📄 정부실패의 원인별 대응방식(이종수 외 공저 새행정학)

구분	민영화	정부보조 삭감	규제 완화
사적 목표 설정	○		
X-비효율·비용체증	○	○	○
파생적 외부효과		○	○
권력의 편재	○		○

02 가외성 　정답 ②

가외성은 중복된 기능의 수행으로 인한 비용의 문제(능률성과 대치)가 발생한다.

선지분석

① 권력분립, 연방제, 법원의 삼심제도 등은 가외성의 사례이다.
③ 가외성은 행정의 수단적 가치에 해당한다.
④ 가외성은 정보나 지식의 불완전성을 극복함으로써 오류를 최소화하여 행정의 신뢰성과 안정성 증진에 기여한다.

03 비정부조직(NGO) 　정답 ④

NGO의 전문성·책임성 부족현상은 살라몬(Salamon)의 네 가지 NGO 실패모형 중 박애적 아마추어리즘(Philanthropic amateurism)에 해당한다. 박애적 불충분성(Philanthropic insufficiency)이란 NGO는 강제성이 없어 활동에 필요한 자원을 지속적·안정적으로 획득할 수 없다는 모형이다.

선지분석

① 뉴거버넌스로서의 행정이란, '공공문제 해결을 위한 국가-시장-시민사회 공동체로 구성된 연결망을 통한 집합적 노력'이라고 할 수 있다. 즉, 정부와 NGO 간의 협력체계를 중시한다.
② NGO는 의회, 정당 또는 행정부의 일부 기능을 보완하여 정부실패를 극복하는데 기여할 수 있다.
③ NGO는 공공부문의 한계인 정부실패와 민간부문의 한계인 시장실패를 극복하기 위해 대두되었다.

📄 살라몬(Salamon)의 NGO 실패모형

박애적 불충분성 (Philanthropic Insufficiency)	NGO는 강제성이 없어 활동에 필요한 충분한 양의 자원을 지속적·안정적으로 획득할 수 없기 때문에 실패할 수 있음
박애적 배타주의 (Philanthropic Particularism)	NGO의 활동은 그 활동영역과 서비스 공급대상이 한정되어 있는 경우가 대부분이므로, 사회적 도움을 필요로 하는 모든 집단에게 혜택을 줄 수 없는 한계를 가지고 있음
박애적 온정주의 (Philanthropic Paternalism)	• NGO의 활동내용과 방식은 NGO에 가장 많은 자원을 공급하는 사람과 집단의 결정에 의하여 좌우될 수 있다는 것 • 즉, 자원의 독점적 제공자의 자의적인 결정에 따라 누구에게 봉사할 것인가가 결정될 수 있다는 것
박애적 아마추어리즘 (Philanthropic Amateurism)	사회문제의 해결이나 서비스의 제공은 전문적인 지식을 필요로 하는 경우가 많지만, NGO는 도덕적·종교적 신념에 바탕을 두고 있는 경우가 많기 때문에 충분한 전문성과 책임성을 확보하기 어려움

06회 실전동형모의고사 **29**

04 유추분석　　　　정답 ③

문제 상황 사이의 유사한 관계를 통하여 직접 문제를 분석하는 '직접적 유추'에 해당한다. 약물중독 문제의 구조화를 전염병의 통제경험으로부터 유추하는 것은 직접적 유추의 예이다. 상징적 유추(symbolic analogies)는 주어진 문제 상황과 어떤 상징적 대용물(모형 또는 시뮬레이션) 사이의 유사한 관계를 찾아내어 분석하는 것이다.

예 일정한 기준에 따른 정책의 순환적 결정 과정을 설명하기 위해 자동온도조절장치에 비유하는 것 등

(선지분석)

① 개인적(인적) 유추(personal analogies)는 분석가가 정책결정자 또는 고객집단과 같이 마치 그 자신들이 문제를 경험하고 있는 것처럼 상상하는 것으로, 문제 상황의 정치적 차원을 파헤치는 데 유용하다.

예 교통 문제를 분석하기 위해 만원버스를 타고 이용객들의 불편을 직접 겪어보는 것 등

② 직접적 유추(direct analogies)는 분석가가 두 개 이상의 실제 문제 상황 시이의 유사한 관계를 탐색하는 것이다.

예 약물 중독의 문제를 구조화하기 위하여 전염병의 통제 경험으로부터 직접 유추하는 것 등

④ 환상적(가상적) 유추(fantasy analogies)는 문제 상황과 어떤 상상적인 상태 사이의 유사성을 자유롭게 상상하고 탐색하는 것이다.

예 국방정책분석가가 가상적인 핵공격 상태를 전제로 문제를 유추해보는 것 등

05 앨리슨모형　　　　정답 ②

앨리슨(Allison)의 관료정치모형(모형 Ⅲ)에 대한 설명으로 옳은 것은 2개(ㄷ, ㅁ)이다.

(선지분석)

ㄱ. 합리적 행위자 모형(모형 Ⅰ)에 대한 설명이다.
ㄴ, ㄹ. 조직과정모형(모형 Ⅱ)에 대한 설명이다.

06 정책　　　　정답 ①

정책설계는 문제해결 또는 목표달성을 위한 수단의 조합을 의미한다.

(선지분석)

② 정책이란 바람직한 사회 상태를 이룩하려는 정책목표와 이를 달성하기 위해 필요한 정책수단에 대하여 권위 있는 정부기관이 공식적으로 결정한 기본방침으로, 사업계획, 정부방침, 법령 등으로 표현된다.

③ 정책수단은 정책목표를 달성하기 위한 행동방안으로, 정책의 실질적인 내용을 구성한다.

④ 정책효과의 일반적 개념으로 옳은 지문이다.

07 조직원리　　　　정답 ①

계층제는 구성원의 의사결정 참여를 저해하므로 귀속감이나 참여감을 저해한다.

(선지분석)

② 전문화(분업)의 원리는 업무능률의 증진을 위해 조직 전체의 업무를 종류와 성질별로 나누어 '조직의 구성원이 가급적 한 가지의 주된 업무만을 전담하도록 하는 조직구성 원리'를 말한다. 지나친 업무의 세분화는 업무수행에 대한 흥미 상실과 비인간화라는 역기능을 가지고 있다.

③ 조정의 원리란 조직이 수행하는 공동의 목표를 효과적으로 달성하기 위하여 '세부적으로 분화된 조직의 활동을 통합하는 것'을 말한다. 조정을 통해 할거주의, 비협조 등을 해소할 수 있다.

④ 통솔범위란 한 사람의 상관 또는 감독자가 혼자서 직접 효과적으로 통솔할 수 있는 부하의 수 또는 조직단위의 수를 말한다. 통솔범위가 넓어지면 계층의 수는 적어지는 반면, 통솔범위가 좁아지면 계층의 수는 많아진다.

08 리더십이론　　　　정답 ③

리더십이론에 대한 설명으로 옳은 것은 3개(ㄱ, ㄴ, ㄹ)이다.

ㄱ. 블레이크와 머튼의 관리격자모형에서는 과업과 인간 모두를 중시하는 단합형 리더를 가장 이상적인 유형으로 보았다.

ㄴ. 피들러의 상황적응론에서는 부하와의 관계, 과업구조, 직위권력을 상황요인으로 보고 상황이 유리하거나 반대로 불리할 때는 과업지향형이, 중간일 때에는 인간중심형이 효과적이라고 하였다.

ㄹ. 하우스의 경로 – 목표이론에 대한 옳은 설명이다.

(선지분석)

ㄷ. 허시와 블랜차드의 삼차원적 리더십이론에 따르면, 부하의 성숙도가 매우 높은 상황에서는 위임형 리더십이 효과적이다.

09 효과성　　　　정답 ②

퀸과 로보그[Quinn & Rohrbauch(1983)]는 어떤 조직이 효과적인가 하는 것은 가치판단적인 것이라고 지적하였다. 즉, 조직의 효과성을 평가하는 기준은 누가 평가하느냐, 어떤 이해관계를 대변하느냐와 관련되는 가치판단의 문제라고 본다.

(선지분석)

① 체제자원 접근법은 조직 내부적 관리보다는, 관리자의 능동적이고 적극적인 환경 관리를 중시한다.

③ 경쟁가치 접근법은 효과성이란 평가자의 대립되는 다양한 가치(통제와 유연, 조직과 인간)에 따라 달라진다는 입장이다.

④ 이해관계자 접근법에서의 이해관계자는 조직 내·외부 모든 공동체 전체를 의미한다.

10 실적주의와 엽관주의 정답 ③

실적주의에 대한 설명이다. 실적주의는 임용의 기회균등하에 능력의 차이를 인정하는 상대적 평등주의를 추구한다.

(선지분석)
① 실적주의는 공직취임의 기회균등을 보장하여 민주적 요청에 부합한다.
② 실적주의는 엽관주의 병폐를 극복하기 위하여 실적 기준에 의한 인사행정으로 공무원의 자질 및 행정의 능률성을 향상시킨다.
④ 엽관주의는 민주정치의 기초가 되는 정당정치 발전에 기여(국민의사 존중, 책임정치)한다.

11 원격근무제도 정답 ④

원격근무제도는 IT기술의 발달에 힘입어 재택근무 등 사무실이 아닌 곳에서도 근무할 수 있는 제도로, 고용 확대와는 직접적인 관계가 없다.

(선지분석)
① 원격근무제는 직장 이외의 장소에서 정보통신망을 이용하여 근무하는 제도이다.
② 재택근무나 스마트워크 근무형태는 인력의 모집범위를 넓혀 우수한 인재를 충원할 수 있다.
③ 사무실이 아닌 자택에서 근무하거나 자택 인근 스마트워크센터 등 별도 사무실에서의 근무는 직장과 가정의 요구를 조화시켜 사기를 증진시킬 수 있다.

12 근무성적평정 정답 ①

평정자가 자기 자신과 성향이 유사한 부하에게 후한 점수를 주는 오차는 유사성의 착오(similarity error)이다. 상동적 오차(stereotyping)는 고정관념이나 편견에 의한 유형화의 착오이다.

(선지분석)
② 4급 이상 공무원, 연구관·지도관이 원칙적인 성과계약평가대상이나 소속장관이 필요성을 인정할 시 5급 이하도 가능하다.
③ 피평정자 간의 근무성적을 서로 비교해서 서열을 정하는 방법으로 쌍쌍비교법, 대인비교법 등이 있다.
④ 체크리스트(check list) 평정법의 개념으로 옳은 지문이다.

13 중앙정부의 지출 정답 ③

둘 다 의무지출에 해당한다.

(선지분석)
① 의무지출은 '법률에 따라 지출 의무가 발생하고 법령에 따라 지출 규모가 결정되는 법정지출 및 이자지출'을 말한다.

> 「국가재정법 시행령」 제2조 【국가재정운용계획의 수립 등】 ③ 국가재정법 제7조 제2항 제4호의2에 따른 의무지출의 범위는 다음 각 호와 같다.
> 1. 「지방교부세법」에 따른 지방교부세, 「지방교육재정교부금법」에 따른 지방교육재정교부금 등 법률에 따라 지출의무가 정하여지고 법령에 따라 지출규모가 결정되는 지출
> 2. 외국 또는 국제기구와 체결한 국제조약 또는 일반적으로 승인된 국제법규에 따라 발생되는 지출
> 3. 국채 및 차입금 등에 대한 이자지출

② 우리나라는 2013년 예산안부터 재정지출 사업을 의무지출과 재량지출로 구분하여 국가재정 운용계획에 포함하여 국회에 제출하고 있다.
④ 국방비는 재량지출에 해당한다.

14 국회 정답 ④

예산과 법률 상호간에 수정이나 개폐는 불가하다.

(선지분석)
① 조세의 종목과 세율은 법률로 정한다(헌법 제59조).
② 확정법률이 정부에 이송된 후 5일 이내에 대통령이 공포하지 아니할 때에는 국회의장이 이를 공포한다.
③ 예산은 국회가 심의하고 의결로 확정된다. 즉, 공포는 불필요하다.

15 예산 정답 ④

예산에 대한 설명으로 옳은 것은 ㄴ, ㄹ, ㅁ이다.
ㄴ. 예산은 희소한 자원을 효율적으로 배분하는 기능을 하며, 비효율적인 자원배분에 의하여 발생한 시장실패를 치유하는 역할을 수행한다.
ㄹ. 예산은 희소한 경제자원의 배분에 관한 권위적 결정이므로, '예산을 둘러싼 이해관계자들의 대립·갈등·투쟁·타협이라는 정치적 속성'을 지닌다[윌다브스키(Wildavsky)].
ㅁ. 예산은 정부의 재정상태와 재원획득 및 지출에 관한 정보를 제공하는 도구이다.

(선지분석)
ㄱ. 예산은 국회의 심의, 의결권 등을 통하여 공무원의 책임성을 확보하기 위한 도구이다.
ㄷ. 예산은 정부정책 중 가장 보수적인 영역이다.

16 「적극행정 운영규정」 정답 ③

적극행정 추진에 관한 사항을 심의하기 위하여 각 중앙행정기관에 적극행정위원회를 둔다.

📄 **적극행정**

㉠ 의의
- 적극행정: 공무원이 불합리한 규제를 개선하는 등 공공의 이익을 위해 창의성과 전문성을 바탕으로 적극적으로 업무를 처리하는 행위를 말한다.
- 소극행정: 공무원이 부작위 또는 직무태만 등 소극적 업무행태로 국민의 권익을 침해하거나 국가 재정상 손실을 발생하게 하는 행위를 말한다.
㉡ 적극행정 실행계획의 수립: 중앙행정기관의 장은 적극행정 실행계획을 매년 수립·시행해야 한다.
㉢ 적극행정위원회
- 적극행정 추진에 관한 사항을 심의하기 위하여 각 중앙행정기관에 적극행정위원회를 둔다.
- 위원회의 위원장은 해당 중앙행정기관의 차관급 공무원(해당 중앙행정기관의 장이 차관급 공무원인 경우에는 부기관장인 고위공무원단에 속하는 일반직공무원 또는 이에 상당하는 공무원을 말한다) 또는 민간위원 중에서 중앙행정기관의 장이 정한다.
㉣ 징계요구 등 면책: 공무원이 적극행정을 추진한 결과에 대해 그의 행위에 고의 또는 중대한 과실이 없는 경우에는 「감사원법」 제34조의3 및 「공공감사에 관한 법률」 제23조의2에 따라 징계 요구 또는 문책 요구 등 책임을 묻지 않는다.
㉤ 징계 등 면제: 공무원이 적극행정을 추진한 결과에 대해 그의 행위에 고의 또는 중대한 과실이 없는 경우에는 징계 관련 법령에 따라 징계의결 또는 징계부가금 부과의결을 하지 않는다.

17 참여예산제도 정답 ③

시민들의 참여로 의사가 반영되면 민주성은 기대할 수 있으나 예산행정이 지체되어 비효율적일 수 있다는 한계점이 존재한다.

(선지분석)
① 자치단체장은 대통령령으로 정하는 바에 따라 지방예산 편성 등 예산과정(지방의회의 의결사항은 제외)에 주민이 참여할 수 있는 제도를 마련하여 시행하여야 한다(「지방재정법」 제39조).
② 2011년 「지방재정법」의 개정으로 모든 지방자치단체가 의무적으로 이행하게 되었다.
④ 주민들이 예산과정에 직접 참여하고 자신들의 의사를 밝힐 수 있다는 측면에서 투명성과 민주성을 기대할 수 있다.

18 행정책임 정답 ②

설문의 내용은 정치적 책임이 아니라 기능적 책임이다. 프리드리히(Friedrich)의 기능적 책임성에서는 '관료의 전문적 지식'과 '국민적 정서'에 의한 행정책임의 담보를 강조한다.

(선지분석)
① 외재적 책임은 행정이 행정조직의 외부에 있는 입법부, 사법부 또는 국민에 대하여 지는 책임이다.
③ 윤리적 책임은 도덕적 규범성을 기준으로 하는 책임이며, 국민의 요구나 희망에 대한 대응성까지 포함하는 책임이다.
④ 법적 책임은 법을 위반 시 법적인 제재를 수반하는 책임이다.

19 지방자치제도 정답 ①

시·도를 달리하는 시·군·구 간의 자치단체조합의 설치는 지방의회 의결을 거쳐 행정안전부장관의 승인을 받아야 한다.

(선지분석)
② 「지방자치법」 제62조에 명시되어 있다.

> **「지방사치법」 제62조【의장·부의장 불신임의 의결】** ① 지방의회의 의장이나 부의장이 법령을 위반하거나 정당한 사유 없이 직무를 수행하지 아니하면 지방의회는 불신임을 의결할 수 있다.

③ 「주민조례발안에 관한 법률」에 의거하여 지방의회에 청구하게 되어 있다.
④ 지방자치단체의 장은 대통령령으로 정하는 바에 따라 예산편성 등 예산과정에 주민이 참여할 수 있는 절차(주민참여예산제도)를 마련하여 시행하여야 한다.

20 지방분권추진기구 정답 ③

지방분권추진기구의 설치 시기를 이른 것부터 나열하면 '지방이양추진위원회(ㄴ) → 정부혁신지방분권위원회(ㄹ) → 지방분권촉진위원회(ㄱ) → 자치분권위원회(ㅁ) → 지방시대위원회(ㄷ)' 순이다.

📄 **정권별 지방분권추진기구**

정권	법률	추진기구
김대중	중앙행정 권한의 지방이양 촉진에 관한 법률(1999)	지방이양추진위원회
노무현	지방분권특별법(2004)	정부혁신지방분권위원회
이명박	지방분권촉진에 관한 특별법(2008), 지방행정체제 개편에 관한 특별법(2010)	지방분권촉진위원회, 지방행정체제개편 추진위원회
박근혜	지방분권 및 지방행정체제 개편에 관한 특별법(2013)	대통령소속의 지방자치발전위원회
문재인	지방자치분권 및 지방행정체제 개편에 관한 특별법	대통령소속의 자치분권위원회
윤석열	지방자치분권 및 지역균형발전에 관한 특별법	대통령소속의 지방시대위원회

▶ 정답

p. 38

01	② PART 3	06	③ PART 2	11	③ PART 4	16	④ PART 3
02	① PART 1	07	④ PART 3	12	② PART 4	17	③ PART 4
03	④ PART 1	08	③ PA RT 3	13	② PART 5	18	② PART 2
04	④ PART 1	09	② PART 3	14	① PART 5	19	③ PART 7
05	③ PART 1	10	① PART 2	15	③ PART 5	20	① PART 7

▶ 취약 단원 분석표

단원	맞힌 답의 개수
PART 1	/ 4
PART 2	/ 3
PART 3	/ 5
PART 4	/ 3
PART 5	/ 3
PART 6	/ 0
PART 7	/ 2
TOTAL	/ 20

PART 1 행정학 총설 / PART 2 정책학 / PART 3 행정조직론 / PART 4 인사행정론 / PART 5 재무행정론 / PART 6 지식정보화 사회와 환류론 / PART 7 지방행정론

---

01 조직이론과 인간관 정답 ②

사회인관이 아니라 자아실현인관에 대한 설명이다.

선지분석

① 합리적·경제적 인간관은 주로 경제적 유인에 의해 동기가 부여된다고 보는 고전적 조직론의 인간관이다.
③ 자아실현적 인간관을 대표하는 이론에는 맥그리거(McGregor)의 Y이론, 아지리스(Argyris)의 성숙인 등이 있다.
④ 복잡한 인간관은 인간의 획일적 동기를 가정하지 않고, 동기가 상황에 따라 변화한다고 본다.

02 포스트모더니즘 정답 ①

포스트모더니즘에서 타자성이란 타인을 하나의 대상이 아닌 도덕적 타자로 인정하고, 다양성에 대한 선호와 함께 타인에 대해 개방적인 태도를 가져야 한다는 것이다. 즉, 행정에서 타자성은 다양성에 대한 선호와 함께 행정의사결정의 개방성을 의미한다.

선지분석

② 상상이란 소극적으로 규칙에 얽매이지 않는 것을 말하며, 적극적으로는 문제의 특수성을 인정하자는 것이다.
③ 포스트모더니즘은 해방주의적(emancipatory)인 성향을 지니는데, 이는 개인들은 조직과 사회적 구조의 지시와 제약으로부터 해방되어야 한다고 주장을 의미한다. 즉, 개인들은 모든 의미에서 자유로울 수 있는 존재라고 한다.
④ 포스트모더니즘은 서구의 합리주의를 배격한다.

03 시장실패와 정부실패 정답 ④

정부실패가 아니라 시장실패에 대한 정부의 대응방식이다.

선지분석

① 완전경쟁의 조건을 충족할 경우 시장은 자원배분의 효율성을 달성할 수 있다.
② 시장실패의 요인으로는 불완전경쟁, 자연독점, 정보의 비대칭성, 외부효과의 발생, 공공재의 존재 등이 제시되고 있다.
③ 정부실패의 예시로 옳은 지문이다.

04 신공공서비스론 정답 ④

신공공서비스론은 민주적 목적 성취를 위한 수단적·기술적 전문성을 과소평가한다.

선지분석

① '전략적으로 행동하고 민주적으로 행동하라'는 신공공서비스론의 7대 원칙 중 하나이다.
② 신공공서비스론에서 정부는 공공담론의 촉진, 그리고 공익의 증진에 기여하는 책임을 져야 한다고 처방한다.
③ 신공공서비스론은 다양한 사회세력의 이익을 조정하는 정부의 역할에 대해 소홀히 다룬다.

05 행정학의 발달과정 정답 ③

행정학의 발달과정에 대한 설명으로 옳은 것은 3개(ㄱ, ㄴ, ㄹ)이다.

ㄱ. 윌슨은 1887년에 발표한 『행정의 연구』를 통해 (엽관)정치로부터 분리되어 효율적인 행정을 추구해야 한다는 점을 강조한 정치·행정이원론을 주장했다.

ㄴ. 행태론은 행정연구방법에 있어서는 가치와 사실을 구분하여 과학으로서 행정학은 사실만을 연구대상으로 하여야 한다고 주장한다.

ㄹ. 사회학적 신제도주의에서는 제도의 사회적 정당성을 강조하며, 최선의 결과를 추구하는 결과성의 논리보다는 적절성의 논리가 지배한다.

(선지분석)

ㄷ. 신행정학은 행태론을 비판하여 실증주의가 아닌 인간의 주관적 내면현상까지도 연구대상으로 해야 한다는 반실증주의적 접근을 강조했다. 실증주의에 기반한 관리지향적인 행정학은 행태주의이다.

ㅁ. 신공공관리론은 정부실패에 대응하여 복지정책 축소, 규제 완화, 민영화 등 작은 정부를 주장했다.

06 집단의사결정 정답 ③

브레인스토밍 기법은 의견을 내는 과정에서 비판 및 평가를 금지한다.

(선지분석)

① 집단의사결정의 장점에 대한 옳은 설명이다.

② 집단사고는 개인들이 집단 응집성과 합의에 대한 압력으로 비판적인 사고가 억제되어 각자의 의견을 발현하지 못하고 획일적인 방향으로 의사결정하는 현상(만장일치에 대한 도덕적 환상, 집단동조의식 등)이다. 따라서 반대의견 표출이 억압되는 상황에서는 토론을 바탕으로 한 집단지성이 형성되기 힘들다.

④ 델파이 기법은 전문가의 의견을 설문 조사 방식으로 지속적으로 개발하고 교환하며, 습득하는 직관적 예측기법이다.

07 동기부여이론 정답 ④

애덤스(Adams)의 공정성이론에서 말하는 불공평함에는 과소보상뿐만 아니라 과다보상도 포함된다.

(선지분석)

① 기대치란 노력을 투입하면 성과가 있을 것이라는 주관적인 기대감이다. 성과가 바람직한 보상을 가져올 것이라는 믿음은 수단성이다.

② 스키너(Skinner)의 강화이론은 강화를 긍정적 강화, 부정적 강화, 처벌, 소거로 구별한다.

③ 앨더퍼(Alderfer)의 ERG이론은 하위 목표로의 퇴행을 인정하지 않는 매슬로우(Maslow)의 이론과 달리, 하위 욕구로의 퇴행이 가능하다고 본다는 점에서 매슬로우(Maslow)의 이론과 다르다.

08 관료제의 역기능 정답 ③

관료제는 기본적으로 계층제 구조를 지니며 집권화를 특징으로 한다. 따라서 정책관리자의 권한이 강화된다.

(선지분석)

① 직업관료는 국민에게 직접 책임을 지지 않기 때문에 독선주의로 흐를 우려가 있으며, 본질적으로 보수주의적·현실유지적 특징을 나타내고, 변동에 대해 저항한다(Bennis).

② 공식적 법규 위주의 지나친 몰인간성(impersonalism)은 조직 내의 인간적 관계를 저해할 수 있다.

④ 관료는 목표달성을 위한 수단인 규칙·절차에 지나치게 영합·동조하는 경향을 보인다. 이는 목표전환현상을 초래할 수 있다(Merton).

📄 관료제의 순기능과 역기능

특징	순기능	역기능
계층제	• 조직 내의 수직적 분업 및 조정 • 질서 유지, 명령과 복종체계 수립	• 조직 내 의사소통 왜곡과 지연 • 무사안일주의 • 의사결정의 교착 • 상급자의 권위에 의존 • 책임회피와 전가 • 권력의 집중 현상
법과 규칙의 강조	• 조직구조의 공식성 제고 • 조직활동 절차의 정확성 향상 • 공평·공정·통일적인 업무 수행 • 조직활동의 객관성과 예측가능성 확보	• 지나친 법규 강조로 인해 목표와 수단의 뒤바뀜(동조과잉) • 획일성과 경직성 • 변화에 대한 저항 및 대응성 결여 • 형식주의·무사안일주의 • 비인간화(조직 구성원의 기계화)
전문화	• 전문행정가 양성 • 행정능률 증진	• 훈련된 무능에 따른 좁은 시야와 포괄적 통제력의 부족 • 단순·반복·전문직업적 정신 이상 현상 • 할거주의에 따른 조정과 협조의 곤란
연공서열 중시	• 직업공무원제 발전 • 행정의 안정과 재직자 보호	피터(Peter)의 법칙에 따른 무능력자 승진과 무자격자 보호
문서주의	직무수행의 공식성과 객관성 확립, 결과 보존	형식주의, 의식주의, 서면주의, 번문욕례(red-tape)
업적 강조	• 행정의 쇄신 • 능력 있는 재직자 우대	장기 재직한 공무원의 사기저하

09 MBO와 TQM의 비교 정답 ②

TQM의 시간관은 장기적이며, 통제유형은 예방적·사전적 통제이다. 반면 MBO의 시간관은 단기적이며, 통제유형은 사후적 결과중심의 통제이다.

(선지분석)

① MBO는 개인·조직 단위의 내부적 관점에서 상하간에 합의로 목표를 설정하며, TQM은 외부의 고객의 관점에서 목표를 설정한다.

③ 데밍(Deming)은 TQM을 산출의 질을 제고시키기 위한 과정에 대한 통계학적 통제기법이라 정의하였다.

④ 두 관리기법 모두 구성원의 참여를 강조한다.

목표관리(MBO)와 총체적 품질관리(TQM)의 비교

MBO	TQM
• 내부지향성 – 개인·조직 단위의 내부적 관점에서 목표설정 • 목표지향	• 외향적 관점 – 고객과의 관계 중시 (고객위주 행정) • 고객지향
• 양적 목표의 달성 • 결과 중시(성과 지향) • 사후관리(평가·환류)	• 서비스의 질적 개선 – 관리 과정·절차의 개선 • 과정 지향(가치관 태도의 변화) • 사전적·예방적 관리
개인에게까지 세부적 목표 부여	집단·팀 중심 활동
개별적 성과급 지급	• 총체적 헌신 • 개별적 성과급 지급은 팀워크 저해로 보기 때문에 개별적 성과급을 지급하지 않음
공통점: 참여, 팀워크, 협력 중시	

10　정책옹호연합모형　정답 ①

정책옹호연합모형(advocacy coalition framework)은 정책하위시스템 안에 신념체계를 공유하는 지지연합들 간의 갈등으로 인하여 장기간에 걸쳐 점진적으로 변동하는 과정으로 이해하였다. 따라서 급격한 단절을 겪은 다음에 다시 균형을 이루어 나간다는 단절적 균형모형과는 다르다.

(선지분석)

② 정책변화를 이해하기 위해 여러 정책지지연합들로 구성된 정책하위시스템에 분석의 초점을 두고 있다.

③ 정책하위시스템 안에는 신념체계를 공유하는 지지연합이 존재하며, 이들 간 갈등과 대립으로 정책이 변화한다고 본다.

④ 정책하위시스템 구성원들의 신념체계 변화뿐만 아니라 외부사건 등 사회경제적 조건과 같은 외생변수의 변화도 정책변동에 영향을 미친다고 본다.

11　재산등록 및 주식백지신탁제도　정답 ③

「공직자윤리법」제14조의5 제1항에 규정되어 있다.

> 「공직자윤리법」제14조의5【주식백지신탁 심사위원회의 직무관련성 심사 등】① 공개대상자등 및 그 이해관계인이 보유하고 있는 주식의 직무관련성을 심사·결정하기 위하여 인사혁신처에 주식백지신탁 심사위원회를 둔다.

(선지분석)

① 「공직자윤리법」제4조 제3항에 규정되어 있다.

② 혼인한 직계비속인 여성이 소유한 재산은 재산등록 의무자가 등록할 재산에 제외한다.

> 「공직자윤리법」제4조【등록대상재산】① 등록의무자가 등록할 재산은 다음 각 호의 어느 하나에 해당하는 사람의 재산(소유 명의와 관계없이 사실상 소유하는 재산, 비영리법인에 출연한 재산과 외국에 있는 재산을 포함한다. 이하 같다)으로 한다.
> 3. 본인의 직계존속·직계비속. 다만, 혼인한 직계비속인 여성과 외증조부모, 외조부모, 외손자녀 및 외증손자녀는 제외한다.
> ③ 제1항에 따라 등록할 재산의 종류별 가액(價額)의 산정방법 또는 표시방법은 다음과 같다.
> 6. 국채·공채·회사채 등 유가증권은 액면가
> 제5조【재산의 등록기관과 등록시기 등】① 공직자는 등록의무자가 된 날부터 2개월이 되는 날이 속하는 달의 말일까지 등록의무자가 된 날 현재의 재산을 다음 각 호의 구분에 따른 기관(이하 "등록기관"이라 한다)에 등록하여야 한다.

④ 「공직자윤리법」제14조의8 제1항에 규정되어 있다.

> 「공직자윤리법」제14조의8【신탁상황의 보고 등】① 주식백지신탁의 수탁기관은 매년 1월 1일(주식백지신탁계약이 체결된 해의 경우에는 계약체결일)부터 12월 31일까지 신탁재산을 관리·운용·처분한 내용을 다음 해 1월 중에 관할공직자윤리위원회에 보고하여야 한다.

12　임용시험의 효용성　정답 ②

시험이 직무수행능력을 어느 정도 측정했는지는 기준타당도에 해당한다. 내용타당도는 직무수행에 필요한 지식·기술·태도 등 능력요소를 얼마나 정확하게 측정하느냐에 관한 타당도이다.

(선지분석)

① 시험의 타당도에 대한 개념과 종류에 대한 설명으로 옳은 지문이다.

③ 신뢰도란 측정도구가 갖는 일관성을 의미하는 것으로, 측정의 형식, 시기, 공간 등에 있어서 얼마나 규칙성과 일관성이 있는지를 의미하는 것이다.

④ 신뢰도를 검증하는 방법에는 반분법, 동질이형법, 재시험법 등이 있다.

13　예산제도　정답 ②

품목별 예산제도는 예산운영을 위한 가장 기본적인 분류단위이므로 새로운 예산제도가 도입된다 해도 항상 기본적으로 함께 사용되어야 할 분류단위이다. 새로운 성과주의예산이 도입 되었지만 마지막 분류단위에서는 여전히 품목별 예산분류를 사용하고 있다.

(선지분석)

① 총액배분자율편성예산제도는 재정당국이 정해준 지출한도 범위 안에서 예산을 자율적으로 편성하는 하향식 예산제도이다.

③ 「국가재정법」에서는 성인지 예산서 작성을 의무화하고 있다.

④ 「지방재정법」상 예산과정에 주민이 참여할 수 있도록 하는 주민참여예산제도가 시행되고 있다.

14 전통적 예산원칙   정답 ①

①은 예산 단일성의 원칙이 아니라 예산 통일성의 원칙에 해당한다.

📄 **전통적(= 고전적) 예산원칙**

공개성 원칙	• 예산의 편성·심의·집행 등에 관한 정보를 공개해야 함 • 예외: 의회가 예산의 총액만 승인해주는 신임예산, 우리나라의 경우 국정원의 예산은 공개하지 않음
명료성 원칙	• 예산은 모든 국민이 이해할 수 있도록 편성되어야 함 • 예외: 총괄예산, 총액계상예산
엄밀성(정확성) 원칙	예산은 계획한 대로 정확히 지출하여 가급적 결산과 일치해야 함
완전성 원칙 (예산총계주의)	• 예산에는 모든 세입·세출이 완전히 계상되어야 한다는 것으로, 예컨대 징수 비용을 제외한 순수입(순계예산)만을 세입예산에 반영시켜서는 안됨 • 예외: 순계예산, 현물출자, 외국차관의 전대
통일성 원칙	• 특정수입과 특정지출이 연계되어서는 안되며, 국가의 모든 수입은 일단 국고에 편입되고 여기서부터 모든 지출이 이루어져야 함 • 예외: 특별회계예산, 목적세, 수입대체경비
사전의결 원칙	• 예산은 집행이 이루어지기 전에 입법부에 제출되고 심의·의결되어야 함 • 예외: 준예산, 정부투자기관 예산, 예비비 지출, 사고이월, 전용
한정성 원칙	예산은 주어진 목적, 금액, 시간에 따라 한정된 범위 내에서 집행되어야 한다는 원칙으로 세 가지 한정성으로 구분됨 • 질적 한정성: 비목 외 사용금지(예외: 이용, 전용) • 양적 한정성: 금액초과 사용금지(예외: 예비비, 추경예산) • 시간적 한정성: 회계연도 독립원칙 준수(예외: 이월, 계속비)
단일성 원칙	• 예산은 가능한 한 단일의 회계 내에서 정리되어야 함 • 예외: 특별회계, 기금, 추경예산

15 특별회계와 기금   정답 ③

규모의 크기는 일반회계, 기금, 특별회계 순이다.

선지분석
① 특별회계와 기금은 통일성의 원칙에 대한 예외로서, 특정수입과 지출의 연계가 허용된다.
② 특별회계와 기금 모두 법률로써 설치해야 한다.
④ 특별회계는 약 30여 개, 기금은 약 70여 개로 기금의 수가 더 많다.

16 환경과 조직   정답 ④

ㄴ, ㄹ만 옳은 설명이다.
ㄴ. 전략적 선택이론에 따르면, 조직구조의 변화가 관리자가 자율적, 능동적으로 직접 판단, 선택한 전략에 의하여 이루어진다고 본다.
ㄹ. 자원의존이론은 임의론적 입장으로, 조직은 환경에 주도적, 능동적, 자율적으로 대처하며 관리자가 적극적으로 환경을 조직에 유리한 방향으로 형성해 나간다.

선지분석
ㄱ. 조직군생태론에 대한 설명이다.
ㄷ. 공동체생태학이론은 조직들이 생태학적 공동체 속에서 상호호혜적인 의존관계를 가지면서 조직 간 공동전략(연대)에 의하여 능동적으로 환경에 적응하는 것을 설명하는 이론이다.

17 직위분류제의 특성   정답 ③

직위분류제의 특성에 해당하는 것은 6개(ㄱ, ㄷ, ㄹ, ㅁ, ㅂ, ㅇ)이다.
ㄱ. 객관적 직무 중심의 공직분류는 인사배치에서 상관의 정실을 방지할 수 있다.
ㄷ. 직위분류제는 동일 직무에 대한 동일 보수 지급(equal pay for equal work)으로, 직무급 제도를 확립하여 보수 결정의 합리적 기준을 제시한다.
ㄹ. 직위분류제는 동일 직책의 장기간 담당으로 행정의 전문화와 분업화를 촉진한다. 승진이 동일 직종에 따라 이루어지므로 특정 분야의 전문가 양성에 효과적이다.
ㅁ. 직위분류제는 횡적인 직책의 한계와 종적인 상하 지휘·감독 관계에서 권한과 책임의 한계를 명시하여 행정조직의 합리화와 개선 및 행정책임과 능률 확보에 기여한다.
ㅂ. 직무 중심의 공직분류는 계급제에 비해 직무를 분석하고 평가해야 하므로, 제도유지 비용이 많이 든다.
ㅇ. 직위분류제는 특정 직위·직무에 연결되므로, 기구개혁 등에 따라 직무 자체가 없어진 경우 조직 및 직무의 변화에 대한 적절한 대응이 곤란하다.

선지분석
ㄴ. 신분보장의 강화로 조직에 대한 몰입감이 강한 것은 계급제이다.
ㅅ. 계급만 동일하다면 보수 변동 없이 전직과 전보가 가능한 계급제가 인적자원의 탄력적 운용이 가능하다.

18 조합주의   정답 ②

조합주의에서 정부의 역할은 적극적·주도적이다.

선지분석
① 조합주의는 경제적 자본주의를 인정하면서도 노동자들의 권리도 인정하는 입장으로서, 노사정합의체, 즉 경제사회노동위원회가 대표적인 기관이다.
③ 정부는 사회적 공동선을 달성하기 위해 중요 이익집단과 우호적 협력 관계를 유지하고, 이익집단은 상호 경쟁보다 국가에 협조함으로써 특정 영역에서 사신들의 요구를 정책 과정에 투입한다.
④ 국가조합주의는 국가로부터 주도하는 강제적 이익대표체제로서 이익집단이 국가에 의존하며 국가는 강력한 권력을 가지고 있다는 이론이다.

19 국세 또는 지방세 정답 ③

지방교육세와 지역자원시설세는 목적세이며, 모든 목적세는 광역자치단체의 세목에 해당한다.

(선지분석)

① 개별소비세, 농어촌특별세는 국세에 해당한다.

② 등록면허세, 재산세는 자치구 세목이다.

④ 제주특별자치도와 세종특별자치시는 기초자치단체가 없으므로 모든 지방세는 제주특별자치도와 세종특별자치시의 세금이다.

📄 **지방세 체계(11종)**

구분		도세	시·군세	특별시·광역시세	자치구세
보통세		취득세 등록면허세 레저세 지방소비세	주민세 재산세 자동차세 담배소비세 지방소득세	취득세 주민세 자동차세 담배소비세 레저세 지방소비세 지방소득세	등록면허세 재산세
목적세		지방교육세 지역자원시설세	–	지방교육세 지역자원시설세	–

20 주민투표 정답 ①

「주민투표법」 제18조의2 제1항에 규정되어 있다.

> 「주민투표법」 제18조의2【전자적 방법에 의한 투표·개표】 ① 제18조에도 불구하고 지방자치단체의 장은 다음 각 호의 어느 하나에 해당하는 경우에는 중앙선거관리위원회규칙으로 정하는 정보시스템을 사용하는 방법에 따른 투표 및 개표를 실시할 수 있다.
> 1. 청구인대표자가 요구하는 경우
> 2. 지방의회가 요구하는 경우
> 3. 지방자치단체의 장이 필요하다고 판단하는 경우

(선지분석)

② 「공직선거법」상 선거권이 없는 사람은 주민투표권이 없다.

③ 주민투표권자의 연령은 투표일 현재를 기준으로 산정한다.

④ 지문에 해당하는 외국인도 주민투표권이 있다.

▶ 정답

p. 43

01	②	PART 1	06	④	PART 2	11	①	PART 2	16	③	PART 5
02	①	PART 1	07	②	PART 3	12	①	PART 4	17	④	PART 5
03	①	PART 1	08	④	PART 3	13	②	PART 4	18	③	PART 5
04	④	PART 2	09	①	PART 6	14	④	PART 4	19	③	PART 3
05	④	PART 2	10	②	PART 4	15	④	PART 4	20	④	PART 7

▶ 취약 단원 분석표

단원	맞힌 답의 개수
PART 1	/ 3
PART 2	/ 4
PART 3	/ 3
PART 4	/ 5
PART 5	/ 3
PART 6	/ 1
PART 7	/ 1
TOTAL	/ 20

PART 1 행정학 총설 / PART 2 정책학 / PART 3 행정조직론 / PART 4 인사행정론 / PART 5 재무행정론 / PART 6 지식정보화 사회와 환류론 / PART 7 지방행정론

01　정부규모　　　　　　　　　　　정답 ②

정부규모의 팽창에 대한 설명으로 옳은 것은 ㄴ, ㄷ, ㄹ이다.
- ㄴ. 와그너(Wagner)의 경비팽창의 법칙이란 공공재의 수요는 소득탄력적이기 때문에 소득수준 향상 및 도시화의 진전과 국민소득의 증대, 사회의 상호의존관계 심화가 정부성장 요인이 되었다는 것이다.
- ㄷ. 니스카넨(Niskanen)의 예산극대화모형은 관료는 자신의 이익을 극대화하고자 적정규모를 초과하여 과다지출을 하게 된다는 것이다.
- ㄹ. 파킨슨 법칙(Parkinson's law)은 부하배증의 법칙과 업무배증의 법칙으로, 공무원의 수가 해야 할 업무의 경중이나 그 유무에 관계없이 일정 비율로 증가하는 현상을 설명한다.

(선지분석)
- ㄱ. 전위효과란 위기 시에 공적지출이 사적지출을 대신하며 재정이 팽창하는 현상을 말한다.
- ㅁ. 보몰병은 정부부문이 노동집약적인 성격을 띠고 있기 때문에 민간부문에 비해 생산성 증가가 더디며, 과도한 규모의 경제와는 반대로 고정비용보다 변동비용이 더 많은 비중을 차지하여 비용절감이 힘들고 생산비용이 빨리 증가하기 때문에 정부지출의 규모가 점차 커질 수밖에 없다는 것이다.

02　프리즘적 모형　　　　　　　　　정답 ①

리그스(Riggs)의 프리즘적 모형은 행정을 하나의 유기체로 파악하는 생태론적 접근방법에 기반을 두고 있다.

(선지분석)
- ② 프리즘적 사회의 특성으로는 고도의 이질성, 형식주의, 다분파주의, 다규범성 등이 있다.
- ③ 농업사회에서 산업사회로 넘어가는 과도기의 굴절사회를 프리즘적 사회라고 한다.
- ④ 프리즘적 사회는 사랑방 모델을 지배적인 행정모형으로 본다.

📄 **융합사회, 프리즘적 사회, 분화사회의 비교**

구분	융합사회 (Fused Society)	프리즘적 사회 (Prismatic Society)	분화사회 (Refracted Society)
사회구조	농업사회(Agraria)	전이사회(Transitia)	산업사회(Industria)
관료제 모형	• 안방 모형 (Chamber Model) • 공·사의 미분화	사랑방 모델 (Sala Model)	• 사무실 모델 (Office Model) • 공·사의 분화

03　「행정규제기본법」　　　　　　　정답 ①

규제를 신설·강화하는 경우에는 규제영향분석을 하고 분석서를 작성하여야 하지만 완화의 경우에는 그렇지 않다.

(선지분석)
- ② 규제는 국민의 자유와 창의를 존중하고, 그 본질적 내용을 침해하지 않도록 하고, 규제의 목적달성에 필요한 최소한의 범위에 국한되어야 한다.
- ③ 규제개혁위원회는 대통령 소속이다.
- ④ 규제등록제도에 대한 설명으로 옳은 지문이다.

04　최적모형　　　　　　　　　　　정답 ④

드로어(Y. Dror)는 최적모형에서 정책결정의 여러 국면들(초정책결정, 본래 의미의 정책결정, 후정책결정)이 서로 중첩적·가외적임을 인정하고, 이러한 정책결정구조의 중첩성이 정책결정의 오류를 방지하고 정책결정의 최적수준을 보장해 준다고 보고 있다.

① 제한된 자원·불확실한 상황·지식 및 정보의 결여 등으로 합리성 및 경제성이 제약을 받게 되므로, 합리적 요소 이외에 결정자의 직관·판단·영감·육감 등과 같은 초합리적 요인도 고려해야 한다는 것이다.
② 초정책결정 단계(Meta – Policy Making Stage)는 고도의 초합리성이 작용하는 단계로서, '정책결정에 대한 결정'이 이루어지는 단계이다. 즉, 정책결정을 어떻게 해야 할 것인가에 관한 결정으로서 정책문제의 파악·상위목표와 우선순위의 설정·자원의 동원가능성을 확인하고, 바람직한 정책결정체제의 설계와 문제·자원·가치를 각 기관에 배분하고 전략을 결정한다.
③ 정책을 어떻게 결정할 것인가에 관한 결정, 즉 정책결정 체계를 설계하고 정책결정 전략을 결정하는 것의 중요성을 강조한다.

05 증거기반 정책결정 정답 ④

증거기반이론이 정책결정 현실을 충분히 반영하지 못하고 있다는 지적이다. 정책결정 현장에서는 이상적이고 엄밀하나 과학적 분석에 기반하여 정책이 결정되기보다는 정책결정자들이 이해관계의 조정이나 정책수용성 등 정치적 결정 과정을 거치는 경우가 많다는 것이다.

① 정책이 이념, 신념, 의견 등에 기반하거나 과학적 사실이 부족한 담론 등에 의한 정책결정을 지양한다는 의미를 담고 있다.
② 증거기반 정책결정은 문자 그대로 '정책결정 과정에서 관련 증거에 기반하여 정책대안을 선택하거나 관련 사항을 결정하는 것'으로 정의된다.
③ 증거기반 정책결정의 적용이 상대적으로 용이한 분야는 보건정책 분야, 사회복지정책 분야, 교육정책 분야, 형사정책 분야 등을 들 수 있다.

06 쓰레기통모형 정답 ④

조직화된 무질서는 선호나 기술, 참여자가 존재하지 않는 것이 아니라 존재는 하되 문제성 있게 존재하는 경우이다.

① 실제 정책결정은 일정한 규칙에 따르지 않고 쓰레기통 속처럼 복잡하고 혼란하게 얽혀 있는 조직화된 혼란 상태에서 이루어진다고 본다.
② 네 가지 요소들이 아무 관계없이 독자적으로 움직이다가 어떤 계기로 우연히 만나게 될 때 의사결정이 이루어진다고 본다.
③ 문제에 따라 참여자가 다르고, 참여도 간헐적·일시적이다.

07 고전적 조직이론 정답 ②

고전적 조직이론은 행정학 성립 초기의 조직관으로, 공조직과 사조직의 관리는 다르지 않다는 공사행정일원론, 즉 정치행정이원론에 입각하고 있다.

① 테일러(Taylor)와 귤릭(Gulick) 등 과학적 관리론자들이 고전적 조직이론자들이다.
③ 계층제, 분업 등 공식적 구조와 원리를 중시한다.
④ 과학적 관리론(Taylor)의 조직을 고전적 조직이라 한다.

08 매트릭스조직 정답 ④

매트릭스조직은 사업구조와 기능구조를 결합한 이중적 조직이다. 상황적 응성이 높고 공식화나 표준화에 의존하지 않으므로 조직관리의 객관성과 예측가능성을 확보할 수 없다는 단점이 있다.

① 조직 구성원은 기능과 사업의 양 조직에 중복적으로 소속되어 있으므로 각 기능별 전문적 안목을 넓히고 넓은 시야를 갖출 수 있는 기회가 된다.
②, ③ 매트릭스구조(matrix structure)는 기능구조와 사업구조의 화학적 결합을 시도하는 조직구조이다. 대사관조직이나 특수대학원이 이에 해당한다.

09 행정개혁 저항에 대한 극복방안 정답 ①

가장 근본적인 전략은 규범적·사회적 전략으로서, 개혁지도자의 신망 개선, 의사소통의 촉진 등은 규범적·사회적 전략에 포함된다.

② 개혁 수용에 필요한 시간을 허용하는 것은 규범적·사회적 전략에 해당하지만, 개혁 절차 및 방법을 개선하는 것은 공리적·기술적 전략에 해당한다.
③ 개혁의 가치와 개인 이득을 명확히 하는 것은 기술적·공리적 전략이지만, 교육훈련 및 자기계발 기회 제공은 규범적·사회적 전략에 해당한다.
④ 상급자의 권력 행사는 강제적·물리적 전략이지만, 개혁의 시기 조절은 공리적·기술적 전략에 해당한다.

10 시보 임용 제도 정답 ②

임기제공무원으로 임용된 경우에는 시보 임용이 면제된다(「국가공무원법」 제29조, 「공무원임용령」 제25조 제2항).

① 시보기간에도 징계처분에 대해서는 소청을 청구할 수 있다.
③ 시보기간 동안의 경력도 공무원의 경력에 포함된다.
④ 고위공무원단은 시보 적용 대상이 아니다.

11 다원주의론 정답 ①

다원주의론에서는 정부의 정책과정에 동일한 접근기회가 주어지지만 이익집단 간의 영향력 차이가 있다고 본다.

(선지분석)
② 다원주의에서 이익집단은 서로 상호 경쟁적이지만 일정한 규칙을 준수하는데 합의하고 있다.
③ 신다원주의에서는 다원주의보다 더 능동적인 정부를 상정하지만 이익집단들 간에 조정이 정부 발전의 원동력이 된다는 다원주의의 핵심관점은 유지한다.
④ 다원주의는 선거 등의 정치적 경쟁장치를 매개로 여러 이익집단이나 일반대중이 엘리트들에게 영향을 미친다고 주장한다.

12 정부조직체계 정답 ①

청 단위기관과 소속부처의 연결로 옳은 것은 ㄱ, ㄷ이다.

(선지분석)
ㄴ. 방위사업청 – 국방부
ㄹ. 특허청 – 산업통상자원부
ㅁ. 해양경찰청 – 해양수산부

13 공무원 인사제도 정답 ②

직업공무원제의 잔재, 연령정년제도와 신분보장제도, 일반능력자주의적 임용관행, 직업적 유동성의 제약, 지위중심적·권한중심적 관리지향, 보수체계의 경직성 등은 개방형 임용제도의 도입에 부정적 요인으로 작용한다.

(선지분석)
① 우리나라는 기본적으로 계급제를 채택하고 있으며, 부분적으로 직위분류제적 요소를 채택하고 있다.
③ 공직사회의 경쟁분위기를 확산시키고 정부의 경쟁력, 효율성 제고를 위해 개방형 직위제도와 고위공무원단제도가 도입되었다.
④ 교류형 인사제도는 기관 간의 이해 증진 및 업무 협조의 긍정적 효과와 함께 개별 공무원의 경력 개발 및 근무조건 개선의 필요성도 충족시킬 수 있다.

14 직권면직 정답 ④

고위공무원단에 속하는 공무원이 적격심사 결과 부적격 결정을 받은 때 직권면직 사유가 된다(「국가공무원법」 제70조 제1항 제9호).

(선지분석)
① 해당 직급·직위에서 직무를 수행하는데 필요한 자격증의 효력이 없어지거나 면허가 취소되어 담당 직무를 수행할 수 없게 된 때 직권면직 사유가 된다(동법 제8호).
② 직제와 정원의 개폐 또는 예산의 감소 등에 따라 폐직 또는 과원이 되었을 때 직권면직 사유가 된다(동법 제3호).
③ 전직시험에서 세 번 이상 불합격한 자로서 직무수행 능력이 부족하다고 인정된 때 직권면직 사유가 된다(동법 제6호).

15 공무원 교육훈련 방법 정답 ④

액션러닝이 아니라 역할연기에 대한 설명이다. 액션러닝(action learning)은 소규모로 구성된 그룹이 실질적인 업무 현장의 문제를 해결해 내고, 그 과정에서 성찰을 통해 학습하도록 하는 행동학습(learning by doing) 교육훈련 방법이다.

(선지분석)
① 인턴십(internship)은 정식임용 전에 조직의 전반적인 업무를 간단히 경험하는 것이다.
② 실무지도(coaching)는 일상근무 중 상관이 부하를 지도하는 것이다.
③ 사례연구(case study)는 하버드 법과대학의 랑델(Langdell) 교수에서 시작된 것으로, 과거에 일어났던 구체적이고 실제적인 사례를 비교·분석하여 미래에 대한 예측능력을 기르고 문제를 해결하는 방법이다.

16 지출원인행위 정답 ③

지출원인행위(계약)를 담당하는 공무원을 재무관이라 한다.

지출관리기관	기획재정부장관과 각 중앙관서의 장
재무관	국가의 현금지불의 원인이 되는 계약체결 등 채무의 부담 결정(지출원인행위를 하는 자)
지출관	계좌이체를 통해 국고금을 지출하는 공무원
통합지출관	2개 이상 관서의 국고금의 통합지출을 담당하는 지출관

17 총체주의와 점증주의 정답 ④

예산 통일성의 원칙이 지켜지는 영역(예 일반회계, 보통세 등)에서는 점증주의가 타당하다. 예산 통일성의 원칙에서 예외로 인정하고 있는 특별회계나 목적세가 많을 때에는 그 증감 폭이 관련 사업의 지출을 결정하기 때문에 (협상이나 타협을 통한 예산결정인) 점증주의가 타당성을 지니기 어렵다. 즉, 특별회계나 목적세를 통해 들어오는 세입의 규모에 따라 증감 폭이 결정되는 것이며, 정치적 타협이나 협상을 통해서 결정되는 것이 아니다.

선지분석

① 합리주의 예산결정모형은 합리적·분석적 의사결정 단계를 거쳐 비용과 효용의 측면에서 프로그램이나 정책대안을 체계적으로 검토하여 예산을 배분하는 것을 말한다. 계획예산제도(PPBS), 영기준예산제도(ZBB) 등이 합리주의 예산결정모형에 속한다.
② 급격한 변화를 지양하기 때문에 근본적으로 보수주의적인 모형으로, 쇄신과 혁신을 요구하는 발전도상국의 사회에 적용하기 어렵다.
③ 점증주의 예산결정모형은 해당 연도의 예산액을 기준으로 거기에 점차적으로 증감하여 다음 연도의 예산액을 결정하는 것을 말한다. 점증주의모형에서는 경제적 합리성보다는 정치·사회적 지지를 얻을 수 있는 정치적 합리성을 추구한다.

---

18 예비비제도　　　　　정답 ③

「국가재정법」에 의하면 일반 예비비일 경우 일반회계예산총액 100분의 1 이내의 금액을 계상하도록 법정 상한선이 설정되어 있다.

선지분석

① 예비비는 양적 한정성, 사전의결 원칙의 예외(예비비 지출의 경우)에 해당한다.
② 「국가재정법」 제51조에 명시되어 있다.

> 「국가재정법」 제51조 【예비비의 관리와 사용】 ① 예비비는 기획재정부장관이 관리한다.

④ 공무원의 보수 인상을 위한 인건비 충당을 위하여는 예비비의 사용목적을 지정할 수 없다.

---

19 조직혁신　　　　　정답 ③

조직혁신에 대한 설명으로 옳은 것은 ㄴ, ㄷ이다.
ㄴ. MBO가 상향적·미시적·개인적 관점의 성과관리라면, BSC는 하향적·거시적·고객지향적 관점의 새로운 성과관리 시스템이다.
ㄷ. 조직발전(OD)은 계획적인 행태변화로 조직 전체의 효율성과 건전성을 제고시키려는 관리전략이다.

선지분석

ㄱ. 총체적 품질관리는 조직의 개별 구성원에 대한 목표의 설정과 그것의 측정을 중시하지 않는다. 총체적 품질관리는 집단적 참여를 강조한다.
ㄹ. 목표관리(MBO)는 내부인사 중심의 조직관리기법이며, 조직발전(OD)은 외부의 행태주의 전문가가 감수성훈련을 주도한다.

---

20 지방자치단체의 사무　　　　　정답 ④

행정안전부장관이나 시·도지사는 지방자치단체의 자치사무에 관하여 보고를 받거나 서류·장부 또는 회계를 감사할 수 있다. 이 경우 감사는 법령위반사항에 대해서만 한다.

선지분석

① 단체위임사무는 지방의회가 관여할 수 있고 조례로도 정할 수 있다.
② 지방의회는 매년 1회 그 지방자치단체의 사무에 대하여 시·도에서는 14일의 범위에서, 시·군 및 자치구에서는 9일의 범위에서 감사를 실시하고, 지방자치단체의 사무 중 특정 사안에 관하여 본회의 의결로 본회의나 위원회에서 조사하게 할 수 있다.
③ 지방자치단체나 그 장이 위임받아 처리하는 국가사무에 관하여 시·도에서는 주무부장관, 시·군 및 자치구에서는 1차로 시·도지사, 2차로 주무부장관의 지도·감독을 받는다.

정답

p. 48

01	④	PART 1	**06**	③	PART 3	**11**	①	PART 2	**16**	③	PART 5
02	③	PART 1	**07**	④	PART 3	**12**	②	PART 2	**17**	③	PART 6
03	①	PART 1	**08**	④	PART 1	**13**	②	PART 7	**18**	②	PART 5
04	④	PART 7	**09**	④	PART 3	**14**	③	PART 5	**19**	④	PART 7
05	②	PART 4	**10**	③	PART 4	**15**	③	PART 2	**20**	①	PART 7

취약 단원 분석표

단원	맞힌 답의 개수
PART 1	/ 4
PART 2	/ 3
PART 3	/ 3
PART 4	/ 2
PART 5	/ 3
PART 6	/ 1
PART 7	/ 4
TOTAL	/ 20

PART 1 행정학 총설 / PART 2 정책학 / PART 3 행정조직론 / PART 4 인사행정론 / PART 5 재무행정론 / PART 6 지식정보화 사회와 환류론 / PART 7 지방행정론

---

01 신공공관리론과 신공공서비스론 정답 ④

신공공관리론이 시장 지향적 책임을 강조하는데 비해 신공공서비스론은 책임성이란 것이 단순한 것이 아니라는 점을 인식하라는 원칙하에 '책임은 다면적'임을 강조한다. 즉, 법, 공동체, 정치규범, 전문성, 시민이익 존중 등 책임의 다면성을 강조한다. 신공공관리론이 폭넓은 재량을 허용하는데 비해 신공공서비스론은 재량이 필요하지만 제약과 책임 수반도 강조한다.

선지분석
① 신공공관리론은 경제적 합리성에 기반하는 반면에 신공공서비스론은 전략적으로 사고하고 민주적으로 행동하는 전략적 합리성을 강조한다.
② 관료의 동기유발 수단으로 신공공관리론은 기업가 정신을 강조하며, 신공공서비스론은 봉사를 통한 사회에 기여를 강조한다.
③ 신공공관리론이 국민을 고객으로 보는데 비해 신공공서비스론은 국민을 시민으로 본다.

02 행정학의 접근방법 정답 ③

신제도주의는 행위 주체의 의도적·전략적인 행동이 제도에 영향을 미칠 수 있다는 점을 인정한다.

선지분석
① 행태론적 접근방법은 과학적·경험적 연구에서 관찰이나 검증이 불가능한 가치를 배제하고, 사실중심적 연구를 강조한다.
② 체제론은 체제 간에도 상위체제 > 중간체제 > 하위체제의 계층적 서열이 존재한다는 계서적 관점을 취하고 있다.
④ 공공선택론은 공공재와 공공서비스의 효율적 공급을 위한 조직적 장치로서 권한의 분산과 관할권의 중첩을 제시하고 있다.

03 공익 정답 ①

과정설에서는 실체설이 주장하는 절대적 가치나 도덕적 선 등은 구체적인 정책결정의 기준이 될 수 없는 상징적 수사로 본다.

선지분석
② 다원적 민주주의에 나타나는 이익집단 사이의 상호조정 과정에 의한 정책결정은 공익 과정설에 가깝다.
③ 기초주의란 정당화된 믿음이나 건전한 전제로부터 추론된 결론을 토대로 절대적이고 확실한 기초에 의존하는 인식론을 말한다. 이는 공익 실체설에 가깝다.
④ 공공재의 존재와 공유지 비극의 문제는 시장의 자율적인 힘으로는 공익을 기대할 수 없으며 정부의 개입이나 역할이 필요하다는 실체설의 근거가 될 수 있다.

04 「보조금 관리에 관한 법률」 정답 ④

「보조금 관리에 관한 법률」 제10조(차등보조율의 적용)에 따르면, 기획재정부장관은 매년 지방자치단체에 대한 보조금 예산을 편성할 때에 필요하다고 인정되는 보조사업에 대하여는 해당 지방자치단체의 재정 사정을 고려하여 기준보조율에서 일정 비율을 더하거나 빼는 차등보조율을 적용할 수 있다. 이 경우 기준보조율에서 일정 비율을 빼는 차등보조율은 「지방교부세법」에 따른 보통교부세를 교부받지 아니하는 지방자치단체에 대하여만 적용할 수 있다. 즉, 보통교부세를 교부받지 않은 지방자치단체에게만 빼는 차등보조율이 가능하다.

선지분석
①, ② 중앙관서의 장은 보조사업을 수행하려는 자로부터 신청받은 보조금의 명세 및 금액을 조정하여 기획재정부장관에게 보조금 예산을 요구하여야 한다. 이 경우 제5조에 따른 보조사업의 경우에는 보조금의 예산 계상 신청이 없더라도 그 보조금 예산을 요구할 수 있다.

③ 기획재정부장관은 매년 지방자치단체에 대한 보조금 예산을 편성할 때에 필요하다고 인정되는 보조사업에 대하여는 해당 지방자치단체의 재정 사정을 고려하여 기준보조율에서 일정 비율을 더하거나 빼는 차등 보조율을 적용할 수 있다.

---

05 고위공무원단 역량평가 정답 ②

동기부여는 고위공무원단 역량평가 시 포함되지 않는 역량이다. 고위공무원단 평가대상 역량은 총 6가지이며, 문제인식, 전략적 사고, 성과지향, 변화관리, 고객만족, 조정·통합이 포함된다.

---

06 위원회 소속 정답 ③

강원특별자치도 지원위원회는 국무총리 소속이다.

📄 위원회 소속

대통령 소속	국무총리 소속
• 경제사회노동위원회 • 지방시대위원회 • 방송통신위원회 • 규제개혁위원회	• 정부업무평가위원회 • 공정거래위원회 • 금융위원회 • 국민권익위원회 • 개인정보보호위원회 • 원자력안전위원회 • 강원특별자치도 지원위원회

---

07 조직구조 정답 ④

사업구조는 부서 내에서 기능 간 조정은 용이하지만 사업부서 간 조정은 곤란하다.

(선지분석)
① 기계적 구조의 조직은 엄격한 분업과 계층제를 특징으로 한다.
② 매트릭스구조는 기능부서와 사업부서를 화학적으로 결합한 것으로, 인적·물적 자원을 효율적으로 활용할 수 있다.
③ 학습조직은 개방체제와 자기실현적 인간관을 바탕으로 조직원이 새로운 지식을 창출하는 한편, 이를 조직 전체에 보급해 조직 자체의 성장·발전·업무수행능력을 증가시킬 수 있도록 지속적인 학습활동을 전개하는 조직이다.

---

08 규제샌드박스 정답 ③

한국형 레몬법은 2019년 1월 1일부터 우리나라에서도 신차 구매 후 같은 고장이 반복되면 제조사로부터 교환이나 환불을 받을 수 있는 제도이다.

📄 규제샌드박스 유형

규제 신속 확인	시장 행위자가 제품 출시 등에 직면하여 발생하는 규제의 불확실성을 제거해주기 위해 신기술 신산업 관련 규제 존재 여부와 내용을 문의하면 30일 이내에 회신 받을 수 있도록 하는 것
임시 허가	• 혁신적인 신제품이 시장 출시를 앞두고 관련 규제가 해당 신기술이나 신서비스가 적용된 제품에 적용하는 것이 곤란하거나 맞지 않는 경우, 또는 해당 신기술이나 신서비스가 적용된 제품에 대해 명확히 규정되어 있지 않아 어려움을 겪는 경우에 임시 허가를 통해 제품 출시를 허용하고 2년 이내에 법령 정비를 의무화한 제도 • 만약 2년 이내에 관련 법령 정비가 완결되지 않을 때에는 2년을 연장할 수 있도록 하여 최대 4년 이내에 법령 정비를 완료하여 정식 허가를 취득하도록 한 제도
실증특례	• 관련 법령의 모호성이나 불합리성 혹은 금지규정의 존재로 인해 신제품이나 신서비스의 사업화가 제한적일 경우 일정한 조건 하에서 기존 규제의 적용을 배제한 실증 테스트가 가능하도록 한 제도 • 이 제도의 경우에도 임시 허가와 같은 방식으로 최대 4년 이내에 법령 정비를 통해 정식허가를 통한 시장 출시를 의무화하고 있으며, 만약 법령 정비가 그 이상 지연될 경우 임시 허가를 통한 시장 출시도 가능하도록 하고 있음

---

09 직무특성 모형 정답 ④

잠재적 동기지수는 핵심직무특성 중 기술다양성, 직무정체성, 직무중요성의 합의 평균값에 자율성 및 환류의 곱으로 계산된다. 합이 아니라 곱이다.

(선지분석)
① 다섯 개의 직무특성(기술다양성, 정체성, 중요성, 환류, 자율성)이 원인변수로서 심리상태에 영향을 미친다.
② 자율성(autonomy)은 개인이 자신의 직무에 대하여 개인적으로 느끼는 권한과 책임감에 대한 정도이다.
③ 해크만과 올드햄(Hackman & Oldham)의 직무특성이론에 대한 옳은 설명이다.

---

10 징계 정답 ③

징계위원회는 5명 이상의 출석과 출석 과반수의 찬성으로 의결하되, 의견이 나뉘어 과반의 찬성을 얻지 못한 경우에는 과반수가 될 때까지 징계대상자에게 가장 불리한 의견에 차례로 유리한 의견을 더하여 가장 유리한 의견을 합의된 의견으로 본다. 즉, 문제에서 제시된 사례의 경우 어떤 의견도 과반수가 안되므로(파면1, 해임1, 강등1, 정직3, 감봉1) 가장 불리한 의견(파면1)에 그 다음 유리한 의견(해임1, 강등1)을, 그 다음 유리한 의견(정직 3)을 더하면 6명으로 과반수가 된다.

11 정책집행상황 정답 ①

모호성이 낮고 갈등이 높은 상황은 정치적 집행에 해당한다. 정치적 집행은 매수, 담합, 날치기 통과 등이 나타나는 경우이다.

(선지분석)

② 관리적 집행이 정형화된 결정(SOP)이 나타나고, 하향적 접근방법이 가능하다.

③ 실험적 집행이 정책을 학습으로 보며, 정책 결과는 맥락적인 조건에 의해 결정되는 경우이다.

④ 상징적 집행이 상향적 접근방법이 유용한 경우로, 집행과정은 목표와 수단을 해석하는 과정으로 보며, 참여자에 대한 직업적인 훈련과정이 중요한 영향을 미친다고 본다.

📄 **정책집행상황**

구분		갈등	
		낮음	높음
정책목표의 모호성	낮음	관리적 집행	정치적 집행
	높음	실험적 집행	상징적 집행

12 정책평가 실험 정답 ②

설문은 회귀불연속 설계로, 준실험에 해당한다.

(선지분석)

① 단절적 시계열 설계(분석)는 여러 시점에서 관찰되는 자료를 통하여 실험변수의 효과를 추정하기 위한 방법이다(준실험 설계).

③ 축조에 의한 통제는 특정 정책이 실시되는 지역과 실시되지 않는 지역이 구분되어 무작위 배정을 하기 어려운 연구대상을 비슷한 대상끼리 둘씩 짝을 지어 배정하는 매칭(matching)에 의한 방법을 말한다(준실험 방법).

④ 무작위배정은 홀짝추첨 방식의 무작위 추출(배정)에 의하여 실험집단과 통제집단을 동질적으로 구성하여 외생변수의 영향이 두 집단에 동질적으로 나타나도록 하는 실험이다(진실험 방법).

13 지방채 정답 ②

「지방재정법」 제11조상 외채를 발행하려면 지방의회의 의결을 거치기 전에 행정안전부장관의 승인을 받아야 한다.

(선지분석)

① 「지방재정법 시행령」 제7조상 지방채의 종류는 지방채증권과 차입금으로 구분된다.

③ 지방채의 차환을 위해 지방채를 발행할 수 있다.

④ 조합은 법률로 정하는 바에 따라 지방채를 발행할 수 있다. 이 경우 행정안전부장관의 사전 승인을 얻어야 한다.

14 예산 및 법률 정답 ③

국회는 정부가 제출한 지출예산 각 항의 금액을 증가시키거나 새 비목을 설치할 때 정부의 동의가 필요하다.

(선지분석)

① 대통령은 법률에 대해서는 거부권 행사가 가능하지만, 예산에 대해서는 거부권 행사가 불가능하다.

② 우리나라의 예산에 대해 국회는 제안권이 없다.

④ 예산심의 과정에서 국회는 정부가 제출한 예산안의 범위 내에서 자유롭게 삭감할 수 있다.

15 비용편익분석 정답 ③

사업의 기간이 길어질수록 현재가치는 작아진다.

(선지분석)

① 비용편익분석은 총체적 예산결정(합리주의) 시 유용한 대안탐색 기법으로 사용된다.

② 내부수익률은 편익-비용비율을 1로, 순현재가치(편익-비용)를 0으로 만드는 할인율을 말한다.

④ 현실에서는 비용편익분석을 하는 과정에서 시장가격 대신 잠재가격을 사용해야 하는 경우가 많으므로 사업의 유리함이나 불리함을 부각시키기 위하여 의도적으로 잠재가격 등을 왜곡하려는 유인이 강하게 존재할 수 있다.

16 예산의 종류 정답 ③

기금은 세입세출예산에 의하지 아니하고 예산외(off budget)로 운용할 수 있다.

(선지분석)

① 일반회계는 중앙정부의 내국세·관세 등 조세수입(90% 이상)과 차관수입·재화나 용역의 판매수입과 같은 세외수입 등을 통해 조성한다.

② 특별회계예산은 정부예산이 하나로 통일되어 계리되는 일반회계예산과는 달리 특정한 목적을 위한 세입과 세출을 별도로 계리하는 예산제도이다.

④ 통합예산은 회계 간 전출입 등 내부거래를 공제한 예산순계 개념으로 작성된다.

| **17** | 행정개혁의 접근방법 | 정답 ③ |

행태적 접근방법(behavioral approach)은 조직발전(OD) 혹은 인간중심적 접근방법이라고도 하며, 행태과학의 지식과 기법을 활용하여 조직의 목표에 개인의 성장의욕을 결부시킴으로써 조직을 개혁하려는 접근방법이다. 인간의 행태를 중시하기 때문에 구조와 기술을 경시한다는 비판이 있다.

(선지분석)
① 기능 중복의 해소, 권한과 책임의 재조정, 명령계통 수정 등의 원리전략과 분권화의 확대는 고전적인 구조 중심의 접근방법에 해당한다.
② 과정적 접근방법(process approach)은 행정체제 내의 과정 또는 일의 흐름 그리고 거기에 결부된 기술을 개선하려는 접근방법이다.
④ 종합적 접근방법은 구조·인간·기술 등에 대한 포괄적 개혁을 중시한다.

| **18** | 우리나라의 예산제도 | 정답 ② |

헌법에 '국회는 회계연도 개시 30일전까지 의결하여야 한다'는 규정이 있다. 헌법상 예산 불성립의 시점은 새로운 회계연도가 개시될 때이다. 따라서 동일하지 않다.

(선지분석)
① 우리나라는 헌법에 '모든 조세의 종목과 세율은 법률로 정한다'는 규정에 따라 조세법률주의를 채택하고 있다.
③ 「국가재정법」 제41조에 규정된 옳은 설명이다.
④ 미국의 경우 법률의 형식을 취하지만, 우리나라의 경우 예산의결(예산) 형식이다.

| **19** | 긴급재정관리단체의 지정요건 | 정답 ④ |

긴급재정관리단체의 지정요건은 「지방재정법」 제60조의3에 명시되어 있는데, '재정위기단체로 지정된 지방자치단체가 재정건전화계획을 이행하지 않은 경우'는 이에 해당하지 않는다.

> 「지방재정법」 제60조의3【긴급재정관리단체의 지정 및 해제】행정안전부장관은 지방자치단체가 다음 각 호의 어느 하나에 해당하여 자력으로 그 재정위기상황을 극복하기 어렵다고 판단되는 경우에는 해당 지방자치단체를 긴급재정관리단체로 지정할 수 있다.
> 1. 재정위기단체로 지정된 지방자치단체가 재정건전화계획을 3년간 이행하였음에도 불구하고 재정위험 수준이 일정 수준 이하로 악화된 경우
> 2. 소속 공무원의 인건비를 30일 이상 지급하지 못한 경우
> 3. 상환기일이 도래된 채무의 원금과 이자를 60일 이상 지급하지 못한 경우

| **20** | 지방공기업 | 정답 ① |

지방직영기업의 관리자는 지방직공무원 신분이므로 지방자치단체의 장이 임명한다.

(선지분석)
② 행정안전부장관은 지방공기업의 경영 기본원칙을 고려하여 대통령령으로 정하는 바에 따라 지방공기업에 대한 경영평가를 하고, 그 결과에 따라 필요한 조치를 하여야 한다. 다만 행정안전부장관이 필요하다고 인정하는 경우에는 지방자치단체의 장으로 하여금 경영평가를 하게 할 수 있다.
③ 공사의 자본금은 그 전액을 지방자치단체가 현금 또는 현물로 출자한다. 위의 경우에도 불구하고 공사의 운영을 위하여 필요한 경우에는 자본금의 2분의 1을 넘지 아니하는 범위에서 지방자치단체 외의 자(외국인 및 외국법인을 포함한다)로 하여금 공사에 출자하게 할 수 있다.
④ 지방직영기업은 지방자치단체가 공기업특별회계를 설치해 독립적으로 회계를 운영하는 형태이다.

▶ 정답

p. 53

01	③	PART 1	06	③	PART 2	11	④	PART 4	16	③	PART 6
02	③	PART 1	07	①	PART 3	12	③	PART 4	17	④	PART 5
03	③	PART 1	08	①	PART 3	13	③	PART 6	18	②	PART 2
04	②	PART 2	09	④	PART 5	14	④	PART 7	19	①	PART 7
05	④	PART 7	10	②	PART 4	15	④	PART 1	20	①	PART 1

▶ 취약 단원 분석표

단원	맞힌 답의 개수
PART 1	/ 5
PART 2	/ 3
PART 3	/ 2
PART 4	/ 3
PART 5	/ 2
PART 6	/ 2
PART 7	/ 3
TOTAL	/ 20

PART 1 행정학 총설 / PART 2 정책학 / PART 3 행정조직론 / PART 4 인사행정론 / PART 5 재무행정론 / PART 6 지식정보화 사회와 환류론 / PART 7 지방행정론

01 공공봉사동기 정답 ③

정책 과정에의 참여는 규범적 차원이 아니라 합리적 차원에 속한다.

(선지분석)

①, ②, ④ 규범적 차원은 공익에 대한 몰입에 관한 것으로, 공익에 대한 봉사요구, 의무감이나 정부 전체에 대한 충성도, 사회적 형평 등을 의미한다.

📄 공공서비스동기이론의 구성

합리적 차원 (이성적 계산)	• 합리적 차원은 공무원의 자신 효용극대화 동기와 관련됨 • 정책형성 과정에의 참여, 공공정책에 대한 일체감, 호감도와 매력, 특정 이해관계에 대한 지지 • 자신의 자아실현적 욕구를 충족시키는 차원에서 정책과 자신을 동일시하는 것
규범적 차원 (공익 의무감)	• 규범적 차원은 본질적이고 이타적인 내용으로 의무감에 바탕을 둔 동기 • 공익봉사의 욕구, 의무와 정부 전체에 대한 충성, 사회적 형평의 추구
감성적 차원 (감정적 접근)	• 감성적 차원은 이성이나 의무감이 아닌 감정적으로 생기는 동기 • 정책의 사회적 중요성에 기인한 몰입, 선의의 애국심

02 수익형 민자사업(BTO) 정답 ③

시설에 대한 수요변동 위험은 정부가 부담하며, 정부는 사전에 약정한 수익률을 포함한 리스료를 민간사업자에게 지출하는 것은 BTO가 아니라 BTL에 대한 설명이다. BTO는 사회간접자본을 민간이 건설하고 소유권을 이전한 다음 민간이 운영하여 사용료로 투자비를 회수하는 방식이다.

(선지분석)

①, ② BTO는 민간자본으로 민간이 건설(Build)하여 완공 시 소유권을 정부에 이전(Transfer)하는 대신 직접 운용(Operate)하여 사용료로 투자비 회수하는 방식으로, 주로 도로·철도 등 수익창출이 가능한 영역에 적용된다.

④ BTO는 일반적으로 임대형 민자사업(BTL)에 비해 민간입자의 수익률과 위험부담이 높다. 또한 사업기간도 일반적으로 더 길다.

03 행태론적 접근방법 정답 ③

행태주의는 사회심리학적 접근방법을 통하여 특정질문에 따른 반응을 통해 파악해 볼 수 있는 태도·의견·개성 등도 행태에 포함시킨다.

(선지분석)

① 행태론적 접근방법이란 '사회·정치 및 행정을 연구함에 있어 이데올로기·제도 및 구조가 아닌, 개인이나 집단의 행태를 연구대상으로 하여 경험적으로 분석·설명하는 접근방법'을 의미한다.

② 행태주의를 행정학에 본격적으로 도입하여 행정의 과학적 연구에 기여한 사이먼(Simon)은 행정을 합리적·집단적·협동적 의사결정으로 인식하고 의사결정을 행정의 핵심으로 파악하였다.

④ 행태론은 가치와 사실을 분리하는 정치행정이원론에 해당하지만, 행정에서의 가치판단적인 요소나 정치적 요소의 존재를 부정하지는 않았다. 오히려 행태론은 행정현상에 가치판단적 요소나 정책결정 기능의 존재를 인정하였으나, 과학으로서의 행정학은 가치와 사실을 구분하여 사실만을 다루어야 한다고 주장한다.

04 정책집행의 하향적 접근방법 정답 ②

결정자의 의도를 중시하는 전방향적 접근방법(forward mapping)이 하향적 접근방법이다. 집행에서 시작하여 결정 단계로 거슬러 올라가는 방식은 상향적 접근에 대한 설명이다.

(선지분석)

① 하향적 접근방법은 목표와 수단 간 타당한 인과관계를 전제로, 공식적인 목표달성을 중시하므로 객관적인 평가가 가능하다.

③ 집행과정에서 발생할 수 있는 변수를 미리 예견하여 체크리스트로 사용할 수 있다.

④ 정책결정자가 정책집행 과정을 충분히 통제할 수 있다고 보아, 최고관리층의 리더십을 성공적 집행의 핵심 조건으로 본다.

ㄹ. 개인의 동기는 사회문화 상호작용하는 과정에서 취득되고 학습된다고 주장한 이론은 매클리랜드의 성취동기이론이다.

05 「지방자치법」   정답 ④

주민은 권리·의무와 직접 관련되는 규칙에 대한 제정·개정 및 폐지 의견을 지방자치단체장에게 제출 가능하다.

(선지분석)
① 「지방자치법」 제204조에 규정되어 있다.

> 「지방자치법」 제204조 【의회의 조직 등】 ① 특별지방자치단체의 의회는 규약으로 정하는 바에 따라 구성 지방자치단체의 의회 의원으로 구성한다.

② 지방의회 지원을 위하여 지방의원 정수의 2분의 1 범위에서 정책지원 전문인력을 둘 수 있다.
③ 지방자치단체의 명칭과 구역을 바꾸거나 지방자치단체를 폐지하거나 설치하거나 나누거나 합칠 때에는 법률에 의한다.

06 정책평가의 타당성   정답 ③

선정효과(selection, 선발요인, 선택)는 실험집단과 통제집단을 구성할 때 두 집단에 서로 다른 개인들을 선발하여 할당함으로써 오게 될지도 모르는 편견을 말한다. 이를 외재적 요인이라고도 한다.

(선지분석)
① 상실요인이 아니라 회귀인공요소이다.
② 역사적 요인이 아니라 성장효과(성숙요인)이다.
④ 측정요인에 대한 설명이다. 도구요인은 측정수단(도구) 자체가 실험결과에 영향을 미치는 것으로서 프로그램이나 정책의 집행 전과 집행 후에 사용하는 측정절차나 측정도구가 변화됨으로써 나타나는 현상을 말한다.

07 동기부여이론   정답 ①

동기부여이론에 대한 설명으로 옳은 것은 ㄱ, ㄴ이다.
ㄱ. 브룸(Vroom)의 기대이론에서 일정한 노력을 기울이면 근무 성과를 가져올 수 있으리라는 가능성에 대한 인간의 주관적인 확률과 관련된 믿음을 기대감이라 한다.
ㄴ. 매슬로우(Maslow)는 사람이 한 순간에 하나의 욕구만을 취하는 분절형의 욕구단계로 이해했던 반면, 앨더퍼(Alderfer)는 두 가지 이상의 욕구가 동시에 작용되기도 한다는 복합연결형의 욕구단계를 주장하였다.

(선지분석)
ㄷ. 매슬로우(Maslow)의 욕구 5단계설은 욕구발현의 후진성을 인정하지 않는다.

08 호프스테드(Hofstede)의 문화차원   정답 ①

합리주의 대 온정주의는 호프스테드(Hofetede)가 제시한 문화차원에 해당하지 않는다. 호프스테드(Hofetede)는 지향점에 따라 조직문화를 5가지로 유형화하고 문화별 특성을 제시하였다.

(선지분석)
②, ③, ④ 모두 호프스테드(Hofetede)가 제시한 5가지 문화차원에 포함된다.

📄 **호프스테드(Hofstede)의 5가지 문화차원**

권력거리	구성원이 권력의 불평등한 분배를 수용하고 기대하는 정도 ⇨ 권력 거리가 클수록 권력의 차이(불평등)를 인정하고 작을수록 민주적인 문화
개인주의 - 집단주의	개인들이 단체에 통합되는 정도 ⇨ 개인주의적 사회에서는 개인 간 관계가 느슨하고 개인적 성취와 권리를 강조하는 반면, 집단주의에서는 개인 간 긴밀한 결속력을 강조
불확실성 회피	불확실성과 애매성에 대한 사회적 저항력의 정도 ⇨ 불확실성 회피정도가 강할수록 구성원이 공식화 등을 통하여 불확실성을 최소화하여 불안에 대처하려고 함
남성성 - 여성성	성별 간 감정적 역할의 분화 ⇨ 남성적인 문화에서는 성 역할의 차이가 크고 유동성이 작음
장기지향 - 단기지향	사회의 시간 범위 ⇨ 장기 지향적 사회는 미래를 중시하고, 단기 지향적 사회는 현재를 중시

09 결산 절차   정답 ④

결산에 대한 국회에서의 절차로 옳은 지문이다.

(선지분석)
① 중앙관서결산보고서는 기획재정부장관에게 제출하여야 한다.
② 국회는 국가결산보고서는 정기회 개회 전까지 심의·의결하여야 한다.
③ 추가경정예산은 본예산의 항목·금액을 추가하거나 수정하는 것이므로, 일단 성립하면 본예산에 흡수되어 본예산과 추가경정예산을 통합하여 전체로서 집행하게 되므로 당해 회계연도 결산에 당연히 포함된다.

10 연봉제   정답 ②

고정급적 연봉제는 정무직에게 적용되는 연봉제로 성과연봉 없이 기본연봉만 지급되는 제도이다. 5급 이상은 성과급적 연봉제, 고위공무원단은 직무성과급적 연봉제가 각각 적용되고 있다.

③ 고위공무원단의 보수는 직무성과급적 연봉제로, 기본연봉은 기준급과 직무급으로 나누어지고 성과연봉은 전년도 근무성과에 따라 결정된다.
④ 성과급적 연봉제와 직무성과급적 연봉제의 성과연봉은 전년도의 업무 실적에 따른 평가결과에 따라 차등지급된다.

📄 보수제도의 종류

종류	명칭	적용대상 공무원
연봉제	고정급	정무직
	직무성과급	고위공무원단
	성과급	5급 이상
호봉제	–	6급 이하

---

11 계급제와 직위분류제   정답 ④

반대이다. 계급제가 계급만 동일하다면 보수 변동 없이 전직과 전보가 가능하다. 따라서 인력의 적재적소 배치가 용이하고, 공무원의 능력을 여러 분야에 거쳐 발전시킬 수 있다. 직위분류제가 직무분석이나 직무평가를 통해 직위가 요구하는 직무 내용과 성질, 자격요건 등을 밝힘으로써 채용시험·인사배치·승진·전직 등의 합리적 기준을 제시한다.

① 직위분류제는 직무급이, 계급제는 생활급이 보수의 원칙이다.
② 직위분류제는 직무에 대한 전문행정가를 선발하며 동일 직책의 장기간 담당으로 행정의 전문화와 분업화를 촉진한다. 승진이 동일 직종에 따라서 이루어지므로 특정 분야의 전문가 양성에 효과적이다. 반면 계급제는 넓은 일반적 교양·능력을 가진 자를 채용할 수 있고, 채용시험이나 승진시험에서 일반적인 지적 능력을 다루므로 응시자 유치가 쉽다.
③ 현재의 직무수행능력을 중시하는 직위분류제는 단기적 행정계획수립에 적합하고 장기적 발전가능성을 중시하는 계급제는 장기적 행정계획수립에 적절하다.

---

12 공무원 교육훈련 방법   정답 ③

어떤 사건의 윤곽을 피교육자에게 알려주고 그 해결책을 찾게 하는 것은 사례연구이다. 감수성훈련은 피훈련자를 외부 환경과 차단시킨 상황 속에서 자신의 경험을 교환하고 비판하게 하여 대인관계에 대한 이해와 감수성을 높이려는 현대적 훈련방법이다.

① 강의식 교육은 가장 보편적인 교육훈련 방법으로, 피훈련자를 일정한 장소에 모아 놓고 강사가 일방적으로 강의를 진행하는 것이다. 일시에 다수인에게 지식을 전달하는 방법으로, 시간과 비용이 적게 든다.
② 역할연기(role playing)는 여러 사람 앞에서 실제 행동으로 연기를 하고, 연기가 끝나면 청중이 이에 대한 논평을 하는 방법으로 민원인에 대한 태도 개선에 효과적이다.

---

④ 미래에 발생할 수 있는 사건·문제들을 예측하기 위하여 복잡한 현실과 유사하고 적합하게 가상적인 모의실험장치, 즉 모형을 만들어 실험하고 그 결과를 이용하여 실제 현상의 특징을 예측하려는 수리적 기법(시뮬레이션 기법)을 말한다.

---

13 빅데이터의 특징   정답 ②

빅데이터(big data)는 생성 주기가 짧다는 특징이 있다. 일반적으로 빅데이터의 특징은 3V, 즉 데이터의 양(Volume), 데이터 생성 속도(Velocity), 형태의 다양성(Variety)으로 요약할 수 있다. 빅데이터는 디지털 환경에서 생성되는 데이터로 그 규모가 방대하고 생성 주기도 짧으며, 형태도 수치 데이터뿐만 아니라 문자와 영상 데이터를 포함하는 정형 또는 비정형의 대규모 데이터 집합을 말한다.

① 빅데이터의 특징 중 데이터의 양(Volume), 대용량에 해당한다.
③ 빅데이터의 특징 중 데이터 생성 속도(Velocity), 빠른 속도에 해당한다.
④ 빅데이터의 특징 중 데이터 형태의 다양성(Variety)에 해당한다.

---

14 주민참여제도   정답 ④

주민감사청구제는 정책집행 및 평가 단계에서 참여방식이다.

📄 주요 주민참여제도의 내용과 특징

구분	의제설정 및 정책결정 단계			정책집행 및 평가 단계		
제도	주민발의제 (조례 제정 개폐 청구)	주민참여 예산제	주민 투표제	주민감사 청구제	주민 소송제	주민 소환제

---

15 의존효과(dependence effect)   정답 ④

Galbraith의 의존효과(dependence effect)란 재화의 소비는 선전에 의존하는데 공공재는 선전이 이루어지지 않아 소비가 자극되지 않으므로 결국 과소공급된다는 이론이다.

③ D. Kettle의 대리정부론은 정부가 결정한 정책 대부분을 준정부기관이나 민간이 대신 집행하게 될 경우 공공서비스 제공의 책임과 공공성이 훼손된다는 것을 경고한 이론으로, 옳은 지문이다.

16   행정통제   정답 ③

프리드리히(Friedrich)의 내재적 책임을 비판한 파이너(Finer)는 외재적 책임을 강조한 학자로서 '국민과 국민이 선출한 대의기관에 의한 직접적 통제'라는 정치적 통제를 주장하였다.

(선지분석)
① 행정통제는 조직 목표의 효율적 달성을 위해 조직 내부에서 행정관리층이 행하는 관리통제뿐만 아니라, 행정이 국민의 기대와 요구에 부응하여야 할 책임을 확보하는 데 목적이 있는 민주적·정치적 통제를 포함한 제반활동이다.
② 제도적 책임성(accountability)에서 강조하는 외부로부터의 책임성 확보는 관료를 비관적·회의적 인간관에 근거하여 수동적인 개인으로 전제하는 점에서 X이론적 인간관에 근거한 것이다. 반면, 자율적 책임성(responsibility)에서 강조하는 행정인의 내재적·주관적인 도덕성과 윤리를 바탕으로 한 책임성 확보는 관료를 선의를 지닌 적극적인 존재로 파악하는 Y이론적 인간관에 근거한 것이다.
④ 신공공관리론에서 강조하는 시장책임성은 규칙이나 계층제적 권위에 의한 통제가 아니라 관리자에게 권한을 주고 성과를 통해 그에 따른 책임과 역할을 확보하고자 한다.

17   목표관리(MBO)   정답 ④

MBO는 추상적·질적·가치적·거시적·장기적인 목표(Goal)가 아닌 미시적·결과적·계량적·단기적·가시적인 목표(Objective)를 중시한다.

(선지분석)
① 목표관리(MBO: Management By Objectives)는 설정된 목표를 효율적으로 달성하기 위한 관리기법의 하나로, '상·하 조직 구성원의 참여 과정을 통해 조직의 목표를 설정하고 업무수행 결과를 목표에 비추어 평가·환류하여 조직의 효율성을 제고시키려는 관리방식'이다.
② 계획예산(PPBS)의 대체 제도로 닉슨 대통령에 의해 예산제도로 도입되었다.
③ 구성원의 참여를 통해 조직의 목표를 설정하고 그에 따라 개인목표를 설정하므로 각자의 개별목표와 책임범위를 협의·설정할 수 있다.

18   정부업무평가   정답 ②

위원회의 회의는 재적위원 과반수의 출석으로 개의하고 출석위원 과반수의 찬성으로 의결한다(「정부업무평가 기본법」제10조 제6항).

(선지분석)
① 「정부업무평가 기본법」제10조 제1항에 규정되어 있다.
③ 「정부업무평가 기본법」제14조 및 제18조에 규정되어 있다.
④ 지방자치단체합동평가위원회는 행정안전부 소속으로 설치되어 있다.

19   지방재정조정제도   정답 ①

보통교부세의 교부 여부의 판단 기준은 재정력지수로, '기준재정수입액/기준재정수요액'이다.

(선지분석)
② 지방자치단체가 급부하는 공공서비스의 제공에서 비용을 부담하나 혜택을 누리지 못하거나 편익의 누출(무임승차자의 문제)이 있는 경우 등의 외부성이 발생할 때, 보조금의 교부를 통해 편익과 비용의 불균형을 시정하는 장점이 있지만 지방자치단체가 일정비율을 부담해야 하기 때문에 재정력이 약한 지방자치단체는 국고보조금을 받을 수 없어 재정력 격차가 심화될 수도 있다.
③ 지방교부세는 용도가 정해져 있지 않은 일반재원이며, 국고보조금은 특정 용도가 정해진 특정재원이다.
④ 지방교부세는 지방정부가 중앙정부에 의존하는 의존재원이다. 따라서 재정자립도를 구할 때는 의존재원에 속한다.

20   행정학자   정답 ①

굿노우(Goodnow)는 『정치와 행정』에서 행정은 국가의지의 표현이나 결정이 아니라 실천하는 것이라고 주장하였다.

(선지분석)
② 윌슨(Wilson)은 1887년에 발표한 『행정의 연구』를 통해 복잡하고 부패된 엽관정치로부터 분리되어 효율성을 추구해야 한다는 점을 강조하였다.
③ 과학적 연구를 주장했던 사이먼(Simon)은 고전적 행정원리를 경험적 검증을 거치지 않은 속담이나 격언에 불과하다고 비판하였다.
④ 테일러(Taylor)의 과업관리운동에 대한 설명이다.

최종점검 기출모의고사

▶ 정답
p. 62

01	④	PART 1	06	②	PART 2	11	②	PART 4	16	③	PART 5
02	③	PART 1	07	④	PART 2	12	③	PART 4	17	③	PART 6
03	①	PART 1	08	②	PART 3	13	③	PART 4	18	③	PART 7
04	④	PART 2	09	①	PART 3	14	④	PART 5	19	②	PART 7
05	②	PART 2	10	④	PART 3	15	④	PART 5	20	④	PART 7

▶ 취약 단원 분석표

단원	맞힌 답의 개수
PART 1	/ 3
PART 2	/ 4
PART 3	/ 3
PART 4	/ 3
PART 5	/ 3
PART 6	/ 1
PART 7	/ 3
TOTAL	/ 20

PART 1 행정학 총설 / PART 2 정책학 / PART 3 행정조직론 / PART 4 인사행정론 / PART 5 재무행정론 / PART 6 지식정보화 사회와 환류론 / PART 7 지방행정론

22' 지방직 9급

01 행정학의 주요 접근법 정답 ④

④만 옳게 연결되어 있다.

(선지분석)

① 오스본(Osborne)과 게블러(Gaebler)는 생태론이 아니라 신공공관리론의 기업형 정부를 주장한 학자이다.
② 후기행태주의는 가치지향적·처방적 연구를 강조하였다. 가치중립적·과학적 연구를 강조한 접근법은 행태론이다.
③ 리그스(Riggs)는 생태론을 주장한 학자이다.

22' 국가직 7급

02 행정학 연구 정답 ③

제시문은 신행정학의 대두배경이다. 신행정학은 사회적 적실성을 강조하며, 과학성보다 기술성을 강조하였다.

(선지분석)

①, ②, ④ 신행정학의 주요 특징에 해당한다.

21' 국가직 9급

03 신공공관리론과 뉴거버넌스 정답 ①

뉴거버넌스에서 정부의 역할은 방향잡기(steering)이다. 이는 뉴거버넌스와 신공공관리론의 공통점이다.

(선지분석)

② 공동체주의는 뉴거버넌스의 인식론적 기초이다.
③ 신뢰는 뉴거버넌스가 중시하는 관리 가치이다.
④ 시장은 신공공관리론의 관리 기구이다.

21' 국가직 7급

04 살라몬(Salamon)의 정책수단 정답 ④

공기업은 정부가 설립한 공기업에 의하여 정책을 직접 집행하는 방식으로 직접적 정책수단에 해당한다.

(선지분석)

①, ②, ③ 모두 간접적 정책수단에 해당한다.

📄 **직접성의 정도에 따른 정책수단과 효과**

낮음	중간	높음
• 손해책임법 • 보조금 • 대출보증 • 정부출자기업 • 바우처(Voucher)	• 조세지출 • 계약 • 사회적 규제 • 벌금	• 보험, 국민연금 • 산재보험, 직접 대출 • 경제적 규제, 정보 제공 • 공기업, 정부 소비

📄 **살라몬(Salamon)의 정책수단**

강제적 수단	• 정부의 직접 시행(정부소비) • 규제(경제적 규제, 사회적 규제) • 공기업(정부출자 기업)
혼합적 수단	• 보조금 • 조세감면(조세지출) • 지급보증
자발적 수단	민간부문(시민단체, 시장경제 등)의 자율적 활동

24' 지방직 9급

05 정책학의 발달 정답 ②

라스웰(Lasswell)은 정책과학의 패러다임으로 맥락지향성, 문제지향성, 연합학문성 및 규범지향성을 강조하였으며, 이론지향성은 제시하지 않았다.

(선지분석)

① 1951년 『정책지향(policy orientation)』이라는 논문은 정책학의 시발점이 되었다는 평가를 받는다.

③ 정책과학은 1980년대 들어 정책집행, 평가, 변동 등 다양한 영역으로 연구가 확대되었다.

④ 드로(Dror)는 정책결정의 단계를 상위정책결정단계(meta-policy making stage), 정책결정단계(policy making stage), 정책결정 이후단계(post-policy making stage)로 나눈 최적모형을 제시하였다.

06　경제성분석　　정답 ②

공공사업의 경제성분석에 대한 설명으로 옳은 것은 ㄱ, ㄹ이다.
ㄱ. 할인율이 낮을 경우 장기투자가, 높을 경우 단기투자가 유리하다.
ㄹ. 불확실성이 심하여 시장이나 사회적 할인율을 알지 못하는 경우에 사용하는 일종의 예상수익률이다.

(선지분석)
ㄴ. 내부수익률은 간접적·무형적인 비용과 편익까지도 모두 포함한다.
ㄷ. 'NPV = 편익의 현재가치 - 비용의 현재가치'이며, 0보다 클 경우 사업의 타당성을 인정할 수 있다.

07　정책집행의 접근방법　　정답 ④

정책집행 연구는 3단계로 이루어졌는데 고긴(Goggin)과 오툴(O'Toole)은 이론의 검증을 시도하는(= 과학성을 추구하는) 제3세대 집행 연구를 주장하였다.

(선지분석)
① 하향식 접근방법에서는 정책목표의 안정성과 일관성이 효과적인 정책집행을 가져온다고 본다. 정책목표의 신축적 조정이 효과적인 정책집행을 가져온다고 보는 것은 상향적 집행론에서 주장한다.
② 사바티어(Sabatier)와 매즈매니언(Mazmanian)은 통합모형을 주장하였다.
③ 엘모어(Elmore)가 제안한 전방향적 연구(forward mapping)는 상향식이 아니라 하향식 접근방법과 유사하다.

08　권력의 원천　　정답 ②

프렌치와 레이븐(French & Raven)은 권력의 원천에 따라 권력을 5가지로 구분하였다. 강압적 권력은 인간의 공포심에 근거를 두고 있는 권력이지만 카리스마적 권력과는 전혀 다른 것이다. 카리스마적 권력은 초인적인 자질과 능력 등에 기반한 권력을 말한다.

(선지분석)
① 합법적 권력은 공식적인 직위에 기반을 둔 정당한 권한(Authority)과 유사하다.
③ 전문적 권력은 구성원이 가지는 전문 지식과 정보에 기반을 둔 권력으로, 공식적인 직위와는 관계 없는 권력이다.

④ 준거적 권력은 자신보다 뛰어나다고 생각하는 사람을 닮고자 하는 동일시의 권위, 역할모델에 의한 권위를 말한다.

09　동기요인이론　　정답 ①

아담스(Adams)의 형평성(공정성)이론은 개인은 준거인(능력이 비슷한 동료)과 비교하여 자신의 노력과 보상 간에 불일치(보상의 불공평성)를 지각하면, 이를 제거하는 방향으로 동기가 부여된다는 것이다.

(선지분석)
② 맥클리랜드(McClelland)의 성취동기이론에 따르면 개인들의 욕구는 사회화 과정과 학습을 통해 형성되므로, 개인마다 욕구의 계층이 다르다고 본다.
③ 브룸(Vroom)의 기대이론에서 일정한 노력을 기울이면 근무 성과를 가져올 수 있으리라는 가능성에 대한 인간의 주관적인 확률과 관련된 믿음을 기대감이라 한다.
④ 앨더퍼(Alderfer)는 상위욕구가 만족되지 않거나 좌절될 때 하위욕구를 더욱 충족시키고자 한다는 '좌절-퇴행 접근법'을 주장하였다.

10　균형성과표　　정답 ④

시민참여, 적법절차, 공개 등은 내부프로세스 관점의 지표이며, 내부 직원의 직무만족도는 학습과 성장 관점의 지표에 해당한다.

(선지분석)
①, ②, ③ 균형성과표(BSC)의 특성으로 옳은 지문이다.

11　정실주의와 엽관제　　정답 ②

엽관주의는 인사관리의 기준이 정당에 대한 충성도이므로, 행정의 전문성을 저하시킨다.

(선지분석)
① 영국의 실적제는 1855년 1차 추밀원령과 1870년의 2차 추밀원령에 의해 제도적인 기초가 확립되었고, 미국은 1883년에 제정된 펜들턴법을 계기로 실적제가 확립되었다.
③ 1829년 미국의 제7대 대통령인 잭슨 대통령이 엽관주의를 미국 인사행정의 공식적인 기본 원칙으로 채택하였다.
④ 우리나라의 경우 정무직과 별정직 일부에서 엽관적 임용을 공식적으로 허용하고 있다.

24' 지방직 9급

12 직무평가방법 정답 ③

점수법(point method)은 직무 구성요소별(정신적·육체적 능력, 근무환경, 의사결정 등)로 계량적으로 평가하는 것이다. 각 요소의 비중이나 등급을 숫자로 표시하는 등급기준표를 만들고, 이에 대비하여 분류할 직위의 직무를 각 요소별로 평점한 다음 이를 합산하고 평균하여 등급을 결정한다. 점수법은 비계량적 방법에 비하여 과학적이고 객관적인 직무가치를 평가할 수 있는 장점이 있지만, 점수화 작업에 있어서 주관적 판단에 의존하는 경우가 있기 때문에 각 요소에 대한 평가점수의 결정이 객관적이고 합리적인지를 입증하기 곤란하다.

(선지분석)
① 분류법은 사전에 정해진 등급기준표를 이용하여 직무를 평가하는 비계량적인 평가방법이다.
② 서열법은 직위와 직위를 상호 비교하는 비계량적 방법으로 소규모 조직에 적합하다.
④ 요소비교법은 대표직위(key job)를 선정하여 직무의 상대직 비중과 가치를 결정하는 계량적 평가방법이다.

20' 국가직 9급

13 인사이동 정답 ③

수평적 인사이동에는 전직, 전보 등이 있다. 전보는 동일한 직급 내에서 직위나 부서만 이동되는 수평적 인사이동을 의미하며, 전보가 제한되는 기간(2~3년)이나 범위를 두고 있다.

(선지분석)
① 겸임은 특정직만 대상으로 하는 것은 아니며, 겸임 기간도 2년 이내이고, 필요시 2년 범위에서 연장이 가능하다.
② 전직은 직렬을 달리하는 수평적 인사이동으로, 원칙적으로 전직시험을 거치도록 하고 있다. 인사 관할을 달리하는 기관 사이의 수평적 인사이동은 전직이 아니라 전출·입에 해당한다.
④ 강임은 별도의 심사절차를 걸쳐야 하는 것은 아니며, 봉급도 강임된 봉급이 강임되기 전보다 많아지게 될 때까지는 강임되기 전의 봉급에 해당하는 금액을 지급한다.

21' 군무원 7급

14 국회에 관한 헌법 규정 정답 ④

예산과 법률 상호 간에 수정이나 개폐가 불가하다.

(선지분석)
① 조세의 종목과 세율은 법률로 정한다.
② 확정법률이 정부에 이송된 후 5일 이내에 대통령이 공포하지 아니할 때에는 국회의장이 이를 공포한다.
③ 예산은 국회가 심의하고 의결로 확정된다. 공포는 불필요하다.

20' 지방직 9급

15 조세지출예산제도 정답 ④

조세지출예산이란 조세감면에 의하여 이루어진 간접지출을 의미하는 것으로, 그 형식은 조세감면, 비과세 등 다양하다.

(선지분석)
① 조세감면 등 세제 지원을 통해 제공한 혜택을 예산지출에 준하여 인정하는 것이다.
② 조세감면에 의한 간접지출의 성격을 띤다.
③ 간접지출이지만 직접지출인 보조금과 실직적인 효과는 동일하므로 숨겨진 보조금이라고도 부른다.

22' 국가직 9급

16 결산보고서상의 재무제표 정답 ③

「국가재정법」상 정부결산보고서에는 재정상태표, 재정운영표, 순자산변동표가 포함된다.

20' 국가직 7급

17 전자정부 정답 ③

스마트워크(smart work)란 전자정부기술을 이용하여 공무원의 근무시간과 장소를 유연하게 변경 및 운용하는 유연근무제를 말한다.

(선지분석)
① 온라인 참여포털 국민신문고는 G2C의 일종으로, 국민의 고충 민원과 제안을 원스톱으로 접수 및 처리하는 것을 목적으로 한다.
② 노무현 정부시절 구축된 디지털예산회계시스템(D-Brain)은 재정업무의 전 과정을 온라인으로 수행하고, 재정사업의 현황을 실시간으로 파악할 수 있는 통합재정정보시스템이다.
④ 행정안전부장관은 전자정부기본계획을 수립할 때에는 재원조달 방안 및 계획 수립 이전 5년간 전자정부기본계획의 추진 성과를 고려하여야 한다.

20' 지방직 7급

18 국고보조금 정답 ③

제시문은 자치단체에 대한 국고보조금을 설명한 사례로, 국고보조금은 지역 간에 발생할 수 있는 외부효과를 시정하거나 중앙정부의 특정 목적이나 시책을 달성하기 위하여 지급된다.

(선지분석)
① 국고보조금은 일정비율을 지방정부가 부담해야 하는 정률보조금이다. 따라서 국고보조금이 30%(56억) 배정되었다면 A시가 이에 대응하여 부담해야 하는 비용은 70%로 130여억 원을 부담해야 한다.
② 대체효과와 소득효과 모두 유발시킨다.
④ 국고보조금은 일정 비율을 지급하는 정률보조금 방식을 사용한다.

19' 국가직 7급

19 특별지방행정기관 정답 ②

특별지방행정기관은 국가업무의 효율적·광역적인 추진을 위해 설치된다. 그러나 지방자치단체와 특별지방행정기관 간 업무의 중복 추진으로 인하여 이중행정의 폐단을 초래한다.

(선지분석)

① 특별지방행정기관은 국가의 지역 일선기관으로 법인격 및 자치권이 없다.

③ 자치구가 아닌 일반행정구는 지방자치단체의 하부기관에 해당한다.

④ 특별지방행정기관은 해당 업무의 전문성을 확보할 수 있으나 중앙정부의 통제를 강화시키는 경향이 있기 때문에 자치행정을 저해한다.

24' 군무원 9급

20 지방자치단체의 재정자립도 정답 ④

자주재원은 지방자치단체가 직접 징수하는 수입이며, 일반재원은 자금 용도가 정해져 있지 않고 지방자치단체가 그 예산과정을 통하여 용도를 결정할 수 있는 재량의 범위가 넓은 재원이다. 위 지문은 일반재원을 말하며 일반재원의 비율은 재정자주도이다.

(선지분석)

① 재정자립도는 특별회계와 기금을 제외하고 일반회계만을 고려하는 게 한계이다.

② 재정자립도는 자치단체의 세입 구조만을 고려하고 있어 세출 구조에서의 투자적 경비비율 등에 의해서 결정되는 실질적인 재정력을 나타내는 데 한계가 있다.

③ 의존재원 중 지방교부세 수입은 상환을 요하지 않는 수입으로 자치단체의 재정력을 향상시키는 데 크게 기여하나, 재정자립도는 지방교부세를 의존재원으로 분류한다.

▷ 정답   p. 68

01	②	PART 1	06	④	PART 2	11	③	PART 4	16	①	PART 7
02	①	PART 1	07	③	PART 2	12	①	PART 4	17	①	PART 6
03	①	PART 1	08	③	PART 3	13	④	PART 4	18	②	PART 7
04	③	PART 1	09	③	PART 3	14	③	PART 5	19	③	PART 1
05	④	PART 2	10	④	PART 3	15	②	PART 5	20	②	PART 7

▷ 취약 단원 분석표

단원	맞힌 답의 개수
PART 1	/ 5
PART 2	/ 3
PART 3	/ 3
PART 4	/ 3
PART 5	/ 3
PART 6	/ 1
PART 7	/ 2
TOTAL	/ 20

PART 1 행정학 총설 / PART 2 정책학 / PART 3 행정조직론 / PART 4 인사행정론 / PART 5 재무행정론 / PART 6 지식정보화 사회와 환류론 / PART 7 지방행정론

20' 지방직 9급

01   민자투자제도   정답 ②

BTL(Build - Transfer - Lease)은 민간사업자가 시설을 건설하고, 준공과 동시에 소유권을 정부로 이전하는 대신, 정부는 시설을 임차하여 약정기간 동안 임대료를 민간사업자에게 지급하는 민자유치방식이다.

(선지분석)

① BTO(Build - Transfer - Own)는 민간이 건설하고, 소유권을 정부에 이전한 다음 투자비가 회수될 때까지 민간이 운영하는 방식이다.

22' 국가직 7급

02   정부실패의 요인   정답 ①

정부가 가진 권력을 통해 불평등한 분배가 이루어지는 현상은 권력의 편재이다. X-비효율성은 레이번슈타인(Leibenstein)이 제시한 개념으로, 정부나 기업의 방만하고 나태한 경영으로 인하여 경영상의 효율성을 추구하기 위한 노력이나 유인(incentives)이 감소되어 나타나는 비효율성이다. 법적·제도적 요인이 아닌 심리적·행태적 요인(사명감·직업의식의 부족)에 의해 나타나는 관리상·경영상 비효율성을 의미한다.

21' 군무원 7급

03   포스트 모더니티   정답 ①

포스트 모더니티 특성 중 상상(imagination)은 소극적으로는 과거의 관행과 규칙에 얽매이지 않는 행정의 운영이며, 적극적으로는 문제의 특수성을 인정하는 것이다.

(선지분석)

② 해체는 텍스트(언어, 몸짓, 이야기, 설화, 이론)의 근거를 파헤쳐 보는 것이다.

③ 영역 해체는 지식의 경계가 사라지는 탈영역화, 학문영역 간의 경계 파괴를 의미한다.

④ 타자성이란 다른 사람을 인식적 객체로서가 아니라 도덕적 타자로 인정하는 것이다.

21' 지방직 9급

04   신제도주의   정답 ③

사회학적 신제도주의는 결과성의 논리보다 적절성의 논리를 강조한다. 조직에 새로운 제도적 형태나 관행이 채택되는 이유는 새로운 제도적 형태나 관행이 조직의 목적·수단의 효율성을 증진시키기 때문이 아니라, 조직이나 참여자들의 사회적 정당성을 제고하기 때문이라는 것이다.

(선지분석)

① 신제도론에서 제도는 공식적인 법률뿐만 아니라 규범이나 관습 등이 포함된다.

② 역사적 신제도주의는 제도가 역사적 경로에 의존한다고 본다.

④ 신제도론은 제도의 독립변수성을 강조하므로 합리적 선택 신제도주의는 제도가 합리적인 행위자의 이기적이고 행태를 제약한다고 본다.

📄 신제도주의 비교

구분	합리적 선택 신제도주의	역사적 신제도주의	사회학적 신제도주의
제도의 개념	개인의 합리적 (전략적) 계산	• 역사적 특수성 (맥락) • 경로의존성	사회문화 및 상징
학문적 기초	경제학	정치학	사회학
강조점	• 전략적 행위 • 제도의 균형 중시	• 경로의존성 • 권력불균형 • 역사적 과정	인지적 측면
초점	개인 중심 (개인의 자율성)	국가 중심 (국가의 자율성)	사회 중심 (문화의 자율성)
제도의 측면	공식적 측면 강조	공식적 측면 강조	비공식적 측면 강조
제도의 변화 원인	• 전략적 선택 • 경제적 분석	• 외부적 충격 • 결절(結絶)된 균형	• 유질동형화 • 적절성의 논리
개인의 선호 형성	외생적	내생적	내생적
접근법	• 연역적 (일반이론 추구) • 방법론적 개체주의	• 귀납적 • 방법론적 전체주의	• 귀납적 • 방법론적 전체주의

23' 국가직 9급

05   무의사결정론   정답 ④

무의사결정론은 『권력의 두 얼굴(two faces of power)』이라는 저서에서 달(Dahl)이 권력행사의 어두운 측면을 고려하지 못한다고 비판한 신엘리트이론이다.

(선지분석)
① 무의사결정은 정책의제설정 과정뿐만 아니라 정책의 전 과정에서 발생한다.
② 현존하는 정치체재 내의 지배적 규범이나 절차를 강조하여 변화를 위한 주장을 꺾는 방법이다. 이를 편견의 동원이라고 한다.
③ 기존 질서의 변화를 주장하는 요구가 정치적 이슈가 되지 못하도록 테러행위(구타, 암살, 처벌 등)를 가하는 방법이다. 이를 폭력이라 한다.

24' 국가직 9급

06   철의 삼각   정답 ④

철의 삼각(하위 정부)이란 의회 상임위원회, 관료, 이익집단으로 구성된 정책네트워크모형이다.

(선지분석)
①, ②, ③ 모두 철의 삼각의 구성요소에 해당한다.

21' 국가직 7급

07   정책평가의 절차   정답 ③

정책평가의 일반적인 절차는 '정책목표의 식별확인(ㅁ) → 평가 대상 확정(ㄱ) → 인과모형 설정(ㄷ) → 연구설계 → 자료수집 및 분석(ㄹ) → 평가결과의 제시·활용·환류(ㄴ)' 순이다.

22' 군무원 9급

08   조직구조   정답 ①

기술(technology)과 집권화의 상관관계는 다른 변수(규모나 환경 등)들 간 관계에 비하여 상대적으로 상관성이 그리 높지 않다는 의견의 관점에서 출제된 문제이다.

(선지분석)
② 우드워드(J. Woodward)에 의하면 동일한 종류의 제품을 대량으로 생산하는 기술은 관료제적 조직구조이다.
③ 톰슨(V. A. Thompson)은 업무 처리 과정에서 일어나는 조직 간·개인 간 상호의존도를 기준으로 기술을 중개형 기술, 길게 연결된 기술, 집약형 기술로 구별하였다.
④ 페로우(C. Perrow)는 과업의 다양성과 문제의 분석가능성을 기준으로 조직의 기술을 장인기술, 일상적 기술, 비일상적 기술, 공학기술로 구별하였다.

24' 국가직 9급

09   갈등관리유형   정답 ③

갈등당사자 모두의 이익을 극대화하려는 'win-win' 전략은 타협(compromising)이 아닌 협동(collaboration)에 해당한다.

20' 국회직 8급 변형

10   베버(Weber)의 관료제   정답 ④

베버(Weber)가 주장했던 이념형 관료제의 특징으로 옳은 것은 ㄱ, ㄷ, ㄹ, ㅁ이다.
ㄱ. 베버(Weber)의 관료제는 개인의 카리스마가 아니라 합법적 권력을 그 원천으로 한다.
ㄷ. 규칙적으로 급료를 지불받는 직업관료제를 전제로 한다.
ㄹ. 권한과 책임한계를 분명히 하기 위해 문서 위주의 행정을 원칙으로 한다.
ㅁ. 권한은 사람이 아니라 직위에 부여되는 것이다. 따라서 점직자(직위를 점한 사람)가 바뀌어도 그 직위에 부여된 권한은 변함이 없다.

(선지분석)
ㄴ. 상대방(민원인)의 지위나 신분, 여건 등을 무시하고 법규와 규정에 따라 업무를 객관적으로 처리하는 비개인화(impersonalism)를 특징으로 한다.

21' 국가직 7급

11   다양성 관리   정답 ③

다양성 관리(managing diversity)란 구성원들을 일률적으로 관리하지 않고 다양한 차이와 배경, 시각을 조직업무에 적극 반영시키려는 새로운 인적자원관리 전략으로, 개인별 맞춤형 관리, 대표관료제에 의한 인적 구성의 다양화 등이 대표적인 수단이다.

21' 국가직 7급

12   개방형과 폐쇄형 인사제도   정답 ①

개방형 인사제도는 모든 계급에 외부인사를 채용할 수 있는 제도로, 새로운 지식과 기술, 아이디어를 수용해 공직사회의 침체를 막고 행정의 효율성을 높이는 데 유리하다.

(선지분석)
② 일반적으로 폐쇄형 인사제도는 계급제에 바탕을 두고 일반행정가 중심이다.
③ 개방형이 아니라 폐쇄형 인사제도의 장점이다.
④ 폐쇄형이 아니라 개방형 인사제도의 단점이다.

20' 국회직 8급 변형

13 　공무원연금제도　　　　정답 ④

퇴직수당은 퇴직연금과 달리 재원을 정부가 단독 부담한다.

(선지분석)

① 공무원연금제도는 중앙인사행정기관인 인사혁신처가 관장하고, 연금기금은 공무원연금공단에서 관리·운용한다.
② 우리나라 공무원연금의 재원조성방식은 기금제이자 기여제이다.
③ 기여금 납부기한은 최대 36년까지이다. 2016 연금개혁 후 종래 33년에서 36년으로 연장되었다.

24' 지방직 9급

14 　프로그램예산제도　　　　정답 ③

프로그램예산제도는 '프로그램(사업)을 중심으로 예산을 편성하는 제두'이다. 여기서 프로그램이란 동일한 정책을 수행하는 단위사업(activity/project)의 묶음을 의미한다. 프로그램예산제도에서 프로그램은 예산편성단계에서 전략적 배분 단위가 되며, 총액배분 자율편성 방식의 하향식 방식을 사용한다.

(선지분석)

① 프로그램예산제도는 중앙정부는 2007년, 지방정부는 2008년부터 공식적으로 도입되었다.
② 프로그램예산(program budget)은 기존의 품목별(항목별) 분류체계를 탈피하여 성과를 지향하는 프로그램 중심으로 예산을 분류·운영하는 것이라고 할 수 있다.
④ 프로그램예산제도는 일반회계, 특별회계, 기금이 포괄적으로 관리 운용되도록 유사한 목적의 재정자원은 동일한 프로그램으로 설계한다. 이를 위해 '프로그램 – 단위사업', '회계 – 기금'을 연계한다.

23' 국가직 9급

15 　예산이론　　　　정답 ②

점증주의는 거시적 예산결정과 예산삭감을 설명하기에 적합하지 못하다. 점증주의는 부분에서 전체로 지향하는 상향적(Buttom-up) 예산과정에 중점을 두는 미시적 예산결정(Micro-budgeting)이다. 아울러 점증주의 예산모형은 전년도를 기준으로 해서 소폭적인 예산의 증감이 있을 뿐이다.

(선지분석)

① 총체주의(합리주의)예산제도에는 계획예산(PPBS), 영기준예산(ZBB) 있고 점증주의예산제도에는 품목별예산(LIBS), 성과주의예산(PBS)가 있다. 합리주의모형에 의한 예산은 대폭적이며 체계적인 변화의 필요성을 강조한다.
③ 합리주의 예산결정모형은 합리적·분석적 의사결정 단계를 거쳐 비용과 효용의 측면에서 프로그램이나 정책대안을 체계적으로 검토하여 예산을 배분하는 것을 말한다.
④ 점증주의는 대안을 모두 고려하지는 못한다는 것을 전제로 과거의 결정에 연속해서 한정적·제한적 변수를 고려하는 범위 안에서 예산을 결정한다.

21' 국가직 7급

16 　주민참여예산제도　　　　정답 ①

주민이 참여할 수 있는 예산의 범위는 「지방재정법」에 규정되어 있지 않다. 「지방재정법」에는 "지방의회의 의결사항은 제외한다." 등의 내용만 규정되어 있으며, 주민이 참여할 수 있는 예산의 범위가 명시되어 있지는 않다. 일부 지방자치단체는 조례로 정하고 있는 경우가 있다.

(선지분석)

② 「지방재정법」상 2011년부터 의무화된 제도이다.
③ 우리나라에서는 광주광역시 북구에서 최초로 실시되었다.
④ 주민에 의한 직접참여제도라는 점에서 지방의회의 예산심의권 침해라는 논란이 있다.

21' 국가직 7급

17 　빅데이터　　　　정답 ①

사진은 정형적 데이터이며, 정형적 데이터도 빅데이터에 포함된다.

(선지분석)

② 빅데이터에는 정형적 데이터와 비정형적 데이터가 모두 포함된다.
③ 각종 센서 장비의 발달로 데이터가 늘어나면서 빅데이터의 구축이 가능하게 되었다.
④ 빅데이터의 특성 중 Velocity는 실시간 처리를 특징으로 한다.

📄 빅데이터	
구성	• 데이터 마이닝: 인공지능 기법 등의 활용을 통해 방대한 양의 데이터로부터 유용한 정보를 추출해내는 지식발견 기법 • 텍스트 마이닝: 텍스트로부터 유용한 정보를 추출해내는 지식발견 기법 • 오피니언 마이닝: 다양하고 방대한 의견으로부터 유용한 정보를 추출해내는 지식발견 기법
특성	• 다양성(Variety, 다양한 형태의 데이터): 정형적 데이터뿐만 아니라 다양한 비정형적 데이터를 포함 • 속도(Velocity, 빠른 생성 속도): 시간 민감성이 큰 경우가 많으므로 빠른 생성 속도가 요구됨 • 규모(Volume, 초대용량의 데이터): 빅데이터는 크기 자체가 대형임
전제조건	개인정보 보호제도가 선행되어야 함

20' 국가직 9급

18 　지방자치　　　　정답 ②

지방자치단체의 예산편성권은 자치단체장의 권한이며, 예산심의권은 지방의회의 권한에 속한다.

(선지분석)

① 자치사법권은 인정되지 않고 있다.
③ 자치입법권은 조례와 규칙을 제정할 수 있는 권한으로, 조례 제정은 지방의회의 전속 권한이지만 규칙 제정은 지방단체장과 교육감의 권한이다.
④ 세종특별자치시와 제주특별자치도는 기초자치단체를 둘 수 없다.

22' 지방직 9급

19   티부모형   정답 ③

티부모형은 자치단체별로 고정적 생산요소가 존재해야 한다고 가정한다.

선지분석

①, ②, ④ 모두 티부모형의 전제조건으로 옳은 지문이다.

21' 지방직 9급

20   지방재정   정답 ②

국고보조금은 특정재원이므로 지방재정 운영의 자율성을 약화시킨다.

선지분석

① 재정자립도는 일반회계 총세입 중 자주재원(지방세 + 세외수입)이 차지
하는 비율이다.
③ 지방교부세는 지방정부의 재정력 격차를 시정해주는 수평적 조정재원
이다.
④ 「지방재정법」 제11조에 따르면 재해예방 및 복구사업에 경비를 조달
하기 위해서 지방채를 발행할 수 있다.

정답

p. 74

01	③	PART 1	06	③	PART 2	11	④	PART 4	16	④	PART 5
02	④	PART 1	07	④	PART 2	12	③	PART 4	17	②	PART 6
03	④	PART 1	08	③	PART 3	13	③	PART 4	18	③	PART 7
04	③	PART 1	09	②	PART 3	14	④	PART 5	19	④	PART 7
05	④	PART 2	10	④	PART 3	15	④	PART 5	20	④	PART 1

취약 단원 분석표

단원	맞힌 답의 개수
PART 1	/ 5
PART 2	/ 3
PART 3	/ 3
PART 4	/ 3
PART 5	/ 3
PART 6	/ 1
PART 7	/ 2
TOTAL	/ 20

PART 1 행정학 총설 / PART 2 정책학 / PART 3 행정조직론 / PART 4 인사행정론 / PART 5 재무행정론 / PART 6 지식정보화 사회와 환류론 / PART 7 지방행정론

21' 국가직 9급

01 시장실패의 원인　　　　　　　　　　정답 ③

X - 비효율성은 시장실패가 아니라 정부실패의 원인이다.

(선지분석)

①, ②, ④ 모두 시장실패의 원인이다.

시장실패와 정부실패의 원인

시장실패의 원인	정부실패의 원인
• 공공재의 존재 • 외부효과(외부성) • 독점의 존재 • 수익의 증가와 비용 감소 　(과도한 규모의 경제) • 정보의 격차(편재) • 소득분배의 불공평	• 내부성(사적 목표) • 파생적 외부효과 • 비용과 수익의 절연 • X - 비효율성 • 경쟁의 결여(독점성) • 권력의 편재에 의한 분배의 불공평

21' 국가직 7급

02 사회적 자본　　　　　　　　　　　　정답 ④

사회적 자본은 거래비용 감소와 협력 증진을 통한 국력과 국가경쟁력의 실체로, 경제주체들 사이의 경제운영비용·정보획득비용 등 거래비용을 감소시킨다.

(선지분석)

① 사회적 자본은 사회적 규범으로서 제재력을 가진다.
② 상호 간의 신뢰와 협력은 사회적 자본의 기본요소이다.
③ 사회적 자본은 호혜주의 규범이다.

24' 지방직 9급

03 공공가치론　　　　　　　　　　　　정답 ④

공공가치의 창출과 공공관리자의 거시적인 전략적 사고를 강조한 무어(Moore)의 공공가치창출론과 공공가치의 실재론에 기초하여 공공가치 실패를 강조하는 보우즈만(Bozeman)의 접근법이 있다.

ㄷ. 무어(Moore)는 공공가치 창출론에서 공공가치의 전략적 창출을 위한 전략적 삼각형(strategic triangle)을 제시하였다. 전략적 삼각형이란 ⓐ 정당성, ⓑ 운영역량(시민역량, 관료역량), ⓒ 공공가치(비전, 목표의 실현)의 전략적 연계를 의미한다.

ㄹ. 보우즈만(Bozeman)의 공공가치 실패기준에 해당한다.

(선지분석)

ㄱ. 공공가치 실패를 진단하는 공공가치 지도그리기(public valuemapping)는 무어(Moore)가 아닌 공공가치 실패론을 주장한 보우즈만(Bozeman)이다.

ㄴ. 무어(Moore)는 '공공가치 회계(public value accounting)' 개념을 통하여 공공가치에 대한 철학적 기초를 제공하였다.

23' 군무원 9급

04 뉴거버넌스　　　　　　　　　　　　정답 ③

신공공관리론은 행정의 경영화에 의한 정치행정이원론의 성격이 강하나, 뉴거버넌스는 다양한 구성원의 참여를 중시하여 정치행정일원론적 입장이라고 할 수 있다.

(선지분석)

① 신공공관리론은 국민을 공리주의에 입각하여 국정의 대상인 '고객'으로 파악하는 데 비해, 뉴거버넌스는 시민주의에 바탕을 두고 덕성을 지닌 '시민'으로 파악한다.

② 뉴거버넌스는 신공공관리접근법의 한계(지나친 시장주의 행정운영으로 인한 공무원의 사기저하, 행정문화와의 괴리문제, 책임성, 민주성 측면에서의 문제)에 대해서 비판적으로 접근한다.

④ 신공공관리론은 경쟁의 원리를 중시하지만, 뉴거버넌스는 경쟁보다는 신뢰를 기반으로 파트너십과 유기적 결합관계를 중시한다.

20' 국가직 9급

05 무의사결정론 정답 ④

인간과 마찬가지로 조직 또한 주의 집중력에 한계가 있기 때문에 수많은 사회문제 가운데 주의 집중력 범위 내의 문제만이 정책의제로 설정된다는 주장은 사이먼(Simon)의 의사결정론이다.

(선지분석)
① 지배적 규범이나 절차를 강조하여 변화에 대한 주장을 억압하는 방법은 무의사결정의 수단 중 편견의 동원이다.
② 지배엘리트들에게 안전한 이슈만 논의되고 불리한 이슈는 거론조차 못하게 의도적으로 봉쇄하는 현상이다.
③ 폭력적 방법도 무의사결정의 한 수단이다.

21' 국가직 7급

06 쓰레기통모형 정답 ③

쓰레기통모형에서는 진빼기 결정(choice by flight)과 날치기 통과(choice by oversight) 의사결정이 이루어진다.

(선지분석)
① 쓰레기통모형은 응집성이 약한 혼란상태에서의 의사결정을 설명한다.
② 조직에서 의사결정 참여자의 범위와 그들이 투입하는 에너지가 유동적임을 의미하는 것은 일시적·유동적 참여자이다.
④ 목표와 수단 사이의 인과관계가 명확하지 않음을 의미하는 것은 불명확한 기술이다.

21' 지방직 7급

07 사회실험 정답 ④

사회실험에 대한 설명으로 옳은 것은 ㄷ, ㄹ이다.
ㄷ. 사회실험이 평가론에 있어 항상 정책이 실시되고 그 결과를 보는 것으로 오해하기 쉽다. 실험은 정책이 실시되기 전에 그 결과를 예측하기 위해 사용된다. 신약이 개발된 후 그 효과를 일반인에게 실시할 수는 없듯이, 일부 집단에게 검증한 후 그 타당성이 확보된 후 정책이 실시된다.
ㄹ. 무작위 배정(random assignment)에 의하여 실험집단과 비교집단을 동질적으로 구성할 수 없을 때에는 준실험(quasiexperiment) 방법을 채택하여 진행할 수 있다.

(선지분석)
ㄱ. 사회실험이라고 했을 때 실험이 되기 위해서는 반드시 비교집단이 있어야 한다. 보통 진실험, 준실험, 비실험이 사회실험으로 설명되고 있어 비실험 역시 사회실험으로 오해하기 쉽다.
ㄴ. 진실험의 경우 실험대상자들이 자신이 실험대상이라는 사실을 앎으로 인하여 호손효과(Hawthorne Effect)와 같은 외적 타당도 저해요인이 발생할 수 있다.

24' 지방직 9급

08 팀제조직 정답 ③

ㄴ. 팀제는 신속한 환경대응이 필요할 때 이용된다.
ㄹ. 관료제의 병리를 타파할 필요성으로 등장한 팀조직은 상호 보완적인 기능을 가진 소수의 사람들이 공동의 목표를 달성하기 위해 책임을 공유하고 공동의 접근방법을 사용하는 수평적 조직단위이다.

(선지분석)
ㄱ. 결정과 기획의 핵심기능만 남기고 사업집행기능은 전문업체에 위탁하는 조직은 네트워크조직이다.
ㄷ. 기술구조 부문이 중심이 되고 작업 과정의 표준화가 주요 조정수단인 조직은 기계적 관료제이다.

22' 국가직 9급

09 목표관리제(MBO) 정답 ②

목표관리제(MBO)에 대한 설명으로 옳은 것은 ㄱ, ㄷ이다.
ㄱ. 목표관리(MBO)는 '상·하 조직구성원의 참여 과정을 통해 조직의 목표를 설정하고, 업무수행 결과를 목표에 비추어 평가·환류하여 조직의 효율성을 제고시키려는 관리방식'이다.
ㄷ. 목표관리(MBO)는 안정적이고 예측 가능한 환경하에서 적용하는 관리기법이다.

(선지분석)
ㄴ. 목표관리(MBO)는 추상적·질적·가치적·거시적·장기적 목표(Goal)가 아닌 미시적·결과적·계량적·단기적·가시적인 목표(Objective)를 중시한다.
ㄹ. 목표관리(MBO)는 계량화가 가능한 단기목표를 중시한다.
(참고) 정성적 목표란 양적 목표의 반대말로, 질적인 목표를 의미한다.

19' 서울시 9급

10 책임운영기관 정답 ④

우리나라에서는 「책임운영기관의 설치·운영에 관한 법률」에 근거하여 1999년 7월부터 책임운영기관제도가 시행되었다.

(선지분석)
① 영국의 1988년 정부개혁 프로그램인 Next Steps에서 도입한 제도로서, 신공공관리론의 조직원리에 따라 등장한 제도이다.
② 책임운영기관이란 정부가 수행하는 사무 중 공공성을 유지하면서도 경쟁원리에 따라 운영하는 것이 바람직하거나 전문성이 있어 성과관리를 강화할 필요가 있는 사무에 대하여 책임운영기관장에게 행정 및 재정상의 자율성을 부여하고 그 운영 성과에 대하여 책임을 지도록 하는 행정기관이다.
③ 책임운영기관은 사무성격에 따라 조사연구형, 교육훈련형, 문화형, 의료형, 시설관리형, 그 밖에 대통령령으로 정하는 기타 유형으로 구분된다.

21' 국가직 7급

11 직업공무원제   정답 ④

직업공무원제도는 신분을 강하게 보장해주는 제도로, 공무원의 일체감이나 단결심 및 공직에 헌신하려는 정신을 강화하는 데 유리한 제도이다.

선지분석

① 공무원의 신분을 보장해 장기적인 근무에 따른 행정의 안정성과 일관성이 유지된다.
② 젊은 인재의 채용을 위해 연령·학력조건을 제한하고, 공개경쟁시험을 통해 능력이나 실적을 기준으로 유능한 인재를 선발하는 등 적절한 임용제도와 절차가 마련되어야 한다.
③ 공무원에 대한 강한 신분보장과 공급자 중심적 성향에 따라 국민에 대한 대응성이 약화되고, 특권집단화할 우려가 있다.

19' 국가직 9급

12 교육훈련   정답 ③

제시문은 조직발전(OD)의 핵심기법인 감수성훈련의 개념에 해당한다. 감수성훈련은 2주 정도의 기간 동안 12명 내외의 소집단이 외부 환경과 단절된 상황 속에서 자신과 타인에 대한 이해를 높이기 위하여 진행하는 훈련방법이다.

선지분석

① 역할연기는 여러 사람 앞에서 실제 행동으로 연기를 하고, 연기가 끝나면 청중이 이에 대한 논평을 하는 방법이다.
② 직무순환은 여러 분야의 직무를 직접 경험하도록 하기 위하여 계획된 순서에 따라 직무를 순환시키는 실무훈련이다.
④ 프로그램화 학습은 행동주의적 학습원리(강화이론)를 교육의 실천분야에 응용한 것이다.

22' 국가직 9급

13 공무원의 정치적 중립의 정당화 근거   정답 ③

공무원의 정치적 중립을 지나치게 강조할 경우, 공무원의 참정권(기본권)의 지나친 제한을 초래하기 때문에 정치적 기본권을 보장하고 있는 민주정치의 원리와 모순된다.

선지분석

① 실적주의의 등장과 함께 인사에 대한 정치적 간섭을 배제하여, 엽관주의의 폐해 및 정치적 남횡으로부터 공무원을 보호하고, 행정의 안정성과 전문성을 확보하는 방법으로 대두되었다.
② 공무원은 민주국가에서 국민 전체의 봉사자로서 공익을 옹호하고 증진시키기 위해 불편부당하게 어느 정당이 집권하더라도 공평무사하게 중립적 도구로서 근무하여야 한다.
④ 정치적 중립은 소극적으로 정권 교체에 따른 신분의 동요 없이 공무를 수행하는 정치로부터의 중립과 적극적으로 공무원의 선거운동 등 정치활동의 금지를 포함한다.

19' 지방직 7급

14 예산원칙의 예외   정답 ④

예산의 원칙이란 '예산이 지켜야 할 규범적 기준'을 말하는 것으로, 정부역할에 대한 태도에 따라 전통적 예산원칙과 현대적 예산원칙으로 구분된다. 그 중 전통적 예산원칙은 노이마르크(Neumark)와 선델슨(Sundelson)가 주장한 것으로, 한정성 원칙과 단일성 원칙을 비롯하여 8가지 원칙을 제시했다. 그 원칙 안에서도 한계에 따라 예외가 존재하는데, 한정성 원칙의 대표적인 예는 이월, 추경예산 등이 있고 단일성 원칙의 예로는 특별회계와 기금 등이 있다.

📄 한정성 원칙과 단일성 원칙

한정성 원칙	예산은 주어진 목적, 금액, 시간에 따라 한정된 범위 내에서 집행되어야 한다는 원칙으로 세 가지 한정성으로 구분됨 • 비목 외 사용금지라는 질적 한정성(예외: 이용, 전용 등) • 금액초과 사용금지라는 양적 한정성(예외: 예비비, 추경예산) • 회계연도 독립원칙 준수라는 시간적 한정성(예외: 이월, 계속비 등)
단일성 원칙	• 예산은 가능한 한 단일의 회계 내에서 정리되어야 한다는 원칙 • 예외: 특별회계, 기금, 추경예산 등

24' 국가직 9급

15 영기준예산   정답 ④

영기준예산은 예산편성과정에 중하급관리자들이 참여하기 때문에 분권화된 예산관리체계이다.

선지분석

① 영기준예산은 기존사업과 신규사업 모두를 zero-base(원점)에서부터 재평가하는 예산제도이다.
② 우리나라는 1980년대 국방비 등에 영기준예산제도를 적용한 경험이 있다.
③ 영기준예산에서의 예산편성 기본단위는 의사결정단위로 조직단위 또는 사업단위를 말한다.

22' 국회직 9급 변형

16 계속비   정답 ④

계속비의 사용기간은 원칙상 5년이나, 필요한 경우 10년까지로 할 수 있고, 국회의 의결을 거쳐 연장이 가능하다(「국가재정법」 제23조).

선지분석

① 계속비란 완성을 하는데 수년을 요하는 공사나 제조, 연구개발사업 등을 위하여 사업 경비의 총액과 연부액을 정해 미리 국회의 의결을 얻은 범위 안에서 계속 지출하는 예산이다.
② 준예산의 지출용도에는 승인된 계속비가 있다.
③ 여러 해가 걸리는 공사나 R&D 사업은 계속비의 대표적인 예로, 단년도 예산주의(회계연도 독립의 원칙)의 예외가 된다.

21' 국가직 7급

17　옴부즈만제도　정답 ②

옴부즈만제도는 법적으로 확립된 공식 기구·제도이지만 실제에 있어서는 옴부즈만의 개인적 신망에 의존하는 제도이다. 따라서 인력과 예산 부족으로 국민의 권익을 실질적으로 구제하는 데에는 한계가 있다는 지적이 있다.

(선지분석)

① 원칙인 신청에 의한 조사도 가능하고, 예외적으로 직권에 의한 조사도 가능하다.
③ 입법부가 임명하는 입법부 소속이다.
④ 취소 또는 무효로 할 수 있는 법적인 권한이 없으며, 권고나 요구만 가능하다.

19' 지방직 9급

18　광역행정　정답 ③

광역행정은 규모의 경제에 의한 비용절감효과가 있다.

(선지분석)

① 광역행정(regional administration)은 상호 인접한 몇 개의 지방자치단체가 기존의 행정구역을 넘어서 발생하는 공동의 행정수요에 대응하는 행정을 말한다.
② 광역행정은 교통·통신의 발달로 사회·경제권역이 확대되고 있으므로, 국민의 생활권역과 일치시킴으로써 행정의 효율성과 주민의 편의를 높일 필요성 때문에 등장하였다.
④ 지방자치단체 간의 행정적·재정적 격차로 인하여 주민의 부담과 편익의 향유 사이에 불균형이 발생한다. 따라서 지역 간 균질화와 주민복지의 국민적 평준화를 위해 광역행정이 필요하다.

21' 지방직 9급

19　지방정부의 기관구성 형태　정답 ④

의회-시지배인(council-manager)형에서는 시지배인이 실질적인 행정을 총괄한다. 의회가 임명한 전문행정관 즉, 시지배인 또는 시정관리관(city manager)이 집행기능을 총괄하는 것이다.

(선지분석)

① 강시장-의회형은 기관대립형에 가까우며, 시장이 강력한 리더십을 발휘한다.
② 위원회형에서는 주민들의 직선으로 선출된 지방의회의 의원들이 집행부서의 장을 겸한다.
③ 약시장-의회형에서는 집행기관의 권한이 약하기 때문에 의회가 예산을 편성한다.

21' 국가직 7급

20　분권화정리　정답 ④

오츠(Oates)의 분권화정리가 성립하기 위한 조건에 대한 설명으로 옳은 것은 ㄴ, ㄷ이다.

ㄴ. 외부효과는 없는 것으로 전제한다.
ㄷ. 지역 간에 다른 선호를 가진 경우, 분권화를 통하여 지역이 각자의 선호에 맞는 공공서비스의 수준을 선택할 수 있도록 함으로써 자원배분의 효율을 기할 수 있다는 이론이다.

(선지분석)

ㄱ. 지방정부가 지방의 사정을 감안하여 주민의 선호를 더욱 잘 반영할 수 있는 주체에 의한 공급이 더 효율적이라는 주장이다.

📄 오츠(Oates)의 분권화정리(Decentralization Theorem)

㉠ 지역 간에 다른 선호를 가진 경우, 분권화를 통하여 지역이 각자의 선호에 맞는 공공서비스의 수준을 선택할 수 있도록 함으로써 자원배분의 효율을 기할 수 있다는 이론
㉡ 동일한 비용이 든다면 중앙정부가 모든 지역을 획일적으로 공급하는 것보다는 지방정부가 지방의 사정을 감안하여 주민의 선호를 더욱 잘 반영할 수 있는 주체에 의한 공급이 더 효율적이라는 주장

MEMO

5천 개가 넘는
해커스토익 무료 자료!

대한민국에서 공짜로 토익 공부하고 싶으면   해커스영어 Hackers.co.kr ▼   검색

RC 정수진   **RC 이상길**

토익 강의 무료

베스트셀러 1위 토익 강의 150강 무료 서비스,
누적 시청 1,900만 돌파!

토익 실전 문제 무료

토익 RC/LC 풀기, 모의토익 등
실전토익 대비 문제 제공!

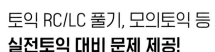

최신 특강 무료

2,400만뷰 스타강사의
압도적 적중예상특강 매달 업데이트!

LC 한승태   **RC 김동영**

고득점 달성 비법 무료

토익 고득점 달성팁, 파트별 비법,
점수대별 공부법 무료 확인

가장 빠른 정답까지!

전원 무료
*미션 달성 시

615만이 선택한 해커스 토익 정답!
시험 직후 가장 빠른 정답 확인

더 많은
토익 무료자료 보기 ▶

공무원 교육 1위* 해커스공무원
모바일 자동 채점 + 성적 분석 서비스

한눈에 보는 서비스 사용법

Step 1.
교재 구입 후 시간 내 문제 풀어보고
교재 내 수록되어 있는 QR코드 인식!

Step 2.
모바일로 접속 후 '지금 채점하기'
버튼 클릭!

Step 3.
OMR 카드에 적어놓은 답안과 똑같이
모바일 채점 페이지에 입력하기!

Step 4.
채점 후 내 석차, 문제별 점수, 회차별
성적 추이 확인해보기!

**실시간 성적 분석
결과 확인**

**문제별 정답률 및
틀린 문제 난이도 체크**

**회차별 나의 성적
변화 확인**

해커스공무원 gosi.Hackers.com